本丛书得到韬奋基金会资金资助
"十一五"国家重点图书出版规划项目

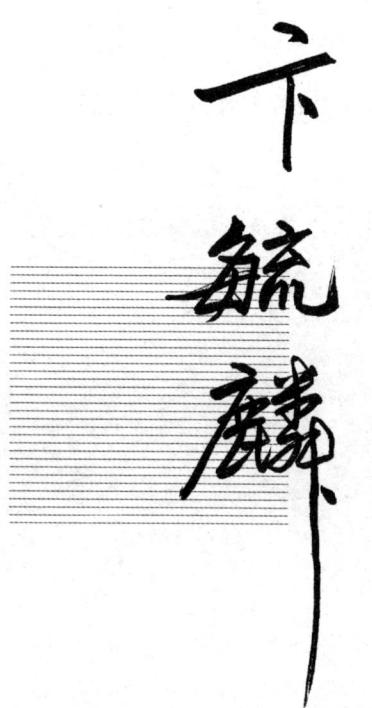

书 林 守 望 丛 书

编辑路上的风景

卞毓麟 著

首都师范大学出版社

图书在版编目(CIP)数据

编辑路上的风景/卞毓麟著．—北京：首都师范大学出版社，2017.10
（书林守望丛书/吴道弘主编）
ISBN 978-7-5656-3521-2

Ⅰ.①编⋯ Ⅱ.①卞⋯ Ⅲ.①科学普及—编辑工作—文集
Ⅳ.①G232-53

中国版本图书馆 CIP 数据核字(2017)第 110481 号

书林守望丛书
BIANJI LUSHANG DE FENGJING
编辑路上的风景
卞毓麟 著

| 项目统筹：楚 润 | 责任编辑：来晓宇 |
| 责任设计：张 朋 | 责任校对：李佳艺 |

首都师范大学出版社出版发行
地　　址　北京西三环北路 105 号
邮　　编　100048
电　　话　68418523(总编室)　68982468(发行部)
网　　址　cnupn.cnu.edu.cn
印　　刷　三河市博文印刷有限公司
经　　销　全国新华书店
版　　次　2017 年 10 月第 1 版
印　　次　2017 年 10 月第 1 次印刷
开　　本　710mm×1000mm　1/16
印　　张　20
字　　数　301 千
定　　价　43.00 元

版权所有　违者必究
如有质量问题　请与出版社联系退换

《书林守望丛书》编委会
(按姓氏笔画排序)

顾　　　　问	于友先	王万良	卢玉忆	冯俊科	伍　杰
	刘　杲	庞　微	徐柏容	巢　峰	

编委会主任　　吴道弘

编委会副主任	郑一奇(常务)		陈芳烈	韩方海	杨生平

编　　　　委	王维玲	方厚枢	邓中和	宋应离	邵益文
	林君雄	林穗芳	周　奇	胡德培	赵　洛
	俞　斌	聂震宁	钱锦衡	曹培章	熊国祯
	潘国彦				

做文化的守望者
——《书林守望丛书》总序

柳斌杰

文化是每一个民族赖以生存的根基和灵魂,而出版事业和出版物,是民族文化的结晶,是民族精神的物质承载者,是衡量一个国家和民族文明程度的重要标志。从事这项伟大事业的出版人,不仅是出版活动的实践者,而且是人类文化创造、积累、交流、传播的组织者和参与者,是文化产品的生产者、民族精神的护卫者和时代精神的弘扬者。任何时代,治书修史者都肩负着神圣的历史责任、文化责任、社会责任,在我国,这种传统一直延续了几千年。但是,目前受名利诱导和网络快餐文化的影响,出版界跟风炒作、追求市场效应一夜成名而不顾文化品位等现象时有耳闻。在种种浮躁的背后,反映出来的是出版从业者文化品格的缺失。唯其如此,为繁荣学术和民族文化而坚守文化天职、恪守社会责任的职业精神和文化追求,尤其值得在出版界大力弘扬。

出版人是文化薪火的传承者,具有坚守文化自信的历史责任。众所周知,出版是人类文明薪火相传的重要依托,一个国家民族科学文化的传播和传承,有赖于它的出版事业。中华文明之所以历经五千年而一脉不绝,就在于中国历代政治家、著作家、出版家、藏书家接续几千年文明发展进程中形成的尊崇历史、珍惜古籍、编修文献、善待图书、重视典藏的优良传统,他们将中华文化的精髓融入历代出版物之中,一代一代地传之后世,肩负起了将一个时代的科学文化及思想智慧真实地记录下来、传承下去的历史责任,使中华民族的文化根基与时俱丰、愈加巩固。作为新时期文化创新和文化传播的主体,当代出版工作者更加需要继承传统、关注时代,一方面自觉承担起对民族文化传统的保存、整理、批判、传承的责任，保持中华文化的统一性、延续性；另一方面推动文化创新和发展，弘扬和培育符合时代要求的民族精神，在增强民族的凝聚力、创造力以及同世界其他文明进行对话的文化自信力方面做出贡献，使中华民族独立于世界民族之林的文化根基更加坚韧。

出版人是文化创新的推动者，具有坚守文化本性的特殊责任。作为一种文化生产的基本业态，出版既有产业的属性，又有意识形态的属性，必须通过创新来保持文化的独特品质和内容的先进性。从这个意义上说，创新是出版工作者的不竭动力和显著特征，不仅是文化积累和产品制造的组织者，而且也是文化内容的选择者和把关者，当然应当是新知识领域的开拓者和新成果的发现者、催生者。一方面，知识的保存、生产和应用，文化和技术的传承、生产和原创，都是以出版活动为基础的。历史上重要的思想创新、科学发现和技术进步主要是通过出版物得以传承和发展的。另一方面，从造纸术、印刷术到当代激光照排系统、计算机王码汉字处理系统以及数字技术的应用，出版人率先将新成果引进出版业，引发出版形式和内容的不断创新。在文化传播过程中，出版人通过传承优秀民族文化、吸收外国文化精华、把握时代需要，促进着社会文化的不断进步。而现代出版史上鲁迅发现大批文学青年、叶圣陶对巴金处女作的慧眼识珠、巴金对曹禺作品的琢璞为玉的佳话，也反映了出版人所必备的发现新人新作的创新品质。在当前的创新型时代、创新型国家建设的过程中，人民群众的伟大创造，已然成为文化创新取之不尽、用之不竭的源泉，迫切需要出版工作者发现、认识、扶持、推广，进而铺垫中华民族元气深厚的文化创新的阶石，培育中华民族根深叶茂、神韵独具的文化创新的活力。

出版人是时代思潮的引领者，具有坚守文化领土与文化阵地的社会责任。出版的本质不仅在于积累文化、创造新知，不断推出更优秀的文明成果，而且还在于按照一定的价值目标对社会现实文化做出评价，通过选择、把关实现对社会风气、学术思潮、文化倾向的引导。古代中国知识分子正是借助"竹帛长存"所构成的社会认知体系和社会规范体系，才唤起了"见贤而思齐"的文化自觉和道德自律。"五四"时期以《新青年》为中心凝聚的一大批知识青年的出版传播活动，将"科学"与"民主"汇聚成了思想解放的伟大潮流。在当今政治多极化、经济全球化、文化多元

化、新技术日新月异的国际背景下，在经济社会急剧转型、社会文化事业和文化产业发展不平衡的国内背景下，承担着建构社会主义和谐社会及传播先进文化的神圣使命的出版工作者，其选择、把关进而引导大众的责任更加重大，需要通过对精神生产加以规划与组织，对精神产品进行鉴别与加工，对文化遗产做出选择和整理，对社会信息予以筛选和传递，打造传承主流文化和主流价值观的精品力作，不断巩固主流文化阵地。这就要求当代出版工作者必须深深植根于中国特色社会主义伟大实践，敏锐把握时代变革的风气之先，不随波逐流，不跟风炒作，不断提高辨别真善美和引导大众文化、传播主流文化和主流价值观的能力，致力于弘扬民族精神和时代精神，为中国的改革开放和现代化建设事业提供有力的思想保证、精神动力和智力支持。

历史已经证明，出版业作为文化传承和文化创新的核心，如果没有文化理想和文化追求，便失去了发展的根基。而出版工作者的文化价值取向、人文素养、文化责任、文化运作能力和学术品评能力，又直接影响到出版物的文化含量。从这个意义上说，对于文化的坚守，不仅是一种出版理念，也是一项出版实践。在竞争日益激烈的世界文化市场中，能否坚持文化本位，能否坚守文化责任，对新时期的出版从业者来说，无疑是一种严峻的考验。《书林守望丛书》的问世，为我们提供了一部关于新中国出版人的精神文化启示录。其中反映出的经过沉淀而彰显的文化品格，尤其应该成为新时期出版工作者的精神支柱。这套丛书的作者，是一群深深地钟情于出版事业的文化守望者，他们在"书荒"时代辛勤耕耘，在"书海"时代坚持方向，恪守文化的尊严，组织、规划、策划、编辑、出版过一大批反映时代精神、民族精神及具有学术价值、文化品位的标志性工程，主持、主编过一大批科学、人文、经济、教育等方面为广大读者喜闻乐见的知识读物，为全社会提供优秀的精神食粮做出过重要贡献。在他们身上体现出来的勇于开拓、后启来者的创新精神和坚守精神家园、淡泊名利的文化风骨，堪称典范。希望通过这套丛书的出版，使新时期的出版工作者形成一种更加清醒的文化自觉，在文化与产业协调发展的道路上走得更加坚定，产生更多让世界为之惊喜的拥有自主知识产权的民族文化品牌，再现中华民族宏大的文化气魄。

当前，出版业的发展同政治、经济、社会、文化的发展一样，要在世界范围内的大对话、大交流、大竞争、大角逐中，把握机遇，迎接挑战，创造新的辉煌，需要一大批具有真才实学且能开阔视野、崇尚科学、追求真理、尊重创造、包容多样的新型复合型出版人才，来担当中国特色社会主义文化建设的推动者。《书林守望丛书》汇集的新中国成立六十年来成长起来的十几位出版家在长期为人作嫁的职业生涯中的思想火花、书坛掌故，集中反映了新时期出版工作者的精神风貌，不仅抓住了时代的新变化，也深刻把握了出版职业的新要求。这套丛书的作者，或者长于出版规划，或者长于鉴赏加工，或者长于经营管理，但都有将丰富的实践经验升华为理论的深沉思考。将这些经过实践检验的理论总结汇集起来，转化为鲜活的历史智慧和生命依托，对于未来的新型出版人才，无疑具有深远的精神哺育作用。我希望这套丛书的出版，能够吸引更多才华横溢、富有创造力的新军投身我们的出版事业，使中国出版人的文化守望薪火相传，为推动社会主义文化大发展大繁荣建功立业。

2009 年 7 月

目 录

001…**前言**

001…**一、从《编辑的故事》说起**
　　001…"改行"的消息
　　003…案头有两本书
　　005…"过时不候"
　　008…闲话"十人谈"
　　011…科幻鳞羽

013…**二、108 种书的中译本**
　　014…惊人的数字
　　016…首功难忘
　　017…科普"军团"
　　019…新世纪的新气象
　　020…科幻小说洋洋大观
　　022…2009 年的新品
　　023…忌辰 20 周年追记
　　026…三卷自传和一首小诗

029…**三、在阿西莫夫家做客**

030…悠悠往事
032…纽约西66街10号33楼A单元
034…"真是一个愚蠢的决定"
037…"最新的一本,第394本"
039…"什么事情您都那么清楚"
040…卡尔·萨根撰写的讣文
042…21年之后

044…四、《我是编辑》启示录
044…再买上20本
047…关于《我们爱科学》
050…科文交融才精彩
056…《古诗词新唱》引发的话
061…天文多异趣
066…只言片语也说诗
073…职业道德随想

077…五、先行者的科学梦
078…《科学救国之梦》外篇
080…科学意识之呼唤与弘扬

091…六、科学小品与语文读本
091…《月亮》和《他星之石》
097…关于《数字杂说》
101…还有若干篇章
102…挑大梁的老头老太们
106…《天文学和人类》

114…七、为科普摇旗呐喊
114…亚太天文教育讨论会
115…科学普及太重要了
123…公众理解科学
127…"科学宣传"六议
134…"科普追求"九章
141…为《科普法》鼓与呼

目录

144…八、星星指引的路
    144…"梦天"
    147…中学点滴
    149…天文台与天文馆
    152…星星离我们多远
    156…更多的媒体
    161…100万只"金苹果"

166…九、缅怀"南雍"岁月
    166…学养与兴趣
    167…《南雍骊珠》与徐家福老师
    172…数学系黄正中老师
    175…中文系吴新雷老师
    178…天文系主任戴文赛
    183…南大校友通讯

186…十、《大师系列》的故事
    186…三封来信"剪彩"
    189…《宇宙的起源》译趣
    192…编委会主任德高望重
    196…第三本书及其译者
    198…上海首发式和北京座谈会
    201…更多的品种

206…十一、品牌《哲人石》
    206…高端科普读物
    207…相伴哲人石　回首十年路
    212…王绶琯先生赐文
    215…巴特·博克缘
    220…关乎卡尔·萨根的三本书
    227…"上帝粒子"不再是传说

230…十二、《嫦娥书系》纪实
    230…历史背景

232⋯酝酿中的《嫦娥书系》
　　　234⋯构建作者队伍
　　　236⋯关键的一年
　　　239⋯日夜奋战
　　　241⋯新的起点

243⋯十三、《追星》的前前后后
　　　244⋯策划人回眸《追星》
　　　247⋯"小引"全文
　　　249⋯创作理念与实践
　　　259⋯新的媒体和新的版本

262⋯十四、国图公开课和近序四篇
　　　263⋯国图公开课首期特别活动
　　　266⋯《DK宇宙大百科》中文版前言
　　　268⋯《布罗卡的脑》中文版序
　　　273⋯《透过哈勃看宇宙》中文版序二
　　　276⋯《人类宇宙》中文版推荐序：我想知道这是为什么

280⋯十五、恬淡悠阅的景致
　　　280⋯《科学、文化与人经典文丛》
　　　282⋯《巨匠利器》小议
　　　284⋯话说《恬淡悠阅》
　　　286⋯妙不可言的"轮回"
　　　290⋯初识《早期希腊科学》
　　　293⋯资深院士的回忆

297⋯十六、太意外的尾声

前　言

守望书林，有看不尽的风景。

什么是风景？《辞海》(第六版)释为"风光、景色"；《现代汉语词典》(第六版)释曰："一定地域内由山水、花草、树木、建筑物以及某些自然现象(如雨、雪)形成的可供人观赏的景象"。可见风景的内涵是何其丰富：小桥流水，桃红柳绿，楼阁亭台，宫殿寺院，孤鹜落霞，明月清风，崇山峻岭，狂澜怒涛……尽在其中。面对无限风光，观景人却须因时因地因情制宜，作出不同的选择：是走马观花，观其大略；抑或寻胜探幽，作一番匠心独运的深度游。意味深长的是，百位旅行家、文学家观罢同一景色，却会写出百篇全然不同的游记。这就是文化的魅力，而留住它们的，又是书林。

编辑路上的风景，亦是如此。本书记叙的人、事、书，或是我亲历亲为，或是对师友、同道或作者的回忆，或是源于其他种种机缘。有客偶见书稿，尝疑本书主题不甚鲜明。不过，我取的书名也算是作了回应：关键词是"编辑"和"风景"，领略编辑路上的风景就是主题。

我是1998年55岁时，到了上海科技教育出版社，才成为一名专职编辑的。此前，我一直在中国科学院北京天文台(今国家天文台)从事天文科研。同时，我也是一名科普作家，自20世纪70年代中期开始致力于科普写作和翻译，迄今已有40年。《书林守望丛书》的各位作者，献身编辑事业的时间都比我长得多，或者说资格都比我老。因此，当几年前得知由陈芳烈先生推荐，编委会命我也为《书林守望丛书》提供一部书稿时，心中十分忐忑。虽说早在20世纪80年代，科学出版社的老编辑鲍建成先生就曾对身为作者的我说过，"你对编辑业务的了解相当深入，与专职编辑相比，可以说几乎就差没有填过发稿单了"，但要写一本关乎编辑生涯的书，却依然感觉很难。

芳烈先生来助我解惑，为我鼓劲了。他说："《书林守望丛书》的每个作者情况是很不一样的。别人各有所长，你也有别人不具备的种种特点。只要紧扣《丛书》的宗旨，写什么和怎么写，完全可以由你根据自己的特点确定，编委会并没有设定太多的框框。按你取得的业绩，稍作整理，写这样一本书应该说绰绰有余。"

进入状态，拟出提纲，正式动笔，已经是 2014 年。写作时断时续，及至 2015 年秋，全局渐由"中盘"而趋"收官"。有些话题，例如关于世纪之交推出的 24 种《名家讲演录》，资料准备很充分，精彩的故事如何讲也已相当有谱；有些话题，例如煌煌 24 大卷、两千余万字的《竺可桢全集》，29 卷本的《诺贝尔奖百年鉴》，近些年推出的大部头《科学编年史》及由其衍生的 9 卷本青少年读物《改变世界的科学》等等，则尚在斟酌谋

本书作者向《名家讲演录》丛书《九十初度说数学》（上海科技教育出版社，2001 年 8 月）一书的作者、享誉全球的数学大师陈省身先生（左）请教科学普及问题（2002 年 5 月 26 日于天津陈先生寓所）

前 言

篇与取舍。可惜，突然间，这一切都被迫戛然而止了。其原由，我已在书末《太意外的尾声》中作了交代。

不少人认为做编辑总是"为他人作嫁衣裳"，不值得；也有人认为，编辑只不过是"文字裁缝"，无非是拿别人的稿子裁裁剪剪、补补贴贴而已。其实，真要干好编辑这一行是很不容易的。18年前，我在加盟上海科技教育出版社时，就曾对来访的多家媒体说过：编辑当然应该是优秀的"文字裁缝"，但这还远远不够；一个好编辑更应该是一名优秀的"时装设计师"，应该是"皮尔·卡丹"。他或她应该因自己的工作使他人的生活质量变得更高、使人们的心灵变得更美而感到自豪，由此也更应该有一股干事业的激情。

我相信，矢志守望书林者，皆会有此同感。

下面，先从我的"改行"谈起。

一、从《编辑的故事》说起

"改行"的消息

1998年3月24日,在中国科学院北京天文台(今国家天文台)留下最后一张工作照,两天之后乘上南下的火车,我来到了上海。

"卞毓麟改行了。"在一个不算大的圈子里,这事有点"新闻"的味道。

最先叙说这一"动向"的,是中国科普作家协会科幻创作研究会的内部通讯《星云》。该刊1998年第2期刊登了一则题为《卞毓麟移居上海》的简讯,共五十来字:

  北京天文台教授卞毓麟最近已决定赴上海科技教育出版社任职。卞毓麟为著名科普作家,对阿西莫夫的科幻小说颇有研究。

一年后,《文汇报》在1999年2月25日第6版刊出一篇报道《上海科教社创一流科普出版基地 著名科普作家卞毓麟南下加盟》:

  本报讯 上海科技教育出版社从引进科普专门人才着手,争创一流科普出版基地。去年,我国著名科普作家、中科院北京天文台编审卞毓麟南下加盟该社,在国内科普界和出版界引起反响……

又过了一年,《科学时报》分别在2000年7月和11月,以《发球员·二传手·时装设计师》和《科普重担需有心人挑》为题,两次刊出对我的专访,从"角色转换"谈到科普与人文、科普与科研、科普与出版等等。

2001年2月2日,《科技日报》在《科普周刊》"阅读"版刊出书评《"哲

本书作者在中国科学院北京天文台(今国家天文台)的最后一张工作照,1998年3月24日摄于该台图书馆。两天之后,离京赴沪,开启职业编辑生涯

人石"的魅力》,开篇写道:

记得那是在三年前的一个冬夜,聊起中科院北京天文台研究员、著名科普作家卞毓麟南下,调任上海科技教育出版社编审一事,我和京城几位热心科普的朋友都深以为憾。

不过,也有人说,卞毓麟南下未必不是一件好事。他实现了角色转换,一定会更起劲地为科普"摇旗呐喊";科普因他而在出版界、大上海多了一个声音,一块阵地,岂不快哉?

果不其然,也就在这短短的两三年间,由卞毓麟与潘涛联手策划、上海科技教育出版社出版的"哲人石丛书"迅速走红图书市场,逐渐成为国内颇有影响的科普品牌……

同月28日,《中华读书报》在《科普星光》栏目中刊出报道《卞毓麟:从天文学家到科普编辑》,又一次提到了我的"改行":

55岁,完全可以过悠闲的日子,但是他没有,却"改行"以满腔热情投身到出版界,为开辟另一片天地努力拼搏。这就是我国天文学家、著名科普作家卞毓麟教授,他从中科院走到出版社,由作者

一、从《编辑的故事》说起

变成编辑。

……他为什么"改行"呢？他说，科学宣传与科学普及做得好不好，对社会进步影响很大；中国的科学普及宣传实在还太少，这真是科学资源的浪费。现在投身到出版社，可以更有效地把更多优秀作品推向社会，传送到读者手中。他还讲了一个小故事：20世纪20年代，有一位著名的登山家攀登珠峰，快到峰顶时，被狂风刮走，从此失踪。在他开始登山之前，有一位女士问："你为什么非要爬那座山？"探险家说："因为它在那儿。"卞毓麟说科技出版事业就在那儿，就是需要人去干。

人们对于我"改行"有着不同的理解和解读。这不要紧，重要的是我成了一名编辑。

案头有两本书

案头有两本书：叶至善著《我是编辑》和黄伊著《编辑的故事》。

《我是编辑》的封面上，印有一首至善先生亲填的《蝶恋花》，十分耐人寻味，曰：

乐在其中无处躲。订史删诗，元是圣人做。

神见添毫添足巨，点睛龙起点腮破。

信守丹黄宁复可？难得心安，怎解眉间锁。

句酌字斟还未妥，案头积稿又成垛。

《编辑的故事》封面上则有一首小诗，未见署名，想必出自黄伊先生本人之手。全诗三句话，轻灵曼妙：

当编辑，

当记者，

这是一个迷人的舞台；

台前戏，

幕后剧，

谁人能解其中趣；

快乐世界，

绝对精彩，

> 编辑的故事，
>
> 人见人爱。

我非常尊敬叶至善先生，同他也很熟悉，许多话留在后文慢慢说。

黄伊先生我只见过一面，却有一小段颇有滋味的交往。

还是先从《编辑的故事》说起。此书 20 万字，于 2003 年 5 月由金城出版社出版，书中的"故事"很精彩，可惜只印了 1500 册。

黄伊生于 1929 年，自 20 世纪 50 年代直到 90 年代末，曾就职于中国青年出版社和人民文学出版社两大名社。像我这些如今七十来岁的人，正是伴随着《编辑的故事》中谈到的那些书成长起来的，诸如《红旗谱》、《烈火金刚》、《革命烈士诗抄》、《凡尔纳选集》等。自然，书中还有不少常人鲜知的故事。例如《〈金瓶梅词话〉出版轶闻》说到，人民文学出版社时隔 28 年曾先后出过两个版本的《金瓶梅词话》，而它们的出版皆源于毛泽东主席的过问。

20 世纪 50 年代后期，我正在上高中，曾将校图书馆中的《凡尔纳选集》遍读无遗，激起了我对科幻小说的极大兴趣。当时从未想过这些作品是如何从法文变成"方块字"，乃至成书应市的。将近半个世纪后，在《编辑的故事》中读到《闲话〈凡尔纳选集〉》以及《凡尔纳和他的作品——写在〈凡尔纳选集〉重印之时》两篇文章，不禁连连称妙。

原来，在 20 世纪 50 年代中期，当时在中国青年出版社文学编辑室任职的黄伊偶见一份联合国教科文组织的资料，说是某年全世界译成外国文字最多的是列宁的著作，共译成 74 种文字，高居第四位的是法国科幻小说作家儒勒·维恩的作品，用 54 种文字，在世界各地出版。儒勒·维恩是当初的译名，后来中国青年出版社法语编辑严大椿在处理《格兰特船长的儿女》书稿时，决定改译为儒勒·凡尔纳，这一译名遂成定译而沿用至今。

当时的中青社资料室居然拥有法文和俄文两种版本的《凡尔纳全集》，还有英译的单行本。黄伊还得到翻译家陈斯庸提供的两份珍贵材料：1934 年联共(布)中央关于出版儿童读物的决议；高尔基关于出版世界各国儿童读物的建议。其中都提到了凡尔纳。

1955 年，黄伊向领导建议有计划地出版凡尔纳的作品，并具体列出 20 个选题。室主任江晓天和萧也牧在他的报告上批了同意的字句，上送

一、从《编辑的故事》说起

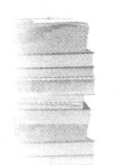

副总编辑李庚。李庚当时是团中央委员,时任团中央第一书记胡耀邦常找他研究青年工作。李庚在黄伊的选题报告上用红笔写上先组织出版画了圈的15种。后来,《气球上的五星期》、《格兰特船长的儿女》、《海底两万里》、《神秘岛》、《蓓根的五亿法郎》、《机器岛》、《八十天环游地球》和《地心游记》均按原定计划陆续翻译出版。我成了它们的早期读者之一。

黄伊特地说到了中青社美术编辑沈云瑞设计《凡尔纳选集》封面的一些细节。我真是孤陋寡闻,先前竟然没有记住沈先生的大名。直到读了《编辑的故事》中《书籍装帧设计家沈云瑞》一文才恍然大悟,原来一代又一代读者推崇备至的苏联科学文艺大师伊林选集(如《黑白》、《几点钟》、《人怎样变成巨人》、《十万个为什么》等)的封面都是沈云瑞设计的;鼎鼎大名的别莱利曼选集(如《趣味物理学》、《趣味几何学》等)的封面还是他设计的;《茹尔滨一家》、《创业史》、《雷锋之歌》、《白洋淀纪事》、《王若飞在狱中》、《烈火金刚》等名著的封面,甚至夏丏尊、叶圣陶合著的《文心》,吕叔湘、朱德熙合著的《语法修辞讲话》,封面也均出自沈云瑞之手!

沈云瑞不是科班出身。他本是一家小银行的职员,解放后那家小银行关门了。他经人介绍进了开明书店,除了画广告外,站柜台、打邮包什么都干。当初,让仅在业余美术学校学了几个月的沈云瑞为叶至善先生编的一些科普书设计封面,可是他在封面上写的几个字就让主事的顾均正先生看了直摇头……

沈云瑞日以继夜地学啊,练啊,终于成了黄伊戏称的中国青年出版社的"圣手书生",取得了令人钦羡的成绩。编辑呢,就得这样做!

"过时不候"

再说催生《凡尔纳选集》的黄伊,他对科幻的热情始终如一。岁月悠悠,转眼间到了20世纪七八十年代之交,黄伊又主编了一本《论科学幻想小说》,全书28万字,于1981年5月由科学普及出版社出版,印了14400册。责任编辑是吴越。黄伊在1980年夏天写的"编后记"中说道:

> 我编辑这本书的目的,是想给从事科学幻想小说创作的同志及爱好者,提供一些理论依据,介绍一些有关科学幻想小说的观点、

看法和创作体会、写作经验。"他山之石，可以攻玉。"我还组织有关同志翻译、介绍世界各国有关科幻小说创作出版的情况，以及有关理论或资料，企图通过这些文章，开阔开阔我们自己的眼界。

《论科学幻想小说》共收录了当时国内外有关科幻小说的文章27篇，内容涉及评论、理论研究、创作经验、作者介绍、出版概况等诸多方面。例如，法国的凡尔纳、英国的威尔斯、苏联的别利亚耶夫和他们的科幻小说，都有专文介绍。在《论科学幻想小说》行将发稿之际，黄伊先生意识到，没有一篇专门介绍阿西莫夫的文章，将会成为此书的一个相当显眼的缺陷。

关于美国科普巨匠兼科幻大师艾萨克·阿西莫夫，后文还将专门谈及。黄伊向郑文光咨询，找谁为《论科学幻想小说》写阿西莫夫这一篇为好。郑立即向黄伊推荐了我，并告以联系方式。黄伊很快来信，言简意赅地作了自我介绍，并道明写信原委。信的大意我还记忆犹新（今天这封信虽一时不易找到，但可肯定它依然存在）：经郑文光介绍，特邀请你撰文介绍阿西莫夫及其科幻小说，字数少则数千，多可逾万，要求行文流畅，言之有物。交稿时间以一星期为限，过时不候。

我对"过时不候"印象特别深刻。心想，这是你找我"救急"，措辞何以如此生硬？但承蒙抬举邀我撰文，也是机缘难得。不管怎么说吧，当时出于对阿西莫夫作品之酷爱，遂尽力而为写就13000字的初稿，修改后又用方格稿纸誊清。一周之后，如约将稿件面交黄伊。此后他还来过一封信，说是在这么短的时间里，写出一篇高质量的文章，确实不易，并致谢忱。再后来，《论科学幻想小说》正式出版，我拿到了两册样书。由于不再有任何工作上的联系，此后我再也没见过黄伊先生。直至读到《编辑的故事》，方对这位长者有了更深入的了解。

还有一事值得一提。《编辑的故事》中有篇文章叫《难以忘淡的往事——〈括苍山恩仇记〉出版回眸》。说的是20世纪70年代末，中青社文学编辑室收到一份来稿，名叫《括苍山恩仇记》，写的是清代末年的故事。几位编辑看后，拿不定主意是否适宜出版。待室领导安排黄伊阅读时，已是稿件来社一年以后的事情了。

黄伊发现原稿字迹工整，语言流畅，遣词造句老练，作者定是一位老手。能对江浙一带的民俗民情和民间发生的故事，有如此丰富的知识和深刻的理解，作者自非江浙人莫属。这部百万言的小说采用章回体，受我国传统小说的影响较深。作者署名楼兴娟，当是一位女性，抑或另有高人化名？

黄伊经过深思，并综合大家的意见，给作者写了一封长信，详谈书稿的优缺点，并提出修改意见。经编辑室主任同意，此信连同10卷原稿，一起挂号寄回，请作者修改。

两个多星期后，胡子拉碴的作者登门拜访来了。他叫吴越，说此书是自己和妻子楼兴娟合写的。黄伊向他说明，稿子可用，但要修改。例如，小说屡次出现过于露骨的男女之间的描写，不好，要删；再有就是不太精练，

《论科学幻想小说》书影

太长，精干一些就好看了。黄伊还说："你如果自己舍不得动手，发稿前我也要替你删的。由我来删不如你自己来删。"

吴越第二次到中青社见黄伊时，悄悄塞给黄伊一份用英文写的自传。其中说到多年前自己是一个"右派分子"，被送到劳改农场23年之久等等。黄伊遂问其详，方知吴越在中学时代有一次演话剧，扮演一个国民党少校。有人拍了一张照，吴越觉得好玩，解放后仍放在办公桌玻璃板下。"肃反"时说明情况后总算过了关，但"反右"时还是进了监狱，送到劳改农场……

黄伊听毕，问道："你现在是不是自由人，有选举权吗？如果你有选举权，你就属于人民，我就敢出版你的作品。这部《括苍山》是你自己写的，还是你和夫人合作的产品？"

吴越说，他有选举权，小说是自己写的。只是为了联系方便，才借用爱人的名字和通讯处。黄伊告诉他："将来这部长篇小说正式出版时，

我们用你自己一个人的名字。"

读完这篇文章，吴越的形象再次浮现在我的眼前。当年，我曾在科学普及出版社见到过他。那一段时间，科普出版社在海淀区紫竹院内的一处院落办公。吴越是黄伊主编的《论科学幻想小说》的责任编辑，我见到他，还是为了处理《阿西莫夫和他的科学幻想小说》一文的细节。

吴越说起他在狱中完成了长篇历史小说《括苍山恩仇记》，另外还编了一部字典。我很好奇：既然是历史小说，那么史实就要准确，他怎么都能记得住呢？吴越说，劳改结束后，曾花了大约一年的时间，对书中涉及的种种史实逐一查核、补阙……

今天，百度百科有"括苍山恩仇记"条，说明吴越原名吴佩珏，改正错划"右派"后曾任科学普及出版社编辑、中国戏剧出版社副编审，1992年年底离休。时隔20余年，《括苍山恩仇记》这部"好看小说"依然"看好"。作者将其恢复原貌并作修订，长达200万字，由中国戏剧出版社出版。据说，拍摄同名电视连续剧的有关事宜也在推进之中……

闲话"十人谈"

《编辑的故事》有个"附录：作家眼里的编辑"，内容是"《烛照篇》十人谈"。《烛照篇》的全名是《烛照篇——黄伊和当代作家》(青海人民出版社，1995年)，作者王立道也是一位老编辑。"十人"(括号内照录该书中列出的头衔)是：王蒙(著名作家，曾任中央文化部部长)、许力以(曾任中宣部出版局局长)、叶至善(老编辑、中国民主促进会副主席、全国政协常委)、孙绳武(曾任人民文学出版社副总编辑、第四届韬奋出版奖获得者)、屠岸(诗人、评论家，曾任人民文学出版社总编辑)、王业康(曾任中国青年出版社秘书长、人民文学出版社副社长)、马萧萧(诗人)、李颖息(曾任新华社驻墨西哥分社首席记者，现为新闻研究所特约研究员)、郑延慧(科普作家，第二届国家图书奖获得者)和吴岩(四川《科幻世界》特邀副主编)。

"十人"中，王蒙先生我仅有一面之缘。那是2008年，拙著《追星——关于天文、历史、艺术和宗教的传奇》喜获第四届"国家图书馆文津图书奖"，在12月25日的颁奖仪式上正好是王蒙先生亲自授予我证书和奖杯。在那次颁奖会上，我最后见了任继愈老先生一面。半年后的

2009年7月11日，任老与季羡林先生在同一天驾鹤西去。

"十人"中有6位我无缘相识，但有3位却相交已久：叶至善、郑延慧和吴岩。叶至善所谈很发人深省：

> 编辑一般不受重视，中外皆然。记得我父亲叶圣陶生前时，我陪他接见一位中东的作家。谈完以后照相。写照片说明，他问我的身份。我说是 Editor(编辑)。他问我写不写文章，我说当编辑当然有时候也写文章。他说："那在您的照片下写 Writer(作家)。"而王立道为一群编辑写传，这件事本身就值得我们重视和称赞。
>
> 关于编辑工作，我父亲编《小说月报》和后来在开明书店当编辑时，和作家们都是朋友。父亲在和他们交往时，知道他们正在或准备写什么书稿，适合他的要求，我父亲就向他们约稿。而现在有些编辑，他要什么书，便要作者写什么书。编辑和作家的关系比较淡薄。《烛照篇》一书，写编辑们与作家广交朋友，知道他们想什么，写什么，积极展开组稿活动。编辑与作者水乳交融，荣辱与共，为作家排难解忧，这种精神很值得提倡。

郑延慧，我在后文中还会提及。这里先说"十人"中年纪最小的吴岩，他出生于1962年，比我小19岁。现为北京师范大学教授，中国科幻界的领军人之一。在"十人谈"中，吴岩对黄伊先生说："我觉得您是一个那么不看重名气、等级、年龄和派别的人，对所有的人都那么一视同仁地热情帮助和言传身教。""与您见过的次数不到5次。次次历历在目。最早赠我《作家论科学文艺》时素不相识，后来自费买我印的《科幻小说教学研究资料》时二话没说……"

这本《科幻小说教学研究资料》，是当初吴岩因教学之需自费编印的，其中还收录了我的《在阿西莫夫家作客》一文。我在吴岩相赠的这本书中，至今还夹着他的两封来信。1991年7月10日的信中写道：

> 此信有两事相求，都是关于阿西莫夫的。我读过您寄赠的书，知您是这方面的专家。
>
> 我目前在北师大开设"科幻评论与研究"课程，拟选编一本参考资料。我想收入您在《科普创作》上发表的《在阿西莫夫家作客》。但这本集子是为教学用的，内部印，无稿酬，不公开发行。您可同意？
>
> 另一件事是说，他受上海少年儿童出版社委托，与刘兴诗先生一同

主编一部大型工具书《中外 SF 大观》，希望由我提供阿西莫夫《基地》系列的总梗概，要求"是一种缩写，而不是一般的提要"，云云。我很快就回信了，大意是：第一件事没有任何问题，悉听尊便；但第二件事力不从心，恕难从命，尚祈见谅。

吴岩的第二封信落款时间为 1992 年 2 月 13 日。信中说：

> 我自费印的文集已出版。为了省钱，我想还是让学生给您送一本去，请告知地址。
>
> 不能多赠，不能付酬，我很抱歉。为印此书，借了 5000 元上下的债。每天睡不好。
>
> 有我能办的，请尽告我。我电话……

真是赤子之心，窘困之态，跃然纸上啊！后来，有一件要事，真请吴岩办了：

1992 年 4 月 6 日，艾萨克·阿西莫夫病逝。不久相传他的最后一部自传将于 1993 年春面世。但实际上，这部自传直到 1994 年初才正式出版。于是，我马上请前往美国做访问学者的吴岩及时买到这本书，托人带回北京交我。2000 年，我在上海科技教育出版社版权部主任任上购到此书中文简体字出版权，于 2002 年推出其中译本《人生舞台——阿西莫夫自传》，译者是老友黄群和许关强，我本人做责任编辑。

也是在吴岩家里，我认识了出生于 1967 年的星河。当时他才 20 多岁，如今作为一名成功的科幻作家，星河

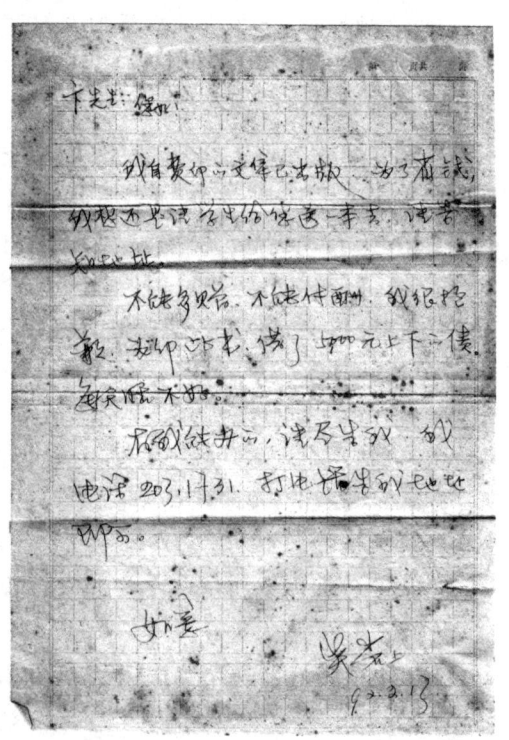

吴岩 1992 年 2 月 13 日来信原件

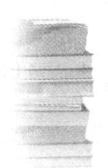

的知名度相当高。我没有见过姓星的人——星新一终究还是个日本人。一问之下,方知星河真名叫郭威。他非常喜欢阿西莫夫的作品,我为结识一位年轻的新同好感到非常高兴。

科幻鳞羽

我本人并没有创作过科幻小说,但和科幻的渊源倒是说来话长。我在中学时代就爱看科幻,读了儒勒·凡尔纳的大量作品,以及乔治·威尔斯的《大战火星人》、《隐身人》等;还有那时很流行的别利亚耶夫的《陶威尔教授的头颅》、阿·托尔斯泰的《阿爱丽塔》等苏联科幻作品。后来,主要是读阿西莫夫、阿瑟·克拉克等人的书。此外,还补了一些经典科幻的课,如玛丽·雪莱的《弗兰肯斯坦》。国内原创的科幻作品我读得不多,但有些作品给我留下了相当不错的印象,例如曾与我在北京天文台共事的郑文光著的《飞向人马座》等。

我曾据英国人安东尼·劳得的简写本译出阿西莫夫的科幻名篇《台球》,还将其与阿西莫夫的另一篇作品《讣告》作了比较,载于1981年6月号的科学文艺双月刊《智慧树》杂志。另外,我还因郑文光举荐,为霍华德·汤普森著、陈渊译的《闪光弹子》(新蕾出版社,1981年)作序简要分析这部儿童科幻小说的特点,并介绍了有关的科学背景。另外,1996年2月,农历大年初三那天,我还曾和吴岩一起到北京教育电台直播谈科幻的节目,等等。

郑文光等友人曾建议我也写点科幻作品。我认识到自己的逻辑思维能力固然尚可,但形象思维能力不足。这样的人写小说是不太行的,科幻小说也是小说,所以我未敢贸然闯入这块领地。

科幻界老中青的朋友们之所以知晓我,追根溯源,主要还是《论科学幻想小说》中的那篇13000字的文章《阿西莫夫和他的科学幻想小说》的影响。有人认为这篇文章是"我国第一篇系统地介绍阿西莫夫科幻创作历程的颇有深度的作品",倘若果真如此,那真是三生有幸了。

2014年9月22日,上海市科学技术协会主办了一场上海科协大讲坛,主题为"以科幻触摸未来",由上海科协大讲坛管理办公室、上海市科普作家协会和上海科幻苹果核共同承办。5位嘉宾来自全国各地:资深科幻作家王晋康(河南)、著名科幻作家韩松(北京)、理论物理学家兼科学作家李淼(广州)、《科幻世界》杂志主编姚海军(四川)、新锐科幻作家张冉(广州)。活动由著名电视节目主持人、作家李蕾女士主持。姚海军提到自己最初进入科幻这一领域,"是从读了卞老师的那篇文章开始的",我在台下闻言真是好生感动。

我同韩松早先从未谋面,在媒体上"同台亮相"似乎也仅有一次。那是2013年5月24日《解放日报》的《解放周末》专版,发表记者曹静采写的文章《我们为什么向往火星》。文首导语曰:

> 一颗神秘的星球,为何会吸引全球的关注?登陆火星的梦想背后,有着怎样的人文驱动?探索火星,对于我们的生命观、世界观、宇宙观又将产生什么样的影响?
>
> 为此,《解放周末》独家对话著名科普作家卞毓麟和著名科幻作家韩松,他们在我们面前铺设了两条通往火星的道路——"探索之路"和"幻想之旅",分别从科技和人文的角度为我们"解密"火星。

我从侧重科技的角度谈了"探索之路",韩松则以更人文化的视角谈了"幻想之旅"。想不到在"以科幻触摸未来"大讲坛活动上,韩松也提到很多年前就读我的文章。有用的书,有益的文章,识货的人,无分少长,毕竟还是有啊!

最后应该提及,我在《编辑的故事》一书扉页上留下了记录:"2003年8月22日收到,尹传红寄赠"。1968年出生的尹传红,是一位优秀的科技记者和科普作家。他曾告诉我:"我也是个'阿西莫夫迷',可您这篇文章发表10年后我才读到。"如今,传红依然怀有深厚的科幻情结,还有不少谈论科幻的著述。

二、108种书的中译本

前述黄群和许关强执译的中文版《人生舞台》，起初作为上海科技教育出版社《哲人石丛书·当代科技名家传记系列》的重头戏，由我本人做责任编辑，于2002年9月面世，获得广泛关注和好评。7年之后，《人生舞台》纳入上海世纪出版集团的《世纪人文系列丛书》，经原译者校阅修订后，于2009年12月推出新版本，我和殷晓岚共任责编。此时，阿西莫夫90诞辰在即，12月30日的《中华读书报·书评周刊》刊出拙文《阿西莫夫：中译本数量最多的外国作家？——纪念阿西莫夫诞辰90周年》。此文相当浓缩却又较为全面地介绍了几十年来阿西莫夫著作在中国的出版状况及其影响。

2014年7月，上海科技教育出版社推出新构建的《科学大师传记精选》首批图书5种：《迷人的科学风采——费恩曼传》、《天才的拓荒者——冯·诺伊曼传》、《展演科学的艺术家——萨根传》、《美丽心灵——纳什传》和《人生舞台——阿西莫夫自传》。《人生舞台》经原译者再次校订，仍由我和殷晓岚同任责编。书后有我写的两个附录："附录一 在阿西莫夫家做客"是上述2002年和2009年两个版本原有的，"附录二 阿西莫夫：中译本数量最多的外国作家"则是新增的，系据《中华读书报》所载拙文修订而成。我觉得出版工作者们对"附录二"应该会有某种特别的兴趣，遂再次酌情修改，呈献于此，与读者诸君共享。

阿西莫夫著《人生舞台》之英文版和第一个中文版

惊人的数字

艾萨克·阿西莫夫1920年1月2日出生于俄罗斯斯摩棱斯克附近的小镇彼得罗维奇，3岁时随父母移居美国纽约，1928年入美国籍。他毕业于哥伦比亚大学，主修化学，二战期间曾在军队服役，战后获博士学位，并在波士顿大学医学院执教，1958年成为职业作家。

阿西莫夫是有史以来著述最丰的作家之一。据他最后一卷自传所附书目统计，其已出版的著作达470部之多。其中非虚构类作品共269种，包括科学总论24种、数学7种、天文学68种、地球科学11种、化学和生物化学16种、物理学22种、生物学17种、科学随笔集40种、科幻随笔集2种、历史19种、有关《圣经》的7种、文学10种、幽默与讽刺9种、自传3卷、其他14种；虚构类作品共201种，含科幻小说38部、探案小说2部、短篇科幻和短篇故事集33种、短篇奇幻故事集1种、短篇探案故事集9种、主编科幻故事集118种。

二、108种书的中译本

不仅如此,在所有的外国作家中,其著作在中国内地的译本达上百种之多的,似乎也就是阿西莫夫独一家。须知,我们不是在说上百篇文章,而是上百种书;而且也并非一书多译,而是上百本不同的书!诚然,莎士比亚的作品拥有众多的名家佳译,但莎翁终其一生创作的戏剧和诗集毕竟与"上百"相去甚远;儒勒·凡尔纳、阿加莎·克里斯蒂等人的作品被大量译成中文,然品种亦皆未上百。

笔者研读、翻译阿西莫夫有年,对其著作中文(简体字)版详加考证,乃知迄2009年12月止,有中文版行世的阿氏著作已达105种之多。其中含科学总论10种、数学2种、天文学39种、地球科学6种、化学和生物化学5种、物理学8种、生物学5种、科学随笔集7种、历史1种、自传1卷、科幻小说16部、短篇科幻和短篇故事集4种、主编科幻故事集1种。

早先,我国翻译外国作品尚无购买中文版权一说。那时,阿西莫夫作品在我国一书多译的现象时有发生。例如,其科幻名著《Caves of Steel》就曾有晓岚等译《太空镇上的谋杀案》(1981年)、杜渐译《太空站来客》(1988年)、孙静等译《太空城疑案》(1997年)等不同版本。2005年,四川出版集团·天地出版社正式取得中文简体字版版权后,出版了叶李华先生的译本,书名定为《钢穴》。在统计已有多少种阿氏著作出版中译本时,这只能算是1种。

类似地,阿西莫夫的科普名作《Extraterrestrial Civilizations》,曾有卞毓麟和黄群合译、分为上下册出版的《太空中有智慧生物吗?——地外文明(上篇)》(1983年)和《寻访人类的太空之友——地外文明(下篇)》(1984年),以及王静萍等的另一译本《地球以外的文明世界》(1983年),在统计时也只算是1种。

再者,鉴于阿西莫夫的知名度,又常有国人改写或选编种种阿氏作品。例如,黑龙江人民出版社的《C字滑行道》(1981年),科学普及出版社的《外国名科学家小传》(1982年),浙江科学技术出版社的《赤裸的太阳》、《黎明世界的机器人》和《机器人与银河帝国》(均为1992年),地质出版社的《无穷之路——阿西莫夫科普作品选》(1981年,此书并不对应于阿氏《The Road to Infinity》一书),湖南少年儿童出版社的《阿西莫夫科幻小说》(1991年,汇编了3部作品)等。鉴于它们都不是阿西莫夫任何一部原著的直接译本,故未纳入105种中文版阿氏著作之列。

顺便一提，Asimov 曾译为"阿西摩夫"，例如寿纪琛等译的《阿西摩夫科学探案》。20 世纪 90 年代以来，渐统一译为"阿西莫夫"。

首功难忘

阿西莫夫作品的第一个中译本是《碳的世界——有机化学漫谈》，郁新(林自新、甘子玉两位前辈合用的笔名)译，1973 年 10 月由科学出版社出版。虽然关于此书曾有不少介绍，但首功难忘，它依然有许多值得重提的地方。

首先，这是在"文革"十年动乱期间出版的，当时要顶着被批判——诸如"崇洋媚外"、"洋奴哲学"之类——的风险。

其次，这本仅仅 8 万多字的小书确实写得好。它以非常浅显的语言颇有深度地讲述有机化学的故事，秩序井然地介绍了五花八门的有机化合物(汽油、酒、醋、维生素、糖类、香料、肥皂、油漆、塑料……)与人类的关系。这本小册子使我国的读者开阔了眼界，感受到了自身的文化闭塞，了解到科普作品居然可以写得如此精彩。

再次，它提供了一些经典的段落，至今仍被视为科普写作的范本。例如，作者在书中写道：

我们设想有两个小孩，各有一箱积木，可以用来搭房子。甲孩子那一箱积木，有 90 种不同形状的木块，但是每一次只允许用 10 块或 12 块来搭房子。乙孩子那一箱积木，只有四五种不同形状的木块，但是，他每次可以用任意数量的木块来搭房子，如果他喜欢，可以用 100 万块。

显然，乙孩子可以搭成更多式样的房子！

正是因为同样的理由，有机化合物要比无机化合物多得多。

在这里，每一种形状的木块代表一种化学元素的原子。有机化合物虽然仅由碳、氢、氧、氮等少数几种元素构成，但它们的分子中却可以包含成千上万、甚至上百万个原子；无机化合物虽然可由九十来种元素构成，却因每个分子仅含少量原子而远不如有机化合物那样变化多端。这个比喻貌似平凡，却足以显示作者极不平凡的阐释能力。

最后，《碳的世界》使许许多多中国人记住了阿西莫夫这个名字。

二、108种书的中译本

在引进阿西莫夫作品的初期,科学出版社一马当先。继《碳的世界》之后,该社又推出了《阿西莫夫科学指南》的中译本。因篇幅庞大,中译本分成四个分册先后出版,即《宇宙、地球和大气》(1976年)、《从元素到基本粒子》(1977年)、《生命的起源》(1977年)以及《人体和思维》(1978年)。关于这部《科学指南》,后文还将再次谈及。另外,该社还于1977年推出《碳的世界》的姐妹篇《氮的世界》。

科普"军团"

20世纪80年代,随着改革开放的深入,阿西莫夫的名字也为越来越多的国人所熟悉。他的科普读物,仿佛组成了一个庞大的"军团"。整个80年代出版的中文版阿氏作品多达48种,其中有科学出版社的《原子核能的故事》、《洞察宇宙的眼睛——望远镜的历史》、《太空中有智慧生物吗?——地外文明(上篇)》和《寻访人类的太空之友——地外文明(下篇)》、《宇宙——从天圆地方到类星体》、《变!未来七十一瞥》、《古今科技名人辞典》,科学普及出版社的《原子内幕》、《你知道吗?——现代科学中的一百个问题》、《奇妙的航程》、《生命和能》、《我,机器人》、《阿西莫夫论化学》、《塌缩中的宇宙》、《自然科学趣谈》(上、下),上海科学技术出版社的《数的趣谈》,广东科技出版社(顺便一提,我一直觉得很有意思,全国众多的科技出版社大多是科学技术出版社的简称,但广东科技出版社却非简称,而是本名;还有云南科技出版社亦是如此)的《太空镇上的谋杀案》,江苏科学技术出版社的《走向宇宙的尽头》,地质出版社的《阿西摩夫科学探案》,福建人民出版社的《九个明天》、《美国科学幻想故事集》,原子能出版社的《辐射对遗传的影响》,广西人民出版社的《数的世界》,上海翻译出版公司的《科技名词探源》,中国友谊出版公司的《繁星似尘》,北京出版社的《二十世纪的发现》。

还有,地质出版社于1984年分两辑出版了阿氏迄1982年的21种"How Did We Find Out——"之中译本。这套专谈科学史的小丛书是为小学生写的,译成中文每一种尚不足3万字。它着重叙述科学发现的过程,很是引人入胜。中文版第一辑10种是《我们怎样发现了——数字》、《恐龙》(按:此处和以下书名均已省略"我们怎样发现了——"字样)、《细菌》、《维生素》、《原子》、《外层空间》、《地震》、《黑洞》、《南极洲》和《火山》，第二辑 11 种是《地球是圆的》《电》《彗星》《能》《核能》《人的进化》《石油》《煤》《太阳能》《深海生物》和《生命的起源》。后来，阿氏又陆续为该系列写出 16 种新书，只可惜不再有中译本了。

阿氏的科学读物几乎遍及自然科学的每一个领域。论卷帙之浩瀚，当首推《阿西莫夫新科学指南》、《阿西莫夫科学技术传记百科全书》和《阿西莫夫科学和发现编年史》这三部巨著。

前文提到科学出版社曾以四个分册出版了《阿西莫夫科学指南》的中译本。该书英文版原是阿氏的第 120 本书，于 1972 年面世。后来，作者对它作了许多修订和补充，于 1984 年再出新版，书名改为《阿西莫夫新科学指南》。1991 年，科学普及出版社推出新版的中译本，即朱岚等译的《最新科学指南(上)》和程席法等译的《最新科学指南(下)》，共约 90 万字。1999 年，江苏人民出版社再度出版此书，书名易为《阿西莫夫最新科学指南》(上、下两卷)。

《科学指南》精彩纷呈。试举一例如下：在 20 世纪六七十年代，西方国家对"人体冷冻学"的兴趣日见其增。阿氏在《科学指南》中对此扼要介绍后，坦率地表达了他本人的态度：

> 实际上，把人体完整地冷冻起来，即使完全可能使他们复活，也没有什么意义。……如果地球上很少或者没有死亡，就必须很少或者没有出生，这就意味着一个没有婴儿的社会。……一个由同样的脑子组成的社会，人们以同样的方式思维，因习陈规循环不已。必须记住，婴儿拥有的不仅是年轻的脑子，而且是新的脑子……多亏了婴儿，才不断地有新的遗传组合注入人类，从而打开优化与发展的道路。……或许长生不死的前景比死亡的前景更加糟糕。

1982 年，阿氏的第 257 本书《阿西莫夫科学技术传记百科全书(第二次修订版)》问世，内有 1510 位科学家的小传。1988 年，该书的中译本由科学出版社出版，定名为《古今科技名人辞典》，计 116 万字，20 余位译者分条署名。

阅读这部《名人辞典》，可以深深感受到阿西莫夫文体的魅力。它不仅包蕴了科学史，而且以极简练的笔墨兼顾了社会史。它对时代背景的勾画，每多科学社会学的神来之笔。例如，关于拉瓦锡之死，书中写道：

二、108 种书的中译本

  法国革命爆发了。1792 年激进的反君主政体者控制了全国。法兰西宣告成为共和国,税农们开始受到追捕。拉瓦锡……被抓了起来。当他提出他是一个科学家而不是税农(不完全真实)时,据说逮捕人员作出了这一著名的回答:"共和国不需要科学家。"
……………
  审判是一场闹剧,马拉以各种可笑的罪名控告拉瓦锡:例如,"在人民的烟草中掺水"。……拉瓦锡于 1794 年 5 月 8 日被送上断头台,……拉格朗日哀悼说:"砍掉他的头只要眨眼的功夫,可是生出一个像他那样的脑袋大概一百年也不够。"……拉瓦锡死后不到两年,抱憾的法国人为他的半身像揭了幕。

  1989 年,阿氏出版了他的最后一部科学类巨著,即《阿西莫夫科学和发现编年史》,全书厚达 700 页。该书无中译本,它确实不容易翻译,此处不再赘述。

新世纪的新气象

  20 世纪 80 年代后期到 90 年代中期,我国科普的总体状况有过一阵低落。从 1989 年到 1997 年将近十年间,新出版的阿西莫夫作品中译本只有 2 种:前已提及的《最新科学指南》和福建少年儿童出版社的《颠覆帝国的阴谋》(1990 年),后者的原著是 1950 年出版的科幻小说《Pebble in the Sky》,它是阿西莫夫正式出版的第一本书。

  1994 年 12 月 5 日,《中共中央、国务院关于加强科学技术普及工作的若干意见》发布实施。此后,党和国家一再强调科普工作的重要性,并出台一系列相关措施。由是,科普气候逐渐回暖,科普出版日见繁荣。在 20 世纪的最后岁月,又有了几部新的中文版阿氏作品。其一是内蒙古人民出版社的《诠释人类万年》(1998 年),英文原书名《The March of the Millennia》(1991 年),这是一部历史读物,由阿西莫夫和弗兰克·怀特合著。接着是上海科技教育出版社于 1999 年出版的《新疆域》和《新疆域(续)》。这两本科学随笔集,收录了阿氏自 1986 年以来为洛杉矶时报辛迪加撰写的每周一期科学专栏文章。其中每篇文章仅 1600 字光景,却一一道明了关于生命、地球、空间和宇宙的种种新发现。

1988年8月,我到阿西莫夫家做客,他向我提及正在创作一套少儿天文读物。阿氏去世后,原出版社于1996年对全套31种书稍作修订,并由他人增添2种新作。2000年,江苏科学技术出版社推出其中译本《阿西莫夫少年宇宙丛书》,将其合订为11本,依次称为《地球和它的近邻》、《行星世界的巨人》、《水星和火星》、《千万万个太阳》、《彗星和小行星》、《寻找外星人》、《宇宙大爆炸》、《21世纪太空城》、《太空探险家》、《观星指南》和《遥远的行星世界》,计有精美彩色插图千余幅。

同在2000年,上海科技教育出版社推出中文版的《亚原子世界探秘——物质微观结构巡礼》和《终极抉择——威胁人类的灾难》。《终极抉择》全书33万字。作者基于当代天文学、物理学、地球科学、生态学、环境科学和社会学等领域的新进展,以丰富的想象力,由远及近依次分析了可能导致人类毁灭的5大类灾变——宇宙的灾变、太阳系的灾变、地球的灾变、人类的毁灭、文明的毁灭,以提醒人类要自珍自爱,作出明智的抉择。它使人们意识到威胁,又能以积极的心态采取理性的行动。2002年,上海科技教育出版社又推出《人生舞台——阿西莫夫自传》中译本。在21世纪的头十年中,该社已成为阿西莫夫非虚构类作品中译本的首要出版者。

科幻小说洋洋大观

另一方面,随着新世纪的到来,中文版阿西莫夫虚构类作品也有了重大突破。

阿氏的写作生涯始于短篇科幻故事。从1950年开始,其长篇科幻小说接连问世。自20世纪50年代后期至80年代初,其大部分精力专注于科普创作。后来,他又出版了多种长篇科幻新作。阿氏最主要的科幻小说,有"机器人"、"基地"和"帝国"三大系列。

我国的科幻爱好者们早就盼望全面引进阿氏的大宗科幻作品,但此事付诸实施却颇多困难。事实上,在中国内地开始出版阿氏著作中译本的头三十年内,严格意义上的中文版阿氏科幻作品仅有前已列出的《奇妙的航程》、《我,机器人》等8种而已。

2005年,四川出版集团·天地出版社跨出了很大的一步。该社在一年之中，出齐了阿氏科幻的全部主要作品，那就是由《基地前奏》(上、下)、《迈向基地》(上、下)、《基地》、《基地与帝国》、《第二基地》、《基地边缘》(上、下)、《基地与地球》(上、下)组成的"基地"系列；由《钢穴》、《裸阳》、《曙光中的机器人》(上、下)、《机器人与帝国》(上、下)、《机器人短篇全集》(上、下)组成的"机器人"系列；以及由《繁星若尘》、《苍穹微石》和《星空暗流》组成的"帝国"系列。

阿西莫夫创造的"机器人学"(robotics)一词，已在科技领域中广泛使用。阿氏的机器人故事都有着共同的基础，那就是他提出的"机器人学三定律"，或曰"机器人学三法则"。这些"定律"或"法则"构成了机器人行为的道德标准，但它们有时会使机器人陷入不知所措的矛盾境地。由此展开的故事情节非常引人入胜，它们为科幻小说增添了高雅的情趣。

值得一提的是，阿西莫夫在科学随笔集《变！未来七十一瞥》中有一篇题为《机器人法则》的文章。文中说道："在我看来，机器人是机器，而机器总是由人制造的。既然一切机器都有危险，不是这种危险就是那种危险，人在它们身上装上安全装置不就安然无事了吗？"是的，阿氏以"机器人学三法则"的特殊形式提出了有关机器人的安全措施。这三条法则是：

1. 机器人不得伤害人，也不得在人遭受不幸时不采取行动。

2. 机器人必须服从人的命令，除非该命令与第一法则相抵触。

3. 机器人必须保护其自身存在，除非该保护与第一和第二法则相抵触。

阿西莫夫说，在制定这些法则时他并没有认识到，人类有史以来一直就在运用它们。我们不妨把它们理解为如下的"工具三法则"：

1. 工具应可以安全使用。(这是显而易见的。尽管刀有刀把，剑有剑柄。但任何肯定会伤人的工具，如果使用者意识到的话，则不论它其他效能如何，决不会被常规使用。)

2. 工具在安全的前提下，必须行使其功能。

3. 工具在使用过程中应保持完好，除非为了安全或行使其功能不得不破坏它。

逐条对比"工具三法则"同"机器人学三法则"，就可以发现它们是精确对应的。机器人或者计算机都是人类的工具，这些法则自然也就应该彼此对应了。

2009 年的新品

阿西莫夫一生写过三卷自传。头两卷《记忆犹新》和《欢乐依旧》分别于 1979 年和 1980 年问世，书中严格地按时间先后记述了作者从出生到 1978 年的经历。它们均无中译本。《人生舞台——阿西莫夫自传》则是阿氏晚年病重期间完成的最后一卷自传，又过不到两年，作者就去世了。此书 53 万字，写法与前两卷自传大不相同。它不再拘泥于时间顺序，而是顺着作者的思绪，一个话题接着一个话题，率真坦诚地将其家庭、童年、学校、成长、恋爱、婚姻、疾病、挫折、成就、亲朋、对手，乃至他对写作、道德、友谊、信仰、生死等诸多重大问题的见解——娓娓道来。全书在极平易的语言中充盈着睿智和灼见，很能引发人们在阅读中更深刻地思考人生的真谛。2009 年 12 月，中文版《人生舞台》纳入《世纪人文系列丛书》推出新版的情况，前文已作简介，此处不再赘述。

阿西莫夫共有科学随笔集 40 种。早先已有 5 种中译本：《数的趣谈》、《阿西莫夫论化学》、《变！未来七十一瞥》、《新疆域》和《新疆域（续）》。2009 年，上海科技教育出版社又出版两种阿氏科学随笔集，即吴虹桥等译的《宇宙秘密——阿西莫夫谈科学》和江向东等译的《不羁的思绪——阿西莫夫谈世事》，它们是第 104 种和第 105 种中文版的阿氏作品。

阿氏的科学随笔精彩纷呈，不惟阐释巧妙，更有独到的思考。例如，《宇宙秘密——阿西莫夫谈科学》一书共有 31 篇文章，最后一篇就叫《宇宙秘密》。文中提到，有一次阿氏和纽约科学院院长海因茨·帕格尔斯等人在一起谈天说地时，海因茨提出一个有趣的问题："将来某一天，一切科学问题全都得到了解答，我们无事可做了，这有没有可能？还是说，全部得到解答是不可能的事？有没有什么方法，让我们现在就能断定上述两种情形哪种是正确的？"对此，阿西莫夫首先回应：

> 我相信我们现在就能断定，而且很容易。……我的信念是，宇宙在本质上具有一种非常复杂的分形性质，科学探索也具有同样的性质。因此，宇宙中任何未知的部分，科学研究中任何悬而未决的部分，不论它们与已知的解决了的部分相比是多么小，都含有起始

物的全部复杂性。所以我们永远都不会完事。无论我们走了多远，前方的路还会远得就如同我们站在起点一样，这就是宇宙的秘密。

什么是分形呢？阿西莫夫描述了他观看一盘 30 分钟的关于分形的录像带：

> 我们从一个四面围绕着附属小图形的深色心形开始，它在屏幕上一点点长大。其中的一个附属图形在屏幕上居中并慢慢长大，直至布满整个屏幕。你可以看到，它的四周也围绕着附属图形。
>
> 录像给我们的视觉效果就是慢慢地陷入复杂性，而这种复杂性永不停歇。看上去像小点一样的小物体逐渐长大，显现出复杂性，而同时新的小物体又形成了，无穷无尽。图形的不同部分接连被放大成新的美景，足足让我们欣赏了半小时。

阿西莫夫坚信自己对海因茨·帕格尔斯说的话是正确的。他认为这并不是对科学本身，而是对科学哲学的贡献。他把这事告诉了妻子珍妮特·阿西莫夫。她建议他"最好把那个想法总结成文"。

"为什么？"阿西莫夫说，"那不过是个想法而已。"

"海因茨可能会用它。"珍妮特答道。

"我倒是希望他能用上，"阿西莫夫说，"我所知道的那点儿物理学不足以成就任何事，而他却懂得很多。"

"但他也许会忘记，他是从你这儿听去的。"

"那又怎样呢？想法不值钱。只有用想法做出事才有价值。"

诸如此类的种种想法，有可能引起争议，也有可能是错了。但是，我相信，人们会普遍赞同它们确实很有意思。

阿西莫夫的著作是一座实实在在的宝库。这篇"压缩饼干"式的文章倘能引发国人，特别是年轻一代更多地关注这座宝库，则笔者幸甚焉！

忌辰 20 周年追记

2012 年 4 月 6 日，阿西莫夫逝世 20 周年。翌日，上海市科学技术协会主办、上海市科普作家协会承办了一场"回望阿西莫夫 繁荣原创科普"的研讨会，百余名科学家、科普作家、科学爱好者和各路记者踊跃参加。会上，我应邀演讲"阿西莫夫及其作品在中国的影响"，中国科学院院士、

《阿西莫夫及其作品在中国的影响》PPT首页。画面上可见阿氏作品的少数样例

上海市科普作家协会理事长褚君浩作了"科学家们如何看待阿西莫夫及科技人员的职责"的主题发言。研讨会后，众多媒体纷纷报道，或展开讨论。例如，5月2日《文汇报》"科技文摘"专版以整版篇幅探讨这一主题，并冠以通栏标题"翘首以盼我们的阿西莫夫"；5月19日，上海电视台"纪实频道"在《科技2012》栏目播出《艾萨克·阿西莫夫》，如此等等。可以很形象地说，阿西莫夫创作时的全部需求，就是知识、书房和一台打字机。这几件东西，我们似乎都不缺乏，但中国的"阿西莫夫"却难觅踪迹。有人认为，这或与时下工具性的教育观念以及趋利性的价值取向有关。此说无论当否，都值得继续研究。

由于越来越多的各方热心人士不时询及阿氏众多著作中文版的详情。笔者遂借助多年之积累，撰成长文《阿西莫夫著作在中国》，于2012年4月在中国科普研究所主办的《科普研究》第7卷第2期上刊出。此文不啻补充更新前述《中华读书报》的文章，而且有着更强的专业性和文献性。

二、108 种书的中译本

此文仍限于研讨在中国大陆出版的中文简体字版阿西莫夫作品。文中悉数列出 106 种中文版阿西莫夫著作的信息——最新的一种是《阿西莫夫论科幻小说》(涂明求等译,安徽文艺出版社,2011 年 11 月)。为力避冗繁,利于查考,文中采用了如下的编排体例:以中文版(而非英文原版)的出版时间为序对诸书逐一编号,继而列出每种作品的英文原名和原著初版年份、阿西莫夫本人以原书出版先后为序赋予作品的编号(但阿氏在 1984 年出版其作品第 300 号之后,未再全面公布新作品的编号,故本文中相关信息亦付阙如)、他亲自设置的作品分类,最后列出中译本的书名、译者、出版社和出版时间。倘遇一书多译,则诸译本一并列出。我相信,这无论是对阿西莫夫的爱好者还是研究者,都是很有用的参考资料。

就在这次研讨会前夕,上海科技教育出版社推出了新组构的《阿西莫夫书系》首批 4 种图书:《宇宙秘密》、《终极抉择》、《新疆域》和《新疆域(续)》。4 月 22 日,我应邀为上海市"科普图书进社区"虹口区专场活动演讲"阿西莫夫的魅力"。接下来现场签售《阿西莫夫书系》的场面热烈,令人感奋。如今《不羁的思绪——阿西莫夫谈世事》也加入了《阿西莫夫书系》的行列,预期这支队伍还将会不断地壮大。

2012 年 8 月,我和尹传红应浙江省科学技术协会之邀,作为东道主的品牌系列科普活动"科学会客厅"报告会的主讲嘉宾,与现场听众一道"回望科幻巨匠阿西莫夫",并取得圆满成功。尹传红小我 25 岁,凭着自己的刻苦和业绩,成了近年来影响甚广的知名科普作家。他还是《宇宙秘密》的两位责任编辑之一。此书有一个附录"阿西莫夫是个什么'家'?",是老"阿迷"林自新和小"阿迷"尹传红的对话,很值得一读。

2014 年是英文原版《人生舞台》正式出版 20 周年,中文版《人生舞台》披上新装,与《科学大师传记精选》的首批其他 4 种图书一起亮相,自然值得庆贺。至于早先《中华读书报》所刊《阿西莫夫:中译本数量最多的外国作家?》一文的这个问号,看来是可以删去了。

是的,没错。阿西莫夫是中译本数量最多的外国作家,他的这一纪录难以打破。

【对《忌辰 20 周年追记》的追记】(2015 年 8 月增补)

2014 年下半年,江苏文艺出版社又先后推出 2 部阿西莫夫科幻小说的中译本，即第 107 种中文版阿氏作品《永恒的终结：关于时间旅行的终极奥秘和恢宏构想》(2014 年 9 月) 和第 108 种中文版阿氏作品《神们自己：关于平行宇宙的一切》(2014 年 12 月)，译者均为崔正男。《永恒的终结》英文原著名《The End of Eternity》，1955 年由道布尔戴出版社出版，它是阿西莫夫的第 15 本书。《神们自己》是阿西莫夫的第 121 本书，英文原名《The Gods Themselves》，1972 年亦由道布尔戴出版社出版。

三卷自传和一首小诗

长长的"附录二"至此已经全部结束。现在，该追叙书名《人生舞台》的来历了。为此，特转录拙文《三卷自传和一首小诗》(原载《科技日报》，1997 年 5 月 7 日第 4 版) 如下。

艾萨克·阿西莫夫的晚年，健康状况迅速下降。1988 年夏我们见面时，他精力还相当充沛，体格也还强壮。1990 年 1 月 11 日，他自觉体虚而入院检查，结果表明其心血管状况很糟糕，而且影响到了肺和肾。阿西莫夫以前做过心脏搭桥手术，面对疾病他并不惊慌。他表达的意愿是：不希望像一只足球那样，由一位医生传给另一位医生，接着又传给下一位医生；而所有这些医生则不断地给他做各种复杂的检查，以图延续他的生命。他希望宁静地死去。

不过，死神尚未来临。1990 年 1 月 26 日，从医院回家的那天，其夫人珍妮特·阿西莫夫建议他再写一部自传；它应该更富有思想性，而不只是各种事情按时间先后的罗列。阿西莫夫接受了她的建议，随即干了起来。不久，他再次入院，写作时断时续。出院后他愈加努力工作，他说这仿佛是在和死亡竞赛，而他感到胜利在望，因为全书竣工已指日可待。最后，他在 1990 年 5 月 30 日的日记中写道：

"现在可以交稿了。从开始动笔至今一共 125 天。在这点时间里写下 235000 个(英文)词，并不是许多人都能做到的，况且此间我还得干别的事情。"

作者是 1992 年 4 月 6 日去世的，1994 年这部自传才由道布尔戴出版社正式出版。全书包括前言、正文 166 节、珍妮特写的跋，以及阿西莫夫书目，共 560 余页。

二、108 种书的中译本

早先在 1977 年，阿西莫夫用 9 个月完成了一部长达 54 万英文单词的自传——篇幅相当于好几部长篇小说。出版者也是道布尔戴。交稿时，阿西莫夫猜想编辑或许嫌篇幅过长而要求删节。但实际上却很顺利：出版社当即决定将它分为两卷。第一卷于 1979 年出版，第二卷则于翌年面世。出版社与作者一起商定这两卷自传的书名，阿西莫夫拟用《我的回忆》(*As I Remember*)，因为书中的全部内容都源自他的回忆和 40 年来从未间断的日记。但出版社希望书名能更吸引人，听起来更富有诗意。一位编辑甚至提议：找一首意境朦胧的小诗，从中引一句作为书名。结果，阿西莫夫采用了这样一首诗——

In memory yet green, in joy still felt,
The scenes of life rise sharply into view.
We triumph, Time's disasters are undealt,
And while all else is old, the world is new.

他用该诗首句"In memory yet green"作为自传第一卷的书名，中译常作《记忆犹新》；小诗的第二句"In joy still felt"则成了第二卷的书题，中译常作《欢乐依旧》。晚年述及往事，阿西莫夫还提到他曾考虑再接着用"The scenes of life"作为自传第三卷的书名，中译或可作《人生幕幕》或《往事历历》。不过，其最后一卷自传的实际书名是《I. Asimov》。

《记忆犹新》行将付梓之际，出版社告诉阿西莫夫：他们无法找到这首诗的出处，他们也需要知道这位诗人的名字。结果阿西莫夫道出了真相："这是我自己写的。"出版社在《记忆犹新》和《欢乐依旧》中印上这首小诗时，故弄玄虚地伪托作者"佚名"。我对此也始终蒙在鼓里，直至最近读到《I. Asimov》中的有关章节才恍然大悟。

1979 年 2 月，两家出版商争相出版阿西莫夫的第 200 本书，这位才气横溢的作家轻而易举地解决了这一难题：他把自己的两部新著都定为第 200 本书，有如一胎生下两个孪生儿。其中的一本是《作品第 200 号》，由霍顿·米夫林出版社出版；另一本就是《记忆犹新：阿西莫夫自传，1920—1954 年》。两家出版商都心满意足。

《作品第 200 号》内容很丰富，其构思与格局和 10 年前的《作品第100号》完全相同：分门别类地节录和摘编他的第101本到第199本书，并酌加背景说明。《记忆犹新》全书朝气蓬勃，妙趣横生，随处给人以清新的印象，一直写到作者34岁时为止。1984年《作品第300号》问世时，阿西莫夫终于将《记忆犹新》编号为201。《欢乐依旧：阿西莫夫自传，1954—1978年》则是他的第216本书。

阿西莫夫本人很钟爱前面提到的那首小诗，我也一直想把它译成一首似拙实巧的中文诗，却终于知难而退未能如愿。在此，我愿借诸报端"无奖征译"，诸君倘能佳译早酿，不亦美哉乎？

2012年4月7日本书作者在"回望阿西莫夫繁荣原创科普"研讨会上作主题演讲

确实也有友人偶作试译，只是未必十分较真，也就不宜公开发表了。最后，有了中文版的《人生舞台》，书中的这首小诗全译如下：

记忆犹新，欢乐依旧，

人生舞台重入眼帘。

我们胜利了；击败生活的灾难，

一切都在衰老，世界与时俱进。

书名《人生舞台》就是这么来的，我觉得这是遂了阿西莫夫本人的心愿。

三、在阿西莫夫家做客

1992年4月6日，艾萨克·阿西莫夫病逝。7月5日，《科技日报》刊出我应邀撰写的悼念文章《不朽的阿西莫夫》。1994年5月，我收到吴岩托人从美国带回的英文版阿西莫夫自传《I. Asimov》，立刻津津有味地读了起来。

那时，我国的科普和科幻出版不太景气，阿西莫夫也被冷落了好一阵子。我一面浏览这部自传，一面自忖："如此好书，真不知哪家出版社能好好出个中译本。"

事情就是这么凑巧：1998年3月，我辞别自己从事科研33年的中国科学院北京天文台，南下加盟上海科技教育出版社，就任版权部主任。几经周折，我们终于在2000年9月取得这部阿西莫夫自传的中文简体字版权，并于同年12月约请黄群执译，我本人则成了此书的责任编辑。

手握散发着油墨香的《人生舞台——阿西莫夫自传》，不禁使我又一次回想起多年前在纽约拜访阿西莫夫夫妇的情景。关于这次会见，我曾记以长文《在阿西摩夫家作客》，刊于《科普创作》1990年第5期。此文后来在不同时期、不同场合又曾分别被易名为《在阿西莫夫家作客》或《在阿西莫夫家做客》，但内容并无大异。今经修订，谨录于此，以便与更多的读者分享其中的欢乐和友情。

悠悠往事

前文曾提及，继《碳的世界》中译本于 1973 年面世后，从 1976 年到 1978 年，科学出版社以《自然科学基础知识》为总题，以 4 个分册推出了巨著《阿西莫夫科学指南》的中文版。经历了 10 年的知识荒芜，在中国如此好书引起的反响可想而知。我本人曾一读再读，据悉它也是张开逊先生每次出差必携的旅途读物。

1979 年 2 月，两家美国出版商争着要为阿西莫夫镌刻一座里程碑——出版他的第 200 部作品。阿西莫夫遂别出心裁地将自己的两种新著并列为第 200 部作品。这两部书都很出色，其中一本是《作品第 200 号》，全书 329 页，由霍顿·米夫林出版社出版；另一本是《记忆犹新——阿西莫夫自传，1920—1954 年》，全书 732 页，由道布尔戴出版社出版。多少年过去了，回顾这段佳话，依然韵味悠长。

阿西莫夫的博学及其非凡的写作能力，促使我努力地进一步了解他。差不多就在这"孪生的" 200 号作品问世之际，我给科学出版社的编辑鲍建成先生去信，提请注意还有许多阿西莫夫佳作值得引进。恰好，科学出版社那里就有一本英文版阿西莫夫原著《Eyes on the Universe：A History of Telescope》，鲍建成遂问我是否有心执译，若有此意，则请先交四五千字的试译稿。

恰好，我有一位学外语出身的朋友黄群正想译书。我们遂反复切磋，数易其稿，交出一份试译卷。当时科学出版社对翻译的要求很严，若在几千字的试译稿中"逮到"一个错，编辑就会向译者"示警"；若发现两个以上的错，试译者很可能就会失去正式译书的机会。

不久，鲍建成先生函告试译合格，但又用铅笔在译稿上作出不少标记，提些尚可改进的意见。后来谈及往事，老鲍才告诉我，当初试译稿在吴伯泽、王鸣阳等一些好手中传阅，大家相当欣赏。尤其是称赞某些句子的中文表达，例如"日月经天的轨迹是圆……而那些恒星似的行星行踪却十分复杂。它们忽而疾驰，忽而徐行；有时甚至走回头路，朝着与平时相反的方向前进"等等。王鸣阳甚至说："这么好的试译稿已经很久未见了。"这对我们真是莫大的鼓舞。1982 年 9 月，名为《洞察宇宙的眼

三、在阿西莫夫家做客

睛——望远镜的历史》的这个中译本终于问世。后来这几位学长也都成了我的文字知交,"认真"是这些人最主要的共同点。

在《洞察宇宙的眼睛》的"译者前言"中,我曾写道:"阅读和翻译阿西莫夫的作品,可以说都是一种享受。然而,译事无止境,我们常因译作难与作者固有的风格形神兼似而为苦。"在日后的翻译实践中,此种感受可谓有增无已。

其后,我又主笔或参与了多部阿西莫夫著作的翻译工作。它们是《走向宇宙的尽头》、《地外文明》、《我们怎样发现了——黑洞》、《科技名词探源》、《二十世纪的发现》(我为之续写了3万余字的"更新的发现——兼译后记")、《古今科技名人辞典》(全书为1510位科技名人列传,我译了101条,外加"作者传略"一条)。

此外,在20世纪80年代初,出于绍介国外优秀科普作品,以利我国读者扩大视野,兼供我国科普工作者借鉴之目的,我还发表了《科普明星阿西莫夫》、《阿西莫夫的科普创作动机及其他》(与阮芳赋合作)、《我为什么要研究阿西莫夫》、《阿西莫夫科普作品述评》(与阮芳赋合作),乃至黄伊先生约写的那篇长文《阿西莫夫和他的科学幻想小说》。

随着阅读、翻译和研究的不断推进,我很自然地想到应该直接与阿西莫夫本人取得联系。1983年5月7日,我发出了致阿西莫夫的第一封信:

> 我读了您的许多书,并且非常非常喜欢它们。我(和我的朋友们)已将您的某些书译为中文。三天前,我将其中的三本(以及我自己写的一本小册子)航寄给您。它们是《走向宇宙的尽头》、《洞察宇宙的眼睛》和《太空中有智慧生物吗?》;我自己的小册子则是《星星离我们多远》……

很快,我就收到一封简短而亲切的回信:

> 非常感谢惠赠拙著中译本的美意,也非常感谢见赐您本人的书。我真希望我能阅读中文,那样我就能获得用你们古老的语言讲我的话的感受了。我伤感的另一件事是,由于我不外出旅行,所以我永远不会看见您的国家;但是,获悉我的书到了中国,那至少是很愉快的。

当时,我真是惊喜非凡。我原以为,要想惜时如金者阿西莫夫作复,简直就像是神话。孰料阿西莫夫死后,他的弟弟斯坦利·阿西莫夫到专门收藏艾萨克·阿西莫夫档案的波士顿大学图书馆去一查,发现这位作家的往来信函竟有 10 万件之多!

纽约西 66 街 10 号 33 楼 A 单元

我在 20 世纪 80 年代中期与阿西莫夫书信往返多次。我很忙,他更忙。因此信都很短,不说套话、废话。他的信中颇多妙语,令人为其敏捷的思维赞叹不已。这些信还使我萌生了一个念头:若有朝一日与阿西莫夫本人晤上一面,不亦乐乎?

我知道阿西莫夫几乎从不旅行,他压根儿就不愿坐飞机。看来只能是我去拜访他了,但这要有一个机会。

1988 年春,我因公赴英国爱丁堡皇家天文台做访问学者,同年 8 月初赴美国巴尔的摩市参加国际天文学联合会第 20 次大会,会后到纽约观光游览三四天。

8 月 11 日,星期四,中午抵达纽约,在哥伦比亚大学附近我昔日的学生范晓明先生处下榻。安顿甫毕,随即拿起电话,拨往阿西莫夫寓所:

"请问,可以和阿西莫夫教授讲话吗?"

"当然。请说吧。"是一个男中音的声音。我方欲回话,他忽然又补充一句:"你是波士顿的那位年轻人吗?"

他猜错了。"不,我是中国人,姓卞,全名是卞毓麟。您还记得吗?"

"哦,这个名字听来似乎相当耳熟,请问您现在何处?"他说得相当慢,显然是在努力回忆这个"相当耳熟"的名字。

"我从中国到英国爱丁堡皇家天文台工作,最近到巴尔的摩参加会议。会刚结束,现在纽约,3 天后返英。很想见您一面,不知您有无时间?"

"噢,知道了。只是今明两天我必须完成一些工作,您可否在星期六上午再来个电话,看看我们能否安排一个时间。"阿西莫夫忽然想起了什么,便很快地接着说,"对不起,我想再确认一下,您是不是翻译了我的好些书的那位中国人?"

"不错,那正是我。那么,我星期六上午再打电话给您。"

三、在阿西莫夫家做客

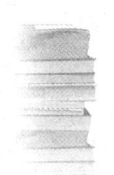

"好的,谢谢。等您的电话。再见。"

"再见。"

1988年8月13日,星期六,上午9点50分,我如约再次打电话给阿西莫夫。

"我是卞毓麟,可以拜访您吗?"

"可否请于今天下午1时左右来此一晤?"阿西莫夫提议。

"当然。不过我对纽约城很不熟悉。能不能和我的一位学生一起来访呢?他现在正在哥伦比亚大学天文系学习。"我作如是问,是因为范晓明亦颇欲一睹阿西莫夫的风采。

"很好。那就请在1点钟左右一起来吧。但是我也许不会有很多的时间,所以我们或许并不能谈得太久。我的地址是西66街10号33楼A单元。"

"十分感谢。这个地址我记得很清楚。下午见。"

"下午见。"

出租车抵达西66街10号大约是下午1点10分。这是一座33层的公寓,大门坐南朝北,门前有阍者启扉。进入门厅,有接待处。我们告知访问阿西莫夫,且有约在先。接待者电话通报后,请我们径自入内。于是登上电梯,直达顶层。

我和晓明正在寻找A单元,只见一门开处阿西莫夫已在迎候。在他后面的是其夫人珍妮特·阿西莫夫。

我早已得知,并在自己的文章中作过这样的描绘:"阿西莫夫身材粗壮、气度轩昂,一头灰发蓬松倔强,蓝眼睛中闪烁着智慧的光芒。"大概是"著述等身"这一成语的影响吧,我想象写了好几百本书的阿西莫夫必定是一位大个子。

其实不然。他比我还矮一些,身高不过1.70米光景,但确实比较粗壮。"阿西莫夫的体重是74.8千克","我们发现,假如阿西莫夫被压缩成一个黑洞,他的直径就只有2.22×10^{-25}米",这是他于1979年在《无穷之路》一书中对"黑洞"的精彩描绘。如今,他的体重似乎并未大变。他相当健康,然而岁月不留情,毕竟是68岁的人了,前几年的披霜灰发而今已是梨花一片了。

阿西莫夫夫妇邀我们进入客厅。那里的陈设相当简朴,不过是茶几、沙发、书柜之类而已。艾萨克看来相当随和,请我们在沙发上就座。珍妮特则以一碟美式甜点相待。过去阿西莫夫送过好些书给我,如今则报之以一次礼节性的拜访。我无意在人家无足够准备的场合进行什么"采访"或"专题讨论"。还是"谈谈家常"吧。

"真是一个愚蠢的决定"

"您近来给我来过信吗?"谈话一开始,主人就发问了。

"最近一二年没有。但以前曾多次写信给您,而且每次都得到了您的回音。"

"那么,您还在翻译我的书吗?"

"不。很遗憾。这几年的情况有些变化。人们对于市场和经济,更率直地说是对于如何'赚钱',似乎比对普及科学知识本身更感兴趣,所以科普书的出版颇受影响,或者说有些困难。但是无论如何,许多青年人、大学生、教师和科学家依旧很喜欢读您的书。"我略一停顿,希望这个否定的回答不致引起主人的不快。

阿西莫夫莞尔一笑,轻松地插话:"很可惜,我没有写过市场经济方面的书。"

我接着说:"至于我本人,目前还在爱丁堡工作。我很希望回到中国以后能继续翻译一些您的书。在中国,目前对于版权问题的处理还不是十分严密,所以翻译出版其他国家的书,一般并不事先征得原作者或原出版者的同意。这在今后或许会有所改变。"

"我们知道这种情况。"阿西莫夫夫妇同声说道。

"我没有到过中国。我一向不愿意旅行,不愿坐飞机。人们请我去加利福尼亚,我很高兴,但是路太远,没去。所以恐怕也不会去中国了。"阿西莫夫换了一个话题。

"那么,如果您夫人想去旅游呢?"我"将"了他一"军"。

"如果没有我在一起,她是不会一个人去旅游的。"他狡黠地看了夫人一眼。珍妮特会意地边点头微笑,边说道:"他从来不度假。"

其实我早就知道这一点,但还是问了一句:"为什么?"

"人们度假时干什么呢?"阿西莫夫反问。他随即颇为幽默地说下去:

三、在阿西莫夫家做客

"搂着自己的妻子，去做他们喜欢做的事情。对吗？而我喜欢做的事情就是写作，所以如果说要度假的话，那么我做的事情也还是写书。这样也就无所谓度假了。"

"很有意思。中国的科普作家，我的朋友们，很乐于知道您的近况，并嘱我向您问好。"我告诉他。

"谢谢他们的好意，也请问候他们。"

此时，阿西莫夫离席片刻，看来他的思维要比他的步履敏捷得多。不一会儿，他从隔壁书房里拿来两本书：《宇宙的量度》和《爆发的恒星》，并于扉页签名赠我。上述第一本书我在国内早已见过。《爆发的恒星》则系首次谋面，这是阿西莫夫的第310本书，1985年就出版了。

我道谢后，回赠一块从国内带去的织锦桌巾，并告诉他们这是典型的中国传统工艺品，图案上的许多鸟是仙鹤，象征吉祥与长寿。他们非常高兴。另外，我还请阿西莫夫将另一件礼物——一块真丝头巾转交他的女儿罗宾，她也是一位科幻作家，生于1955年。

珍妮特收好我送的礼物，取出一次成像相机邀请我和晓明与艾萨克合影，此外还送了几张以前拍摄的照片给我。

我在一张照片上看到，一个书柜顶上有一只把杯，杯上塑有阿西莫夫的头像。艾萨克随即抬手一指，告诉我照片上的杯子仍在那个书柜上放着，是友人相赠的礼物。他说：

"他们[卞按：友人们]曾计议，用什么形体来构成杯子的把手：一个裸体女郎？还是一个机器人？结果他们决定用机器人。"阿西莫夫双手一摊，打趣地结束了他的介绍："这真是一个愚蠢的决定。"

其实，阿西莫夫本人和我都很明白：这是一个相当聪明的决定。杯子的把手是一个腰弯成了90°的机器人，而"机器人"则是阿西莫夫创作的极为成功的科幻系列作品。早先关于机器人的小说多以这样的构思为主题：人创造了各种各样的机器人，最终却为机器人所毁。然而，阿西莫夫扭转了这种局面。他借用"机器人"创造了一种全新的"人物"———一些执行各种程序指令的智能机器。"他们"有时还能思想能言语，但是都没有超越于人的自由意志。他的机器人故事都有一个共同的基础，那就是由他建立的"机器人学三定律"。1950年，《我，机器人》(这是阿西莫夫的第2本书)初版时，"三定律"已赫然冠于全书之首。后来，他又写了许多出色的机器人故事,它们都遵循这些定律。所有这些作品都为通俗科幻小说增添了高雅的情趣。因此,阿西莫夫说到那项"愚蠢的"决定时,语气中显然洋溢着赞许之情。

1988年8月13日本书作者在阿西莫夫家做客,与主人夫妇合影

我欣赏着这只别具匠心的把杯,同时提议:"您不妨为它做一个底座,并把这底座命名为'基地',如何?"

"真是个好主意。"阿西莫夫非常高兴地答道。其夫人则轻叹了一声:"哦——。"

原来,除了"机器人",阿西莫夫还有另外一系列极享盛名的科幻故事,其总题目就是"基地"。读者可以从中获得的一个重要启示是:深刻的思想可以比想到它们的人活得更加久长,而盛极一时的帝国——无论是罗马帝国还是阿西莫夫笔下的银河帝国,从博大深远的历史眼光来看却终归是转瞬即逝的。该系列的头三部书依次是《基地》(1951年)、《基地与帝国》(1952年)和《第二基地》(1953年),它们使阿西莫夫荣获了1966年度的特别雨果奖;它们的续篇《基地边缘》(1982年)又使这位作家于1983年再次荣膺雨果奖。

三、在阿西莫夫家做客

"最新的一本,第394本"

"可否相告,目前您已出版的书总数达到了多少?"我问道。

"请到这边来,"阿西莫夫带领我们走进书房,边指着一排书柜边说道,"从这里开始,一直到这儿,是我已出版的书。它们都是英文版的,而且实质上没有重复。非英文版的译本均未在此留存。这是最新的一本,第394本。"

然后他又回到头一个书柜,一边去取第一排的第一本,一边说着:"这就是我的第一本书。"

"我知道,这是《天空中的小石子》,1950年出版的。"我随口报出了书名。

"完全正确。我希望今年能出到第400本书,但是也许不一定行。"

1988年只剩下四个半月了,再出6本书确非易事。回至客厅,我问珍妮特:"您还在写科幻故事吗?"

"是的,给孩子们写。"

"可以给我一本新作吗?"

"当然。"她取来一本《诺比发现一个坏家伙》。这是"诺比"系列故事中的第6本,由珍妮特和艾萨克合著,他俩随即在扉页上各自签了名。据艾萨克相告,这一系列的第7本已交出版社付印,第8本则正在构思中。珍妮特又告知,该系列的头几本书初版时是纸面的,后来第一、第二集合为一册,第三、第四集合为一册,皆作硬面精装。

"那么,珍妮特迄今出了多少本书呢?"我问。

艾萨克回答:"14本。除了科幻,她还写其他的书和文章。一个作家出了14本书,应该说已经很成功了。但是她拿我出版了394本书相比,所以对自己很不满意。我建议她还是不要和我相比吧。"说罢,大家都笑了起来。

"另一个问题是您的《自传》进展如何?头两卷只写到1978年,外加关于1979年的几句话。"我说。

"还没有继续往下写。虽然我妻子让我不断地写下去,但我觉得这些年我就是在写书,没有太多趣味盎然的东西。要是到2000年再写,那或许就比较有趣了。"

"那么，您现在每天工作几个小时呢？"我问道。这无疑是许多人都感兴趣的一个问题。

"这要看情况而定。比如前天就挺好，我从早上干到中午，又从下午干到晚上，一共9个多小时，完成了不少工作。昨天也很好，工作了一天，8个小时，因为是周末，所以晚上陪妻子看看电视。今天上午有人来访，现在又约你们前来。中午时间不多，只好读点书，没干多少事情。"这时，他又诙谐地添上一句，"所以您看得出来，我挺伤心的呢。"

我接着说："如此说来，您大概平均每天工作9小时左右，对吗？"

"通常是8个小时，有时是10个小时，也有时是12小时。"阿西莫夫回答。

几十年如一日的勤奋，使他完成了超人的工作量。他在1971年8月为《阿西莫夫科学技术传记百科全书》第一次修订本所写的前言中说过：许多人似乎"想当然地把这本书当作集体努力的结果，即由我带领了一队数目可观的人马进行了研究和编写而成"，"事实并非如此！我一个人做了所有必须进行的工作，而没有任何外来的帮助，就连打字工作都是我自己做的"。

"那么您平均每年出几本书呢？"晓明也发问了。

"在不到40年的时间里，一共出了将近400本书，所以平均每年不下10本。"

"看来，我要等到您的《作品第400号》出版之后才能看到从第301本到第400本书的目录了。"我说。

"您回英国以后，过些时日可以再寄一封信给我，我或许可以先预备一份书目寄给您。"阿西莫夫很友好地告诉我。

"非常感谢。"

原来，阿西莫夫在完成了头99本书之后，曾从其中的许多作品里各选一个片断，分类编排，并辅以繁简不等的说明，由此辑成一集，这便是他的《作品第100号》，书末附以头100本书的序号、书名、出版者和出版年份。他曾说过："作者自己写的作品最能说明其人。倘若有人坚持要我谈谈我的情况，那么他们可以读一下我的几本书：《作品第100号》、《早年的阿西莫夫》以及《黄金时代以前》，在那些书里，我告诉他们的东

三、在阿西莫夫家做客

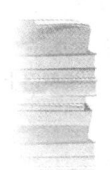

西比他们可能想要知道的还要多得多。"基于同样的考虑,后来又出版了性质类似的《作品第 200 号》和《作品第 300 号》,书末分别列出了他的第二个和第三个 100 本书的目录。

多年以前,美国《时代》周刊就有过这样的评论:"西默农也许写了更多的恐怖读物,切斯特顿也许写了更多的诗和哲学著作,巴巴拉·卡特兰也许写了更多的小说,但是没有一个作者曾经比阿西莫夫在更广阔的领域写下更多的书。"何况乎今天!

"什么事情您都那么清楚"

聊了这一阵子,似乎该稍稍活动一下了。

这时,艾萨克问珍妮特:"是否请他们眺望一下纽约的景色?"

女主人领我们从不同房间的不同窗户往外观看了一阵。这个单元所处的位置果然极佳,从客厅和其他房间可以由不同方向远眺大半个纽约城——当然,也包括近在眼前的中央公园等。我在《阿西莫夫和他的科学幻想小说》诸文中曾介绍,阿西莫夫夫妇"生活在纽约城的一套公寓房子里。陪伴着他们的除了众多的书籍外,还有一具注视宇宙的眼睛——天文望远镜,它为阿西莫夫夫妇提供了一览无遗的太空胜景"。如今看来,似须添以"凭窗远眺纽约美景"云云。遗憾的是,那天纽约城浓霾,大气透明度不好。但愿不会经常如此。

转回客厅,我告诉主人:"范晓明希望给你们照一张相,可以吗?"

"当然可以。"艾萨克说。

"中国学生希望有我们的照片,很高兴。"珍妮特说。

晓明为作家夫妇合影甫毕,我随即提议:"我也加入你们的行列一起照一张,如何?"

"请吧,欢迎。"艾萨克边说边向我招手。

珍妮特邀我站在他们夫妇中间,晓明按动快门,永远地留下了这一友好的珍贵镜头。

至此,我说:"我想,不该过多地打扰你们了,待我回中国后,一定又有您的一些书出版了中译本,届时我将一如既往,把它们都寄给您。我猜想,您大概还是会把它们转赠予波士顿大学图书馆的,那就让它们永远留在那儿吧。"

"完全正确,谢谢。"艾萨克说。

"啊,什么事情您都那么清楚。"珍妮特说。

"这要感谢艾萨克多年来的好意,让我知道了那么多有关你们的事情。我曾经和一些美国朋友谈论艾萨克和他的作品,他们说:'你知道得比我们更多。'"听到我这么说,阿西莫夫夫妇愉快地笑了起来。最后,我说:"终于在纽约见到了您(艾萨克)和您(珍妮特),真高兴。"

"很希望能再次见到您。"他们边说边送我和晓明到单元门口。

"再见了!"这最后的话音结束了这次难得的访问。

下了电梯,步出仍由阍者开启的大门。看了一下手表,2点还差几分。做客的全过程不过半个多小时。

卡尔·萨根撰写的讣文

在阿西莫夫家做客的愉快情景已备述如上。万万想不到的是,此后还不到4年,阿西莫夫竟然去世了!

1992年5月14日,英国的《自然》刊登了一篇不寻常的讣文,由美国著名天文学家、世界一流的科普大师卡尔·萨根撰文,题为《艾萨克·阿西莫夫(1920—1992)》。2002年4月3日,为纪念阿西莫夫逝世10周年,我应《文汇报》之邀将其全文译出,4月8日在该报"科技文摘"专版刊出如下。

艾萨克·阿西莫夫,这个时代的伟大阐释者,于4月6日去世,享年72岁。

阿西莫夫在十月革命后不久生于俄罗斯,双亲是犹太人(虽然他本人猜想阿西莫夫这个姓有可能是伊斯兰教的,源自乌兹别克,意为哈西姆之子),3岁时随全家移居布鲁克林。他童年时代的生活围着他父亲的糖果店转,在那里他学会了阅读货架上的杂志,开始接触科学幻想故事。他在哥伦比亚大学攻读化学获得博士学位,成为波士顿大学医学院的生物化学教授,是《生物化学和人体新陈代谢》这部教材的作者之一。但是,他却因为在科幻和科普方面的工作而变得举世闻名。

三、在阿西莫夫家做客

亦如T·H·赫胥黎那样，深厚的民主精神驱使阿西莫夫热中于与公众交谈科学。他仿照克列孟梭的那句名言说道："科学太重要了，不能单由科学家来操劳。"我们永远也无法知晓，究竟有多少第一线的科学家由于读了阿西莫夫的某一本书、某一篇文章，或某一个小故事而触发了灵感——也无法知晓有多少普通的公民因为同样的原因而对科学事业寄予同情。人工智能的先驱者之一M·明斯基最初就是为阿西莫夫的机器人故事所触动而深入其道的——阿西莫夫的这些故事一反先前流行的机器人必邪恶的观念（此类观念可追溯到《弗兰肯斯坦》），而构想了人与机器人的伙伴关系。正当科幻小说主要在谈论战争和冒险的时候，阿西莫夫则把主题引向了解决令人困惑的难题，他用故事向人们传授科学和思维。

他的大量言辞和思想已经深深潜入科学文化——例如，他把太阳系描述为"4颗行星加上许多碎片"，还有把土星光环中的巨大冰块运往火星上贫瘠干旱的荒原的想法。

他的著作多得惊人——接近500本书，遣辞造句极有特色，总是那么平易浅显，直截了当。美国科幻作家协会把他的《黄昏》选为"有史以来"最佳的短篇科幻故事。他荣获了美国化学学会和美国科学促进会的褒奖，并接受了十多个荣誉学位。他的兴趣不仅仅限于科学：他的传世之作包括《莎士比亚指南》、《圣经指南》以及对于拜伦《唐璜》的大部头评注。他精读吉朋的《罗马帝国的衰亡》而受到启发，创作了叙述一个银河帝国之衰亡的《基地》系列小说，其主要论题是随着黑暗时代压顶而至，如何尽力使科学保存下来。

阿西莫夫大胆地为科学和理性说话，反对伪科学和迷信。他是"超自然见解科学调查委员会"的创始人之一，也是美国人文主义者协会主席。他不怕抨击美国政府，并大力主张稳定世界人口的增长。

作为一个出身贫寒，而又终身爱好写作和阐释的人，阿西莫夫觉得自己度过了成功而幸福的一生。他在自己最后的某一本书中写道："我的一生即将走完，我并不真的指望再活多久了。"然而，他又接着说，他对自己的妻子、精神病学家珍妮特·杰普森的爱，以及妻子对他的爱在支撑着他。"这是美好的一生，我对它很满意。所以，请不要为我担心。"

> 我并不为他担心,而是为我们其余的人担心,我们身边再也没有艾萨克·阿西莫夫来激励年青人奋发学习和投身科学了。
>
> 卡尔·萨根

21年之后

在纽约的那次拜访之后21年,上海科技教育出版社于2009年推出中文版阿西莫夫科学随笔集《宇宙秘密——阿西莫夫谈科学》,我应邀为之写了一个长长的"中文版序",在结尾部分写道:

> 事实上,我确曾函询阿西莫夫关于《作品第400号》的情况。出乎意料的是,他在1989年10月30日的回信中写了这么一段话:"事情恐怕业已明朗,永远也不会有《作品第400号》这么一本书了。对于我来说,第400本书实在来得太快,以致还来不及干点什么就已经过去了","也许,时机到来时,我将尝试完成《作品第500号》(或许将是在1992年初,如果我还活着的话)。"
>
> 我一直在期待着《作品第500号》问世,它将会按时间先后列出阿西莫夫的第301本到第500本书的详目。1991年岁末,我给他寄圣诞贺卡时还提及此事,然而未获回音。这使我隐约觉得:"或许有什么事情不太妙了?"哎,为什么他要说"如果我还活着的话"呢?
>
> 早在1985年,法国《解放》杂志出版了一部题为《您为什么写作》的专集,收有各国顶级名作家400人的笔答。阿西莫夫的回答是:
>
> "我写作的原因,如同呼吸一样;因为如果不这样做,我就会死去。"
>
> 是的,活着时他从未停止写作,而当丧失写作能力的时候,他死了。根据他本人的意愿,遗体火化,未举行葬礼。他未能为世人留下他的《作品第500号》,但是他留下了真、善、美:关注社会公众的精神,传播科学知识的热情,脚踏实地的处世作风,严肃认真的写作态度……
>
> 阿西莫夫的作品,令人常读而常新。有人说他"一生中只想做一件事,并且极为出色地学会了它:他教会自己写作,并用自己的写作使全世界的读者深受教益、共享欢乐"。诚哉斯言,一辈子真正做

三、在阿西莫夫家做客

好一件事是多么不容易啊!

世界各地仍然在哀悼、在怀念艾萨克·阿西莫夫,追忆他对人类文化,对传播科学知识所作出的卓越贡献。再过几个月,就是 2010 年 1 月 2 日——阿西莫夫的 90 诞辰。今天,中文版的《宇宙秘密》呈现在世人面前,不正是对逝者极好的纪念吗?

2010 年元旦,我应《文汇报》之邀撰文纪念阿西莫夫 90 诞辰。文末写道:"阿西莫夫用他那真诚的心和神奇的笔写了一辈子,使五湖四海的读者深深获益。愿中华大地上也能涌现出一批像阿西莫夫那样优秀的科学作家——他们也有一颗同样真诚的心,还有一支也许更为神奇的笔!"

四、《我是编辑》启示录

再买上 20 本

1998年3月底,我正式到上海科技教育出版社上班。两个月后的5月28日,收到叶至善先生嘱他女儿叶小沫寄赠给我的两本新书:《我是编辑》(叶至善著,中国少年儿童出版社,1998年4月)和《古诗词新唱(增订本)》(叶至善编配,开明出版社,1998年3月)。

《古诗词新唱》以及至善先生惠赐的其他多种著述,且容后文再叙,此处先说《我是编辑》。此书编著和出版的缘由,作者在"跋"中交代得明白:

> 今年四月廿四日,我满八十岁。中国少年儿童出版社说要举行祝寿;并建议我编一个集子,交给中少社出版。我说祝寿不敢当,出本集子,我很愿意。于是花了一个半月,赶编了这本《我是编辑》。
>
> 《我是编辑》专收近二十年来,我从事编编写写的有关文字,数一数,恰好一百篇,虽说不是全部,相差也不远了。因为内容杂,形式杂,没法分门别类,只好按写作或发表的先后排列。

《我是编辑》全书近30万字,至善老人亲题封面书名,责任编辑黄伯诚、韩苏华,装帧吕敬人也都做得很精心。我觉得此书对于入行未久的新编辑实在是难得的楷模,遂请小沫代我再买上20本,以便赠予和我一起干的年轻同事。小沫以叶家人特有的认真办妥此事,并来信说:"谢谢

四、《我是编辑》启示录

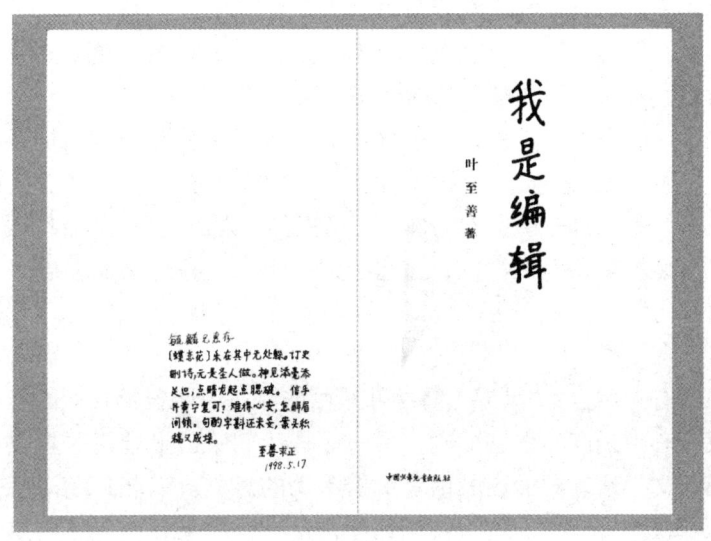

《我是编辑》前环衬和扉页

您这样热心,这样真诚,也代爸爸向您致谢。"

小沫信中还提到一件事,令我惭愧。事情的背景是,20世纪90年代后期,我正为江苏教育出版社主编一套青少年科普读物《金苹果文库》,拟陆续出版5辑,每辑10种,共计50种书。出版社具体负责此选题的是喻纬先生,并有几位年轻编辑共襄其事。组稿过程难免曲折,不料这次却给至善老人添了麻烦。先前,我曾陪同江苏教育出版社的一位小俞同志向至善先生约稿,意谓新题新作固美,旧文重编亦佳。至善先生百忙之中整理出一份稿子,并向出版社说明,如不中意尽管退回无妨。后来,甲乙双方几度交流,想法仍不尽一致。至善先生遂亲笔致函小俞,非常诚恳地写道:

> 听小沫说她给您打过电话,知道您对我的稿子不太满意。不满意是对的。我自己也觉得:一、放在《金苹果文库》中不相宜;二、稿子前后两部分不协调……所以听了小沫说的,我一点儿不生气。只想凡事总得有个了结,而我又没有改弦易辙的精力和时间了。是不是这样办,把稿子寄回给我算了,就当没有发生过这回事儿。以后我有什么稿子,觉得给您合适,还会寄给您的。我希望您有机会

来看看我，好让我了解你们的工作。

信的落款是"叶至善 5 月 21 晨"，然后又加了一行字："稿子赐还，千万请勿付退稿费，免得更使我遗憾。至善又及。"

小沫在给我的信中说，小俞接信后表示书还是要出，还是想改书名等等。"可我想，爸爸这样诚心和诚恳，如果她们还要坚持改，大概不太好。我不知怎么办……您看如何。还是把稿子退回爸爸吧。"看了这些话，我心情不免沉重，但又觉得，在这种情况下，最好还是尊重老人家本人的感情和意愿。出版社最后也是这样做了，但我愧对老人，终觉于心难安。

康德有句名言："世界上有两件东西能够深深地震撼我们的心灵：一件是我们心中崇高的道德准则；另一件是我们头顶上灿烂的星空。"我作为一名天文学家，对于这段话有加倍深切的感受。因此，上海科技教育出版社版权部——我一度主持工作的部门——新来一位年轻同事，我就要与之谈谈"人重德才绩，学贵安专迷"，然后赠予一册《我是编辑》，并题字曰："向至善老学习，与×××共勉"。

《我是编辑》首印 2000 册，不知后来是否重印。依我之见，全国出版系统年年搞业务培训，这就是鲜活上佳的教材，再多印几千册也会有用。书印少了，无形中成了"珍本"，这很可惜，不过爱它的人倒是会格外珍惜的。

至善先生在"跋"中还说：

> 这二十年来，先是把大部分精力花在科普创作方面，少儿的智力开发方面；后来，急着整理和编辑父亲的文集；近两年，又沉湎于给古诗词配上现成的曲子，说穿了仍旧是编辑工作。凡此种种，都在这本集子中留下了痕迹。
>
> 有一件事要说明的，集子中的《一个编辑读〈红楼梦〉》，可以说的还有许许多多，自己也不知道写到哪儿才算了结。当时为了赶编父亲的文集，不得不暂且搁下。希望今后有时间有精力，再逐段细细往下写。

至善老人说这些，显得很是平和。其实细细琢磨，不但句句有滋味，而且很有分量。科普创作、少儿智育、先人遗墨，哪一项不是见功力的活计？给古诗词配上现成的曲子，读《红楼梦》能有独到新见，更是谈何

四、《我是编辑》启示录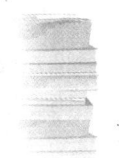

容易？作者之文化底蕴、思维洞见、为人处世，哪一样不值得我们后来者认真学习！

关于《我们爱科学》

《我是编辑》所收作品的篇幅，最长的是《一个编辑读〈红楼梦〉》，其次就数《编辑科普刊物的体会》了。这是一篇"在科普报刊编辑记者学习班上的讲稿"，作于1982年9月。其中多次谈到《我们爱科学》，我读着觉得尤为亲切，因为自己在那些年头同这份少儿期刊有着密切的联系。

这里插叙一段《我们爱科学》的创刊故事，史实可参见《情系少儿——郑延慧》(本书编写组编著，科学普及出版社，2010年5月)一书。《情系少儿》是任福君、姚义贤主编的《科普人生：聆听老一辈科普工作者娓娓道来的科普历程》丛书之一种，是中国科普研究所建所30周年之际，依据对当事老同志的长篇访谈，整理编著出版的。

郑延慧年长我15岁。她在《情系少儿》中说，1959年30岁时她在中国少年儿童出版社知识读物编辑室工作，得到一个为少年儿童筹备一个综合性的自然科学刊物的机遇。她在墙报上贴出"启事"，向大家征求刊名。最后采纳了中国青年出版社《红旗飘飘》编辑室胡德勤的建议，将刊名正式定为《我们爱科学》。郑延慧特别提及：

> 刊物自始至终都得到了社领导叶至善同志的指导——他负责终审。至善同志负责终审的特点之一是亲自修改稿件，而且有时是自己重新改写一遍。他把修改好的稿件退还给我的时候，还要仔细地告诉我，为什么要做这样那样的修改，从指导思想到字斟句酌，思路十分清晰，章法又有条有理。那一篇一篇修改过的稿件都是我自己抄清楚的。在誊抄这些稿件的时候，等于是看作文老师所批改的作文，学到的东西至今仍然有益。我想，少儿科普创作中各类作品的一些基本原则和写作上的一些基本功，我都是在这个环境下得到锻炼和提高的。

郑延慧在《我们爱科学》杂志工作了23年后，于1983年调入中国科普创作研究所(后改名为中国科普研究所)，那时她已经54岁了。

至善先生在《编辑科普刊物的体会》中说到，"《我们爱科学》的读者对象是小学高年级和初中低年级的学生，就是十岁到十四岁的在校少年儿童；它的方针任务是开发他们的智力，帮助他们学好各门基础知识，启发他们学习科学的兴趣和爱好，培养他们动手和动脑的能力"；还说"搞习题解答主要为了提高所谓的'应考得分率'，不符合《我们爱科学》的方针任务。符合方针任务的就搞，不符合的就不搞。这叫做'有所为，有所不为'"。半个多世纪来，这份刊物办得很好，当初打下的基础委实功不可没。

"文革"结束，《我们爱科学》复刊，圈内人士通常都亲切地称它为《爱科学》。我应《爱科学》之邀为小读者撰稿始于1979年。这年7月，《爱科学》刊出我的第一篇文章《太阳系中的蒙面巨人》——谈的是木星。以后又按篇幅不超过两千字的要求，逐一撰文介绍金星、水星、火星……乃至《最远、最小、最轻、最冷的大行星》，即冥王星——当时它仍被视为太阳系的第九颗大行星。冥王星比较特别，文章也就长了些，超标四五百字。编辑觉得已经无从删节，便打算作为特例刊出。至善先生发现后以为不妥，便说如果你们不改了，那我就动笔了。于是，亲自动手将拙文删到两千来字。编辑魏国英送来删改后的长条样，我心悦诚服，遂好奇地问文章是谁改的，方知是"小叶老"亲自操刀（"老叶老"是叶圣陶先生）。这是我第一次直接领略到至善先生高超的编辑本领。郑延慧所述他审改稿件的特点，历时弥久而愈见风采。

我前前后后一共为《我们爱科学》写了40多篇文章。后来与郑延慧很熟悉了，随着年龄的增长，我逐渐更习惯于称她为"郑大姐"。光阴似箭，再后来，郑大姐退休了。叶至善为之感叹："连梳着两个小辫儿的郑延慧也退休了。"《情系少儿》中，有一篇郑大姐写于1999年国庆节前的文章：《沐浴着叶圣陶编辑思想的光辉——记〈我们爱科学〉的编辑宗旨》。文中专门提到"后来我在叶至善同志于80高龄出版的《我是编辑》一书中，才领悟出这种在文稿上字斟句酌的功夫和认真态度，来自于叶圣陶先生的主张和作风。"

顺便一提，在《情系少儿》中郑延慧介绍了她主编《科海新大陆》丛书的详情，时任中国科学院院长周光召为丛书作序。郑大姐说，出版以后，"我的老领导，多年的合作者王国忠为它写了一篇评介文章：《让科学的火炬代代相传》，发表在当年的《科技日报》上，天文学家卞毓麟也写了一

四、《我是编辑》启示录

篇文章:《我看科海新大陆》,发表在《中国青年报》上。很可惜,这两篇文章这次我竟未能找到。"后来,我便找出这篇题为《我看〈科海新大陆〉丛书》的文章(《中国青年报》,1995年5月15日第7版),复印了给郑延慧寄去,并致函兼谈其他一些往事。信中写道:

《情系少儿》有很强的思想性,也有很可贵的史料价值,对于后人了解这半个多世纪中国的少儿科普大有好处。作为一名科普事业的热心人和实践者,我对您深表敬意。

书中还有一处未指名地提到了我(第146页第1行)。我还记得,那是在北戴河会议上的事情。当时我在会上发言谈研究阿西莫夫,您随即表示不很赞成我说的某些话。其实,在会上我就觉得我们表达的意思不完全是一码事,但大家无疑都是从积极的角度考虑问题。我当时感到,对于我的发言,您似乎有一点儿误解。当然,您的批评是很善意的。

另外,对于我给《我们爱科学》写的那些文章,您作为长者也有过一个总体评价:"科学内容可靠,文字通顺流畅,但缺乏儿童特

本书作者与叶至善(右)在第三届全国优秀少年儿童读物评奖会上(1996年9月24日于涿州市桃园饭店)

色。"这意见非常中肯,直到今天我依然觉得,要写出儿童特色真是太困难了!这一点,您本人以及李毓佩兄等行家就做得很精彩,只可惜我怎么弄也学不好。

当年叶至善先生说"梳两个小辫儿的郑延慧也退休了",而如今连我都已经 70 岁了。我还在做各种事情,也想做不少事情,但是体力、精力、脑力都大不如前,效率很低啦!人们常问我:"从事科普几十年,有些什么感悟?"我的回答是:

"科普,决不是在炫耀个人的舞台上演出,而是在为公众奉献的田野中耕耘。"

真希望能再多"耕耘"几年啊!

科文交融才精彩

1985 年 12 月,中国青年出版社推出一本名叫《梦魇》的小说集,8 万余字,叶至善、叶三午、叶小沫著。今番重读,发现封面设计者就是前已屡次提及的沈云瑞先生。书中 5 篇小说,《梦魇》写达尔文发表《进化论》的故事,《夕照》写拉马克死的那一天,《诀别》写布鲁诺的死和朋友对他的悼念,《祈求》写巴斯德征服狂犬病的最后冲刺,《权利》写居里夫人在最悲痛的日子里。总之,是写他们如何闯过了一生中最严峻的时刻,在事业或在品格上,达到了自己前所未有的新高度。书末还有一篇《多余的话》,后来收入《我是编辑》时以《多余的话——〈梦魇〉后记》为题。文中说道:

用短篇小说的形式介绍科学家,在我是一种尝试,我好像闯进了一个陌生的领域,感受很新鲜,到处都有乐趣。

....

他们在一生中都碰到过一些很关键的问题,逼迫他们不得不自己做出抉择。抓住这样的时刻,探索他们的内心活动,或许能把他们的精神境界表现得稍稍丰满一些,读者看了或许能留下一点儿粗略的印象。

文中所述作者如何尽可能搜集有用的材料,以确保对事实的尊重,又如何把握虚构成分的尺度等,对读者都很有教益。至于这本集子为何

四、《我是编辑》启示录

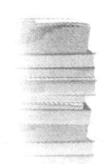

附带署上了子女的名字,实因至善先生越来越忙,就请儿女帮忙收集和查阅资料,如果可能的话则写个初稿,有的还写了不止一遍。署上他们的名字,一则不抹杀他们的劳动,二则也是鼓励的意思。大家都很认真,时常在饭桌上争论。叶圣陶老人听着感兴趣,时常也插一两句,还提出改定的稿子要先让他看一遍。

这是一种科学与文化汇合,或者说科学与人文交融的作品,我常称之为科文交融。但科文交融却并非仅此一端,它也可以完全是非虚构的。法国天文学家兼诗人弗拉马里翁的那部传世之作《大众天文学》,便是冶科学与人文于一炉的代表性作品。苏联作家伊林的许多作品,亦莫不如此。

适合一般社会公众阅读的科普类作品,有一类常被称为"科学人文",它与"科学文化"这两种提法可称一脉相承,至多不过大同小异。20 世纪末,湖南教育出版社着力推出《中国科普佳作精选》丛书,编委会主任是杨牧之,副主任是阎晓宏和章道义。首批 33 个品种就不乏科文交融之作,其中就包括竺可桢、宛敏渭著《物候学》,戴文赛著《天体的演化》,叶至善著《科普杂拌儿》,王梓坤著《科学发现纵横谈》,汤钊猷著《肝癌漫话》,童恩正著《珊瑚岛上的死光》,郭正谊著《打开原子的大门》等。拙著《梦天集》厕身其间,幸甚也。

《梦天集》的第三编"科文交融"收入科学文化类短文 9 篇,其精神实质是很明白的,它们与通常所说的"科学文艺"(科幻小说、科学童话、科学相声等)从形式到内容皆有明显区别。这些作品的重要意义在于提供一种思维方法,在今天这样一个充满多样性的社会中,思想方法的意义往往大过一个具体事实的意义。这些作品的由来,可以追溯到 1986 年《中国科技报》(《科技日报》的前身)创办《文化》副刊。一些通讯编委——包括我本人在内,共同倡议将"把科学注入我们的文化"作为办刊要旨之一。大家觉得,在我们的文化中,科学的东西显得太单薄了。因此,应该有意识地让科学渗透到文化的方方面面中去。后来,又有了精神实质相同的另一种提法,即"在大文化的框架里融进科学的精华"。

1986 年 1 月 8 日,《中国科技报》的《文化》副刊发表赵之先生起草的发刊词《我们为什么办文化副刊》,明确提出:要"用科学来审视过去的文化、用科学来武装现在的文化、用科学来探索未来的文化"。后来获悉,时任中国科协主席钱学森先生读到这个发刊词，对它的办刊宗旨表示赞同，并来信说：文化副刊要讲科技对社会文化的贡献，也要讲社会文化对科学技术的贡献。他建议：说科学技术是文化，特别要指出基础科学。为此他转述了复旦大学李新洲教授的一席话：

> 作为人类思维的创造物，只有音乐堪与理论物理媲美，所有真正的理论物理学家都像艺术家一样地生活、一样地工作、一样地思索。在讨论基础研究和应用研究究竟是哪一种重要时，即使那些急于求成而对美感毫无兴趣的人，经过稍许反省也可看出基础研究的重要性。理论物理学家懂得，哪一种基本概念将被科学技术应用是不能预测的，为了使具有应用价值的基本概念源源不断，只有提倡研究全部基本概念才行。

这封信已收入钱学森《科学的艺术与艺术的科学》一书（人民文学出版社，1994年），题为《有必要办文化副刊》。

赵之先生在《科技日报》建议和创办的副刊和专版《科学》、《文化》、《生活》、《读书》等，作为广义文化的组成部分，都服从一个总的编辑思想：整个社会文化环境是科学技术赖以生存和发展的条件，我们应当了解它；科学技术又是现代社会文化的脊梁，社会文化的进步需要我们的关心和推动。因此，我们的读者也只有取得一个高视角，来鸟瞰科技发展所置身的社会文化心理环境，才能认识当今时代的变革，并有效地在变革中求得发展。

1991年，《科技日报·星期刊》开辟《三原色》专栏，旨在发表融科学、文化与社会于一体的雅俗共赏的短文。1994年，《星期刊》开辟以科学与文化交汇为目的的新专栏《葫芦居随笔》。1995年，《星期刊》改为《社会文化周刊》。我在这些刊、栏发表了许多科学文化作品，《梦天集》第三编选的文章多属此列。

2014年7月29日，《科技日报》迎来了它的出版万期纪念。当天的《科技日报出版10000期纪念特辑》之第9版"情缘"，通栏标题为"忆往昔风雨历程道深情"，其导语曰："报纸，记载着鲜活的生活，收录了温暖的回忆，牵引着未来的梦想。报纸，荡漾着老报人的青春年华，挥洒着撰稿人的激情汗水，定格了无数人的历史和今天。我们热爱一万期《科技日报》堆积起来的日子，我们热爱这些日子里的相遇并行，我们更珍惜

四、《我是编辑》启示录

一路上的不解之缘。"

这一版共留下了林自新、张飙、王直华、郭梅尼和赵之5位老报人的心声,以及我和江晓原、王渝生3位老作者的寄语。我的短文题为《许多往事令我感怀》,五百来字的全文如下:

  《科技日报》,是我的良师益友。为准确而及时地了解国内外的重大科技动向,我特别倚重《科技日报》。为传播和普及科学,《科技日报》先后刊发了我的50余篇文章。当初《科技日报》之前身《中国科技报》问世甫两月有余,便刊出了我的科学文化类作品《从耶稣诞生到乔托号冒险》,说的是1986年哈雷彗星回归,"乔托号"宇宙飞船挺进彗核的壮举。

  《科技日报》的许多往事令我感怀。例如1994年7月拙文《太阳系的边界在哪里?》见报后,时任国务委员兼国家科委主任宋健同志颇为欣赏,之后他还表示:"请转告卞毓麟同志……我对他的科普散文很喜欢,独具风格,科文结合,新鲜活泼,独树一帜。"

  又如1996年1月拙文《中外科学数千年 探幽发微四十载——读席泽宗先生著〈科学史八讲〉》见报,数学界泰斗吴文俊先生阅后即致函席先生并索书。席先生曾屡次言及此事。确实,《科技日报》注重介绍富于启发性的新思想、新见解,乃是非常可贵的。

  再如拙文《数字杂说》见诸报端后曾被数种中小学《语文》教材选用,足见《科技日报》之影响不惟"庙堂"犹及"江湖"。凡此种种,不尽备述。来日方长,谨祝《科技日报》为中华民族伟大复兴作出更辉煌的贡献!

对于我的科学文化类短文,一些从文的朋友也觉得"有点意思",我想这就是良好的开端。当初在《科技日报》编发我的科学文化作品的几位编辑,对《〈水调歌头·明月几时有〉科学注》、《莎士比亚外篇》等文章印象甚为深刻。《莎士比亚外篇》,我曾呈请长我二十来岁的莎士比亚专家徐里先生指教,他也觉得颇有情趣。徐里先生早年留学美国耶鲁大学攻读戏剧,解放初期回国,任教于上海戏剧学院多年。他很有激情,具有常人认为的艺术家气质。十年动乱结束,科学的春天来临,徐迟先生一篇《哥德巴赫猜想》,举国上下为之动容。这时,徐里很想写一个表现科学家的剧本。有一次,他到南京看望戏剧界老前辈陈白尘先生,便中认识了南京大学天文系的苗永宽先生。徐里觉得天文学富有诗意，便请苗老师介绍一位在上海工作的天文学家，最好兴趣广泛一些的，以利交谈。苗老师想到我正借调在沪参与筹建上海天文馆，便函告我徐里将会来访，命予以配合、帮助。

未久，满头银发的徐里先生果真前来。他显得比实际年龄更为年长。我们见面次数很多，我渐次向他介绍了大量天文知识，他听得很投入。他也向我介绍一些艺术方面的知识，特别是谈论莎士比亚。尽管由于种种原因，最后这个拟议中的剧本并未真正完成，但无论是徐里还是我，在这种科学和艺术的交流中都有不小的收获。

1995年，徐里抱病在上海戏剧学院的莎士比亚塑像前留影，还特意手执拙作《莎士比亚外篇》。此文原载1994年10月16日《科技日报》第3版，现照录如下，以助读者雅兴。

莎士比亚无疑是永远值得纪念的世界文化名人之一。于是乎，不但在世界上出现了越来越多的莎士比亚节——中国也不例外，而且在太空中也出现了莎翁的化身——第2985号小行星被命名为"莎士比亚"，它是1983年10月12日由天文学家鲍厄尔（E. Bowell）发现的。

太空中的"莎士比亚"并不寂寞，那里还有古希腊剧作家阿里斯托芬（2934号小行星）、巨哲苏格拉底（5450号小行星）和柏拉图（5451号），古罗马诗人贺拉修（4294号）、佛罗伦萨大诗人但丁（2999号）、文艺复兴时期的全才达·芬奇（3000号）、不朽的雕塑家米开朗琪罗（3001号），稍晚于莎翁的法国剧作家莫里哀（3046号）、德国的歌德（3047号）、英国的拜伦（3306号）和狄更斯（4370号）、法国文坛巨擘雨果（2106号），音乐家莫扎特（1034号）、贝多芬（1815号）、肖邦（3784号），科学家伽利略（697号）、牛顿（662号）、赫歇尔（2000号）、爱因斯坦（2001号），等等。

莎士比亚生于1564年4月23日，卒于1616年4月23日，阅尽人间整整52载。与他同时代的世界文化名人还有：意大利科学家、天文望远镜的发明者伽利略（与莎翁同年生），西班牙大文豪、《堂吉诃德》的作者塞万提斯（但他们似乎都从未听说过对方），中国明末大学者、《农政全书》的作者、欧几里得《几何原本》的中译者徐

四、《我是编辑》启示录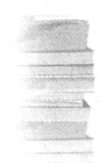

光启（1562—1633年）等。人们从这些光辉的名字不难复原出一幅十六十七世纪之交的世界文化态势图。

莎翁享寿整整52年，给后人留下了极深刻的印象。美国科普巨匠阿西莫夫52岁生日那天曾在医院病榻上（癌症术后未愈）默思：难道本人寿数已尽，亦当如莎士比亚一般就此归天？所幸的是，他后来恢复得很好，直到20年后才因又一场重病而与世长辞。阿西莫夫卒于1992年4月6日，那正是又一位世界文化名人、欧洲文艺复兴三杰之一、意大利画家拉斐尔（1483年4月6日—1520年4月6日）的诞辰兼忌日。

其实，生卒日期相同的事例——笔者曾谑称其为"莎士比亚巧合"，并不像许多人乍一想的那么罕见——其发生的概率是1/365。例如，以巨著《月图》和两大卷彗星论著驰名于世的波兰天文学家赫维留（1611年1月28日—1687年1月28日），1937年诺贝尔化学奖得主霍沃斯（1883年3月19日—1950年3月19日）等，亦皆属生卒日期相同之列。

莎剧本是英国的"土特产"，如今则风靡全球。于是就有了莎剧民族化的问题。有人以为越剧移植莎士比亚是不可能或者至少是不可取的。其实，这并不是一个纯理论的问题，究竟行不行尚须由实践来检验。鉴于东西方文化及历史的差异，这种移植肯定是相当困难的；但事在人为，虽无先例可循，又何妨"摸着石子过河"？

莎士比亚究竟写有几多剧本？这是一个至今依然不无争议的问题。一般认为莎剧共有37种，著名的《现代高级英汉双解辞典》中就附有全37部莎剧的英汉对照名。所有这些剧中，除了《错中错》，其他的都有歌。

值得注意的是，莎翁在晚年曾与约翰·弗莱彻合写了3个剧本。其中《卡迪纽》（1612年）已失传，未计入37种之中；《亨利八世》（1612年）在许多版本的莎剧集中均未提及合作者弗莱彻；而《两个高贵的亲戚》则情况正好相反，通常都不收进莎剧集内。阿西莫夫在他的《阿西莫夫氏莎士比亚指南》（下简作《莎剧指南》）对此交代得相当清楚。裘克安先生的《莎士比亚年谱》也对此有言简意赅的说明。

阿西莫夫的《莎剧指南》与《阿西莫夫氏科学指南》和《阿西莫夫氏

圣经指南》并称为他的三大"指南",皆系皇皇巨制。《莎剧指南》上、下两大卷出版于1970年,书中对莎剧作了广泛的知识性、科学性注释,在莎学论著中堪称独树一帜。此书问世后,有位莎剧演员以为阿氏系莎学专家,遂慕名往访。阿西莫夫则连称误会,并相赠一部《指南》,以报其诚。

莎剧中有两个角色早在约200年前就被天文学家搬到了天上。1781年,杰出的英国天文学家威廉·赫歇尔史无前例地发现了一颗新的行星——天王星。1787年,他又率先发现了天王星的两颗卫星。多年后,他的儿子约翰·赫歇尔(也是一位成就卓著的天文学家)为这两颗卫星取名为奥白龙和泰坦尼亚——莎氏名剧《仲夏夜之梦》中的仙王与仙后的名字;后来,它们又被重新"排行"为天卫三和天卫四。

有关莎翁与莎剧的"题外话"——所谓"外篇"也哉,实在是言之不尽。读者倘觉此文尚足怡情,于笔者也就十分欣慰了。

《古诗词新唱》引发的话

《我是编辑》"跋"中有言:"近两年,又沉湎于给古诗词配上现成的曲子,说穿了仍旧是编辑工作。"确实,这是一项趣味盎然但难度很大的工作。

据《〈古诗词新唱〉前言》介绍,此书原是薄薄的一册,只有50首,于1995年11月出版。作为尝试,其初步成功令叶至善先生喜出望外。由于鼓励不打一处来,遂又陆续编配了百十来首,连同原来的50首,一再筛选修订,编成了这册150首的《古诗词新唱(增订本)》,由开明出版社于1998年3月出版发行。《前言》中还写道:

在看校样的时候,我每校毕一首,随手记下了一些什么,短的不足五十字,最长不超过五百字,集在一起以《校后琐记》为名,附在后头。但愿不至于成为蛇足,败了歌唱爱好者的兴。

我读了以后,发觉这《琐记》大有意趣。例如,我起初看见书中第7首,用德沃夏克《自新大陆交响曲》中的"思故乡"主题来编配曹操的《龟虽寿》,不太能想象是什么因素促使至善先生将这两者配到了一起。看了

《琐记》，顿觉豁然开朗，现将这段文字照录如下：

　　（《龟虽寿》）大概是曹操晚年的作品。生命有限而壮志犹存，养怡延年可以缓解这一矛盾。结尾"可得永年"是争取多活几年，为的多做些事。开头举神龟腾蛇作比，可见曹操是不相信"万寿无疆"的。

　　曲子选自《新大陆交响曲》，早有人倚声填辞，作了一首《念故乡》。据说本来是黑人歌曲，德沃夏克旅美时听到了，乡愁不可抑止，采来用作第二乐章的两个"主题"之一，寄托对祖国捷克的思念。用来唱曹操的《龟虽寿》，似乎还过得去，多唱几遍，节奏自然而然会加强些，加快些。根据对歌辞的理解而稍稍改变曲子的节奏，我想是可以容许的，只要不过分。

再如第107首，用舒伯特的《小夜曲》配秦观的《鹊桥仙》，有一段近500字的《琐记》，其开头一段是：

　　雷尔斯塔甫作辞，舒伯特作曲的这首《小夜曲》非常有名。我在中学里唱的是英译本，才唱曲子的头三句，就联想起"纤云弄巧，飞星传恨，银汉迢迢暗度"。隔了六十年，居然把这支曲子给秦观的《鹊桥仙》配上了。

第二段表述了对这首词的理解，说明"为了跟曲子相配，我重复了下篇的好句子"，并发挥了一些自己的联想。第三段，也就是最后一段，可以说又是在谈论科文交融了：

　　飞星也指流星。七夕前后，地球靠近天琴座流星群。织女星是天琴座的主星，因而经常有流星从它旁边飞出来，古人说是织女的眼泪。早有科学小品指出，织女星和牛郎星相隔十几光年，不可能在七夕晚上相遇。科学就这样无情地扫了文艺的兴。其实也不尽然，我写过一篇《北斗七星和半个月亮》，举了好几首诗歌作例，说明科学知识往往能增进对文艺作品的理解。

我一生与天文结缘，感觉这段话说得真好。还有更妙的呢，试看第94首，苏轼的《水调歌头·明月几时有》，配的是里姆斯基·科萨科夫《萨达阔》之《印度客商之歌》。《琐记》说道：

　　《印度客商之歌》间或有人演唱，好听极了。结尾一段和开头一段歌辞完全相同，曲子只改动了最后的四五个音符，可情调分明不同。开头一段是引子，吸引对方的注意力，让对方集中精神听他说。

结尾一段却是把他说的作个概括,最后把右手按在胸口上,深深地一鞠躬。中间一大段数说印度的奇怪的事,奇谲的旋律能把人引入一个缤纷迷幻的世界。章法如此严谨的咏叹调,诱惑力又如此强烈,我还没有听到过第二首。配辞的时候,我依样画葫芦,结尾也重复开头,为的是加深苏轼的感叹。

《新唱》佳例不胜枚举,兹不赘。作为一种和应,此处附上曾被多次转载的拙文一篇,题为《〈水调歌头·明月几时有〉科学注——甲戌中秋偶成》,原载1994年9月18日《科技日报》第2版《谈古论今》栏。其"编者按"曰:"苏轼的名篇《水调歌头·明月几时有》脍炙人口,历代的评论和注释不计其数。卞毓麟先生……为这首词作科学注释,可谓别开生面。""科普文章的形式是多种多样的。希望读者、作者和编者共同探讨新颖、生动的各种科普文体,以实现我们的办刊宗旨——在大文化的框架中注入科学的精华。"我很赞同编者的这一见解。后来,《梦天集》中也收录了此文,全文如下。

《梦天集》初版书影(湖南教育出版社,1999年)

苏轼于中秋夜写下了传颂千古的《水调歌头·明月几时有》。今又值中秋,兴之所至,乃效阿西莫夫注莎士比亚、弥尔顿诸文坛泰斗名著之举,试注斯词如次。

明月几时有?把酒问青天。

不知天上宫阙,今夕是何年。

我欲乘风归去,又恐琼楼玉宇,高处不胜寒。

起舞弄清影,何似在人间。

四、《我是编辑》启示录

转朱阁，低绮户，照无眠。

不应有恨，何事长向别时圆？

人有悲欢离合，月有阴晴圆缺，此事古难全。

但愿人长久，千里共婵娟。

明月 "月亮"在天文学中的正式称谓是"月球"，它本身并不发光，只因反射太阳光才显得如此明亮。不少欧洲人曾误以为达·芬奇率先于15世纪提出月光来自日光。其实，中国人和希腊人提出此说还要早得多。如西汉末年成书的《周髀算经》即已提及"月光生于日所照"。

几时有 月球在任何时候都只有半个球面照到太阳光，且任何时候也只有半个月球表面向着地球。月亮不停地绕地球转动，太阳光照射月球的方向同我们观察月球的视线方向之间的夹角便不断地变化，于是造成月亮的盈亏圆缺。我国农历以月亮经历一次完整的盈亏变化作为一个月，明亮的满月总是出现在每月的十五、十六日。

青天 地球大气对红橙色光散射最轻微，对蓝紫色光散射最强烈，"天"呈青色或蓝色，即系地球大气对太阳光中不同颜色的成分散射效果各异所致。在地球大气外看到的天空是漆黑一片，但在暗黑的天穹上太阳显得异常耀眼，满天繁星却可与太阳同时出现。在没有大气的星球上绝不会有"青天"，例如在月球上就是如此。

天上宫阙 从地球上看觉得月亮在"天上"，宇航员在月球上又看见地球在"天上"。其实从天文学的立场看，地球和月亮都是天体。当观察者置身于某一天体上时，他就觉得自己"脚踏实地"，其他星球则悉数皆在"天上"。人类迄今尚未发现地球外其他天体上的生命，更未发现"他们"建造的"天上宫阙"。"灵霄殿"、"广寒宫"都只是人们的想象而已。

今夕是何年 地球上的"一年"是地球绕日公转一周所需的时间，即地球的公转周期。其他行星的公转周期各不相同。例如，火星的公转周期是地球的1.88倍，因此在火星上一年的长度就相当于地球上的1.88年。在谈论不同星球上的"年"时，常需具体言明是指"地球年"，还是"火星年"等等。月球作为地球的卫星，随地球一起绕日运行，故"月球年"的长度和"地球年"相同。可见"天上宫阙，今夕何年"这个问题还很有天文意味呢。

乘风归去 "风"是大气运动的一种表现形式，没有大气的地方便无风可言。欲"乘风"在地月之间旅行，其实是不可能的。

琼楼玉宇 1969年，美国"阿波罗11号"宇宙飞船首次将2名宇航员送上月球。如今科学家已在认真考虑大规模开发月球的可能性。预期在21世纪，人类将会频频往返于地月之间。那时，"琼楼玉宇"就会成群地出现在月球上了。

高处不胜寒 月球没有大气和海洋的调节，因而昼夜温差极大：白昼阳光直射处的温度可超过120℃，夜间温度则可低到零下180℃——那可真是"不胜寒"啊！

起舞、何似在人间 月球表面重力仅约地球表面重力的1/6，故宇航员们在月球上行动显得非常飘然优雅。若在月球上举行运动会，则无论是跳高跳远还是铁饼铅球，都会远远突破地球上的纪录。在月球上翩翩起舞，自然也不似在人间了。

转朱阁，低绮户，照无眠 "转朱阁，低绮户"，形容明月行空，清辉入户。农历月半，月亮于日落时升起、翌晨日出时落下，故可彻夜伴照无眠之人。

何事长向别时圆 月圆适逢人离别，纯系触景生情之语，自无科学依据。

阴晴圆缺 "阴晴"是气象现象，取决于地球大气中的云量多寡，其实与月之圆缺（即"月相"）无关。农历初一全不见月称为"朔"；两三天后，日落不久在西边天空中可见"新月"如钩；新月渐盈成为"蛾眉月"；初七、初八日落时在南方天空中已高悬着半圆形的"上弦月"；十一、十二日落后在东方天空中可看到一轮"凸月"；十五、十六日落时"满月"正好冉冉升起；此后月轮渐亏，二十二三在后半夜出现的"半个月亮"称为"下弦月"；再过四五天，就只能在黎明时分的东方天空中看到一弯"残月"了。宋代沈括在《梦溪笔谈》中已准确地描绘了月相变化的成因："月本无光，犹银丸，日耀之乃光耳。光之初生，日在其傍，故光侧而所见才如钩；日渐远，则斜照，而光稍满如一弹丸。以粉涂其半，侧视之，则粉处如钩；对视之，则正圆"，浑若一份精彩的实验报告。

四、《我是编辑》启示录

千里共婵娟 "婵娟"原指"嫦娥",转指月亮。此句原说亲人远隔千里,总算还能共享明月清辉。不过,世界上不同经度的地方在同一时刻看到的天空景象互有差异——这就是所谓的"时差"。例如,当北京明月中天时,在伦敦月亮却尚未东升。可见"千里"之外的亲友还未必真能"共婵娟"呢。

天文多异趣

无论是科学家、科普作家,还是科学编辑,科文交融都是自身修养和工作需要的应有之义。其实,在为《科技日报》写那几十篇科学文化作品之前十来年,在 20 世纪 80 年代,我就曾为《天文爱好者》杂志的《天文趣谈》专栏撰写不少谈"趣"之作,它们都相当注重文化色彩。

《天文趣谈》的第一篇是 1979 年 7 月发表的《光环趣谈》,接着是 1980 年 1 月的《日食趣谈》、3 月的《毅力·小行星·火卫的发现》、8 月的《大行星命名趣谈》、9 月的《聋哑人探魔星　有志不在年高》、10 月的《海尔和巨型望远镜》、12 月的《望远镜·显微镜·听诊器》,1981 年 4 月的《天王星周围的趣闻与风波》、5 月的《拿破仑的放逐地·第一份南天星表》、6 月的《星期趣谈》、7 月的《脉冲星趣谈》、8 月的《从萨都恩到守门人》等,到 1987 年 5 月的《和谐与不和谐——开普勒外篇》,一共在《天文爱好者》上发表了 30 篇这样的作品。此后,因忙于准备去英国爱丁堡皇家天文台做访问学者,写作不得不暂停。

比如,关于银河,我前后写了两篇趣谈:发表于 1985 年 11 月的《"银河"趣谈》和 1986 年 12 月的《从"银河下凡"到梵天的梦——古印度文化与天文杂趣》。其中,《"银河"趣谈》是这样开头的:

雅各布·洛布斯蒂·丁托列托是意大利文艺复兴晚期的最后一位人文主义画家,其生活的时代稍晚于哥白尼而略早于第谷。他曾力图把米开朗琪罗的形体和提香的色彩结合在一起。丁托列托的构画非常大胆,人体在激烈地运动,光在画面上起着重要的作用。他有一幅名画,叫做《银河的起源》,充分体现了这种风格,此画的主题取材于一个古老的罗马神话:

大神朱匹特把他在凡间生的一个孩子接到天上,并派人把这孩子送到他天上的妻子朱诺那里，以便让孩子吮吸这位天后的乳汁。当仆人突然把孩子送到朱诺身旁时，她不觉吃了一惊，身体几乎失去平衡，致使奶汁四溢，形成了天空中的银河。

……世人在种种不同的场合一次又一次地引用这幅杰出的作品。例如，你可以参见帕萨乔夫的《当代天文学》(*Contemporary Astronomy*，英文版)，或者参阅人民美术出版社编辑出版的《西洋绘画百图》。

《从"银河下凡"到梵天的梦》则是这样开头的：

印度的文化历史极为悠久。古印度的典籍体系复杂、内容宏富、哲理精深。其中有些传说和故事……还与天文学有些因缘。"银河下凡"的神话便是一例。

相传古时有位国王，多年无子，便向大神湿婆祈求。结果……他的另一个妻子却生了条苦瓜似的东西……把其中的瓜子分别装进6万个盛着奶油的容器里。结果，它们变成了6万个力大无穷、到处闹事的孩子……由于得罪了这个修道士，这6万个王子被他眼中射出的神火烧成灰烬。

国王的玄孙即位后……苦修几千年，请求银河下凡净化列祖的灵魂。但是银河说大地承受不了她的水势。于是他……请求湿婆帮忙。湿婆深受感动，答应了他的要求。于是银河水自天而降，落到湿婆头上，顺其头发分成支流，徐徐流出喜马拉雅山……从此，这条下凡的银河就被称为"恒河"，意思就是"从天堂而来"。

如此等等。文中又讲到婆罗门教的一种很有趣的说法：宇宙是大梵天的梦。梵天进入无梦睡眠的境界，宇宙便烟消云散。梵天改变睡眠状态，重新进入梦境，又重新生出一个纷纷扰扰的宇宙来。我接着又简要地介绍了现代宇宙学的一些知识，然后来到文章的结尾：

要是有一位古印度人一直活到今天，他就会非常吃惊地发现现代宇宙学的这些论断竟与他们当初的宗教宇宙理论相似乃尔！

这位古印度人大概会耻笑今天的天文学家剽窃他们的思想。但是，事实上这仅仅是巧合而已。古印度人在几千年前就产生了这些情趣高雅的想法，当然是他们的骄傲，也当然值得称道。但是，这毕竟不是科学。能够充分运用现代科学的成果，在小小的地球上研

四、《我是编辑》启示录

究整个可观测宇宙的身世,这倒是任何古人都无法企及的。这是我们这个时代的骄傲,也是我们的后人理应永远继承的事业。

再说一件趣事,1983年年底,《天文爱好者》发表了拙作《对联中的日月乾坤》,全文两千来字,如下:

"天文趣谈"是个异常灵活多样的专栏。具有各种兴趣爱好的人,也许都会发现他们钟爱的事物——数学、音乐、诗词、科学幻想故事、历史、地理,甚至邮票——都和天文有着或疏或密的联系。本文想谈的是对联中的天文趣味。

本刊1982年4月号曾载紫金山天文台台长张钰哲先生八十寿辰时,该台同仁所撰寿联一副:

测黄道赤道白道,深得其道,赞钰老步人间正道;

探行星彗星恒星,戴月披星,愿哲翁成百岁寿星。

短短三十八字,惟妙惟肖地概括了我国天文界这位老前辈一生的事业与为人。其中的诸多天文学名词行文若珠联,对仗似合璧,以此祝寿其妙委实不可言。

尚可再举一例,亦以天文内容为对,且通俗浅近而流传颇广者:

天上月圆,地上月半,月月月圆逢月半;

今朝年尾,明朝年头,年年年尾接年头。

借时序作对的名联也不乏其例。相传王安石曾出对难倒了苏东坡。那年是闰八月,且(农历)正月和十二月都有立春。于是王安石便出句曰:

《张钰哲先生百年诞辰纪念文集》封底
(中国科学院紫金山天文台,2002年)

一岁二春双八月，人间两度春秋。

此句文字虽貌似平常，内容却很蹊跷。苏学士竟无以作答。但是后人却对出了下联，云：

六旬花甲再周天，世上重逢甲子。

说到花甲，更有乾隆五十年于乾清宫设千叟宴时，席间的一副妙对。宴上有一叟，时年一百四十又一，乾隆因之而出上联：

花甲重逢，增加三七岁月。

当时在座的对联大师纪晓岚很快就对出了下联：

古稀双庆，更多一度春秋。

实际上，这上下联都等于是做了一道算术题。若用现代数学符号翻译出来，那就是：

60岁（花甲）×2（重逢）＋（增加）3×7岁（三七岁月）＝141岁；

70岁（古稀）×2（双庆）＋（更多）1岁（一度春秋）＝141岁。

顺便提一下，相传这位纪晓岚曾夸口"天下未有不可对之对"，却不料被他的妻子难住了。其妻于某月夜指纱窗出对难他，上联是"月照纱窗，个个孔明诸葛亮"；纪晓岚搜括枯肠，终被难倒。直至近代才有人对出："风送幽香，郁郁畹华梅兰芳"。畹华正是梅兰芳的字。

以时令节气为对的佳作也不少。例如，清朝广州按察使许宾衢曾于七夕时用鲜花缀成一联，用八种花名道出了七夕故事，殊堪细细玩味，其联曰：

帝女合欢，水仙含笑；

牵牛迎辇，翠雀凌霄。

再如清人闵鹗元幼时随父到毛尚书家。惊蛰那天晚上，乌云蔽月，毛尚书命家人张灯结彩，并以击鼓催花。其时有幕僚借题出对：

元宵不见月，点儿盏灯为河山生色。

但见闵鹗元于满座冥思之际闻鼓而应声对道：

惊蛰未闻雷，击数声鼓代天地宣威。

还有一个神童以天象对时辰的故事。说的是明孝宗年间的曹宗，他七岁便能吟诗作对。有一次更夫贪酒误时，打错更鼓，在东门打三更，西门报四更，盐吏要处罚他。更夫求饶再三，盐吏因喜作对，

而命更夫续联，对上了就作罢，对不上则罚四十大板。盐吏出的上联是：

东楼三，西楼四，更鼓朦胧，朦胧更鼓。

更夫求小曹宗解了围。曹宗对的下联是：

南斗六，北斗七，诸星灿烂，灿烂诸星。

关于北斗七星，还有一副趣联。有道是两位朋友于中秋之夜登临江楼赏月。甲俯瞰大江，触景生情，因出联索对曰：

北斗七星，水底连天十四点。

乙苦思良久，忽见南楼上失群孤雁腾空起飞，于是灵机一动而对出：

南楼孤雁，月中带影一双飞。

雁飞，其在中秋皓月下的影子亦与之同飞，以"孤雁"、"一双飞"对"七星"、"十四点"，身手确是不凡。

以日月入对的楹联就更多了。我很欣赏明代解缙（1369—1415年）幼年家贫时的一副对子。解家与曹尚书府竹园对门。曹曾命解作对，且问："你父母做何生意？"解缙心想父亲解通整日沿街卖水，早晨水桶映朝阳，晚上水桶映明月，一副水桶宛如日月；又想到母亲织布时飞梭走线，双手巧转翻舞的情景；便肃然答道：

严父肩挑日月；
慈母手转乾坤。

这样的句子出自童子之口，其想象力与气势确实尤为令人惊奇。

明太祖朱元璋与刘伯温下棋时，曾出过一句很有气概的上联，也是用到了日月星天的：

天作棋盘星作子，日月争光。

刘伯温是他的"诸葛亮"，当即答道：

雷为战鼓电为旗，风云际合。

联系到两人身份，便愈觉此对巧妙。

至于宋时辽使出对"三光日月星"，而苏东坡竟能对之再三："四诗风雅颂"、"一阵风雷雨"、"四德元亨利"；以及苏小妹三难新郎时出对"闭门推出窗前月"，而新郎秦少游在他的大舅子苏东坡暗示下对以"投石冲开水底天"之类，则早已传颂千古，自然不必多言了。

但是现代的趣对中有一联却值得一书，那就是用"五月黄梅天"对上了"三星白兰地"；其上下联逐字相对，可谓天造地设。

作为这篇"趣谈"的尾声，我很欣赏下面两副有关行业的用联，它们的遣词皆与天文学的研究对象有关，而这两个行业本身又与天文学有着悠久的历史联系。第一联是钟表店用的，叫做：

万千星斗心胸里；

十二时辰手腕间。

第二联则是眼镜店用的，您看它——

悬将小日月；

照澈大乾坤。

这不禁令人想起，从4个世纪以前，荷兰的那些眼镜铺子到今天的巨型天文望远镜，它们是相去何远而又何等地亲近啊。

此文刊出不久，北京人民广播电台杨艺女士来与我商讨，将它改编为相声。后来做成的节目取名为《天文对联晚会》，在1984年2月1日农历除夕晚上播出，演播者竟是著名相声演员姜昆和李文华！我本人收听时也觉得很开心。当时我在北京天文台的一位同事收听后，曾欣喜地对我说："天文普及，都搞到说相声的份儿上了，倒也真不容易！"

只言片语也说诗

《〈水调歌头·明月几时有〉科学注》发表后，好几位媒体朋友问我：您还为其他古诗词作过"科学注"吗？

确实没有。这个《科学注》发表后，我曾向一些文学界的朋友请教，他们大多觉得有意思。有人说，可惜没有语文老师在课堂上顺便介绍这些科学知识。更有人认为此类文章应该多写，最好专门出一本这样的书。这是一个好主意，但要写得精彩却不易，匆匆然是不行的。或许，以后不那么忙了，还能重操此业亦未可知。

另一篇文章与此有点相似，那就是《〈诗人的末路〉偶注》，发表在《科技日报》1995年11月5日《社会文化周刊》第2版上。文曰：

纪念抗战胜利五十周年，谈论郁达夫的机会多了。近有友人觉得郁达夫《诗人的末路》一文费解。其实，此文对于了解郁达夫的性

四、《我是编辑》启示录

格是很有意思的。《末路》略去原作者注的英文,正文仅300余字,兹照录、注释如次。

司考脱兰特的耕农词客彭思在故乡穷得不了。想飘流到谢马衣加去的时候,有一天对他的将痕说:

"将痕呀,百年之后,他们大概能知道我的真价罢。"

在生前被一般势利的盲目批评家骂得可怜,终于悒郁而死的薄命诗人克子,只剩下一句豪语说:

"我想我死后总能入英国诗人之列。"

但他的墓铭,仍是一句:

"此间埋着的可怜虫,他的名字是写在水上的!"深自谦抑的伤心之语。

穷途潦倒,死在施医院里的鬼才汤梦生对他心爱之人说:

"你跟我来哟!

千秋万岁,我将护你前行,

你和我将入不朽之城。"

啊啊!古今来的薄命词人,到了途穷日暮谁不是这样的想,但无情岁月,怕已吞没了许多才人的名姓了的罢!我为彭思克子汤梦生泣,我更不得不为我所不知道的许多薄命诗人泣。

司考脱兰特 今定译"苏格兰",位于大不列颠岛北部,现为英国的一部分。其纬度虽高达54°以上(较我国黑龙江省北端尤北),却因墨西哥湾洋流的影响,气候并非酷寒,其北部高地为消夏佳处。苏格兰颇多驰誉全球的文化名人,如蒸汽机的发明者瓦特,物理学大师麦克斯韦,对数的发明人耐普尔,大作家司各特,都是苏格兰人,《福尔摩斯探案》的作者柯南道尔也生于爱丁堡。文中提到的"彭思"则更是苏格兰民族的骄傲。

彭思 今定译"彭斯",苏格兰文学史上最杰出的诗人。1759年1月25日生于贫苦农民家,13岁即担当成人的农活。从农20年屡屡失败,后来做了税员。1796年7月21日贫病交加而卒,终年37岁。所受正规教育极微,但博览群书,作品有深厚的生活根底和群众基础,故极具生命力。今天世界各地广为流传的《昔日时光》(一译《友谊地久天长》)歌曲,就是彭斯搜集和改编的苏格兰民歌。

"故乡"句 彭斯的故乡是苏格兰西部的埃尔郡阿洛韦镇。1786年,他因在家穷极潦倒而欲往西印度群岛谋生。为旅费计,他尝试出版第一个诗集,不意引起轰动,遂罢飘洋之想。

谢马衣加 今定译"牙买加",加勒比海岛国。相传当初发现新大陆的哥伦布初抵牙买加,与当地土著发生冲突,粮断水竭,情况危急异常。略通天文的哥伦布知道当晚将发生月全食,便威胁土著居民道:"你们再不给我食物,我就不给你们月光!"晚上,他的话果然应验。土著人诚惶诚恐,遂与哥伦布化干戈为玉帛。

将痕 今译"琼",彭斯爱人名。

"百年之后"句 彭斯于1788年5月应邀访问爱丁堡,当地上层人士一时以与之结交为荣。但人们对其"真价"有充分的认识却是在他"百年之后"。

克子 今译"济慈"。英国浪漫主义大诗人。1795年10月31日生,1821年2月23日卒,终年26岁。拙文《济慈的"新行星"和"太平洋"》曾详细诠释了其第一首成熟的诗作《初读查普曼译荷马》之科学背景。

"此间埋着"句 直译宜作"葬于斯者,其名书于水上"。

施医院 即慈善医院。

鬼才 原系宋人评唐李贺(李长吉)之词,如钱易谓"李白为天才绝,白居易为人才绝,李贺为鬼才绝";宋祁谓"太白仙才,长吉鬼才"等。

汤梦生 今译"汤普生",系19世纪末英国审美派诗人。1859年12月18日生,1907年11月13日卒。初时学医,1893年出版《诗集》,很获好评。后贫至以卖火柴和报纸为生。不少作品在死后出版。

"怕已吞没"句 《诗人的末路》作于1923年8月12日,其时白话文语法尚在逐渐规范之中。此句在今日汉语中似应作:"怕已吞没了许多才人的名姓吧!"

郁达夫生于1896年12月7日,作《末路》时正投身创造社的领导工作。时势维艰,性格复杂的他写下了不少颇见倔强、又露脆弱的作品,这在《末路》中亦可察见。达夫在文中为他人泣,实际也是

四、《我是编辑》启示录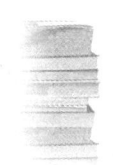

感怀自己的身世。《末路》至今七十二载,天翻地覆,沧海桑田,达夫的时代一去不复返了。

史有"外史",传有"外传",本文似宜算作"外注"。笔者事天文,注名家美文是外行,尚祈方家指正。

上文提到的《济慈的"新行星"和"太平洋"》,发表在《科技日报》1992年11月15日《星期刊》第4版上,全文如下:

18世纪末期,英国接连出现了三位英年早逝的浪漫主义大诗人:拜伦生于1788年,36岁病逝;与拜伦齐名的雪莱生于1792年,30岁时驾舟遇难身亡;济慈生于1795年10月31日,卒于1821年2月23日,终年尚不足26岁,他因照料患肺结核的弟弟而染上肺病,曾几次咯血,终至不治谢世。他死后,雪莱写了挽诗《阿多尼斯》以为悼念,诗中称赞济慈:

他本是"美"的一部分,而这"美"呵

曾经被他体现得更可爱。

济慈擅长描绘自然景色,作品诗中有画。1817年,他在雪莱帮助下出版了第一本诗集《诗歌》,其中包括诗人第一首成熟的诗作——被视为英国诗歌精品的十四行诗《初读查普曼译荷马》:

我游历过很多金色的地区,

看过许多美好的国家和王国;

到过诗人们向阿波罗

效忠的许多西方的岛屿。

有人时常告诉我眉额深邃的荷马

以广阔的太空作为他统治的领地,

可是直到我听见查普曼大声地说出,

我从未体味到它的纯洁与明净;

于是我感到宛如一个瞭望天空的人

正看见一颗新的行星映入他的眼帘;

或者像魁伟的科特斯用如鹰的眼睛

瞪视着太平洋——所有他的伙计

都怀着狂野的猜测,大家面面相觑——

在德利英的一座高峰上寂然无声。

诗中接连用了两个极富有科学色彩的比喻——赫歇尔发现天王星和科特斯看见太平洋，来表达初读查普曼译作时极端惊喜的心情。用科学史的眼光来审察，则可以饶有兴味地看到：前一个比喻用得绝妙，后一个却多少有点问题。

自古以来，人们就知道天空中有5颗行星。16世纪伟大的波兰天文学家哥白尼又阐明了地球其实也是环绕太阳奔波不息的又一颗行星。这6颗行星按离太阳从近到远的顺序看，就是水星、金星、地球、火星、木星和土星。当时人们普遍认为，土星就代表了太阳系的边疆。然而，出乎所有人的意料，1781年3月，英国天文学家威廉·赫歇尔竟然破天荒地发现了一颗更加遥远的新行星。它使人们所知的太阳系尺度一举加倍而有余，也使赫歇尔本人立即被选为英国皇家学会会员，还引起了社会公众的巨大轰动。人们的激情历久不衰，这便是直到35年以后济慈还用看见一颗新行星来形容惊喜不已的原因。

新行星的命名非常有趣。赫歇尔本人想称它为"乔治星"，以示对英王乔治三世的尊敬。也有人提议称它为"赫歇尔"，以示对发现者的敬意。但是，最终还是以神话人物命名行星的古老传统占了上风。人们早已用古罗马的战神马尔斯命名了火星，用马尔斯的父亲、大神朱匹特命名了比火星远的木星，并用朱匹特的父亲、农神萨都恩的名字命名了比木星更远的土星，现在则将萨都恩的父亲、天神乌拉纳斯的名字赋予了这颗更加遥远的新行星。汉语中就称它为"天王星"。

《初读》诗中的后一个比喻是说欧洲人首次在美洲见到太平洋时无以复加的激动心情。但是，科特斯却并非第一个见到东太平洋的欧洲人。这位西班牙探险家生于1485年，卒于1547年，他是西班牙向美洲扩张时代的墨西哥征服者。其时尚在1492年哥伦布横渡大西洋到达美洲之后不久。1513年，西班牙探险家巴尔沃亚为寻找黄金组织了一支远征队，从巴拿马的大西洋沿岸向内陆进发，于同年9月7日到达狭窄的巴拿马地峡的另一边，从而成为首先看见太平洋东端的欧洲人。巴尔沃亚当时的心情理应比后来的科特斯更加激动和惊喜，却不知济慈为何未曾想到他？

科摩罗伊斯兰联邦共和国发行的邮票。左侧是英国天文学家威廉·赫歇尔画像，右侧图示"旅行者2号"飞船探测天王星——继土星之后在太阳系中发现的第二颗带环的行星

顺便提一句，新行星的发现者赫歇尔比济慈年长57岁，却比济慈晚一年去世。他毕生磨制的望远镜数以百计，并作出了大量极重要的天文发现。他在济慈写出《初读》一诗的那年（1816年）被授予爵位，并继续工作到八旬开外。他一共活了84年，这恰好等于他发现的天王星环绕太阳运行的公转周期。他死后24年，即1846年，人们又发现了另一颗新行星——海王星。

我对诗很有兴趣，但我不会写诗。我的传统国学功底不够，旧体诗不可能写好；形象思维能力太差，自由体诗也难有成。于是又知难而退了。先前，王绶琯先生曾问我，是否有意加入中关村的科学诗社。若有意，王先生本人愿做介绍。我十分感谢他的好意，但自知写不出好诗，也就作罢了。

也有媒体朋友判断，我不会对作诗无动于衷，总该一试身手吧？

准确地说，早年胡乱涂鸦的那些东西已不知去向。例如，1966年春节前，我与友人从山西风陵渡乘木船过黄河，进入陕西地界抵达老潼关。严冬，黄河中不断从上游漂来许多大冰块。船工一篙一篙地把船撑到对岸，很是辛苦。从老潼关到新潼关后，天寒地冻我们没敢去爬华山，便乘了火车径直西往临潼了。在临潼登骊山后，我曾试填一阕《满江红》，起句为"星驰入陕，险隘开，千古潼关"，中间有"周王烽火昔已灭，唐妃温泉今犹暖"之类的句子，只是词笺既不知所终，记忆也不清晰了，怕是平仄也未必妥帖。

过了天命之年，仅随文写过两首诗。《端午漫思》一文中的《重五怀屈》作于 1994 年，且容后文再述。另一首是书评《能不忆埃翁?!——漫话〈数字情种〉》的压轴词。《数字情种——埃尔德什传》一书情趣盎然，穿插着数学史上的种种趣闻轶事，描绘出匈牙利著名数学家埃尔德什的一幅栩栩如生的"肖像画"，同时向读者展现了一代又一代数学家如何不屈不挠地迎战诸如"费马大定理"、"四色定理"这类难题，直至取得辉煌胜利。书中大量真实生动的细节，强有力地感染着读者。

在当今的世界上，"工作狂"并不罕见，然而对工作痴迷到埃尔德什那种程度的终究只是凤毛麟角。在埃尔德什看来，"一个数学家就是一台把咖啡转化为数学定理的机器"，因而只有他那样的工作节奏和劳动强度才最顺乎自然。也只有像他那样的人，才会异常平静地说出这样的话："坟墓里有的是休息时间。"

埃尔德什的一生是求真、务实、探索、创新的一生，这正是吾人时下不绝于口的科学精神。许多数学家视埃尔德什为 20 世纪的欧拉，而他用匈牙利文自撰的墓志铭竟是："我终于不再愈变愈蠢了"。

读完《数字情种》，心情很难平静。"蠢"字当然是与他无缘的，但用一个字来概括埃尔德什真是太难了。所以，我用略带禅味的"痴"、"慧"两字来注释他那硕果累累的一生，于是便有了这阕《忆江南·读〈数字情种——埃尔德什传〉》：

　　归去也，
　　痴慧大觉生。
　　倥偬神骁无系缚，
　　情钟数算有奇风，
　　能不忆埃翁?!

四、《我是编辑》启示录

职业道德随想

《我是编辑》收录的文章,看似五花八门,其实常与职业道德相关。这种职业自律,对于作家很重要,对于编辑同样很重要,其实对于任何人做任何工作也都很重要。

例如,在撰于1982年3月的《给孩子们讲科学知识》一文中,至善先生写道:

> 听到有的同行说:"给孩子们写东西真不容易",我很有同感。给孩子们讲科学知识的确不容易,真是一点儿也马虎不得。
>
> 有些同行不这样认为。他们嘴上不说,心里却想:"孩子嘛,讲多了,他们接受不了,讲深了,他们没法理解。反正不能长篇大论,三五百字,随便写点儿什么不就得了。"
>
> 你既然知道给孩子们讲多了不好,讲深了不好,那么讲到哪儿才恰如其分,能让孩子们接受呢?怎样讲法才浅显明白,能让孩子们理解呢?这些问题要不要考虑考虑?不经思考提起笔来就写,恐怕不会收到太好的效果吧。
>
> 孩子们来到这个世界上,还只有七八十来个年头,知识既少又浅,是理所当然的。可是他们想知道的,却多而且广,往往超过了成年人。成年人注意所及,常常局限于自己的生活和工作。孩子们不受这些局限,他们的思想驰骋于星月之上地面之下,宇宙之大,苍蝇之微,他们都要寻根究柢,因而常常会提出一些成年人想不到的问题来。鲁迅先生说"孩子们是可以敬服的",出发点就在这儿。
>
> ……引起他们思索的动机,帮助他们寻找思索的条件,当然都是必要的,更重要的是得陪伴他们一同去思索,一同去求得知识。咱们如果这样做了,孩子们不但得到了知识,还会逐渐养成肯动脑筋又会动脑筋的好习惯。这种好习惯是终身受用的。
>
> 这样看来,给孩子们讲科学知识的确不是件容易的事,真得下一番功夫;岂止一番,得终身下功夫。不知同行们以为然否?

"得终身下功夫",六个字,千钧重。下这番功夫要有才,但更重要的还是德。回想自己在三四十岁的时候,看人看事,往往把"才"放到莫高的地位；过了天命之年，才终于明白，更应该看重的还是一个"德"字。当初或因有感，我在《科技日报》(1996年4月7日)上发了一篇短文，题为《"科普道德"随想四则》，今天看来也并不过时，篇首语及全文如下。

科普作家必须具有强烈的社会责任感和高尚的职业道德，方能激情回荡，佳作迭出。

社会责任感

成就卓著的科普人物，大多具有很强的使命感。例如，苏联的伊林就是大家所熟悉的。美国的阿西莫夫原来是一位生物化学家，并且很早就在创作科幻小说方面获得巨大的成就。但是从1958年开始，几乎长达15年之久，他连一部长篇科幻作品都未再发表。这是为什么？是1957年10月苏联成功地发射世界上第一颗人造地球卫星触动了他。他深感当时美国社会公众所具备的科学知识，已普遍落后于由卫星上天所标志的当代科技水平。他深感自己有责任尽力而为，促使这种差距尽快地缩小。于是，他毅然收缩早已得心应手的科幻创作，而全神贯注于撰写科普作品。阿西莫夫一生出版了近500本书，其感人事迹至今犹在世界各国读者中广为传颂。我国的竺可桢、茅以升、高士其等老一辈科学家和科普作家的社会责任感和历史使命感，更是我们学习的楷模。作为后来者，我们自当加倍努力，发扬光大先人遗志，为提高全民族的科学文化素养不断作出新贡献。

作品质量

我国有一支相当不错的科普作家队伍，其成员多为中国科普作家协会和各级地方科普作协的成员。多年来，他们创作了大量优秀的科普作品，这是非常可贵的。然而，近年来只顾"经济效益"而无视质量、甚至假冒伪劣的"科普作品"也是屡见不鲜的，对此我们必须充分重视。

科普作品，无论是著作还是翻译，都必须精益求精，视质量为生命。科普作品的质量，内涵很丰富，包括科学性、可读性、趣味性、哲理性诸多要素，其中首要的则在于科学性。在这层意义上，科学家，尤其是学术造诣深厚的知名科学家的科普作品，便具有特别重要的价值。

四、《我是编辑》启示录

我是中国科学院北京天文台的科研人员，20年来在完成本职工作的同时，还参与编著、翻译了科普图书70余种，在报刊上发表科普和科学文化作品300余篇，累计字数约300万，读者对象从小学生直到科学家。有些朋友称我"多产"、"快手"，坦率地讲，我是颇不以为然的。我认为，一位科普作家若能既"好"又"快"又"多"地进行科普创作，那当然再妙不过。但在这几者之间，最重要的还是"好"，而不是单纯地追求"快"或者"多"。这就不仅要"分秒必争，惜时如命"，而且更必须"丝毫不苟，疾'误'如仇"。舍此为之，势必欲速而不达。

创作动机

科普创作的态度，常和创作者的动机直接相关。那些误人、坑人，甚至害人的"作品"，往往出于动机不良之辈。从事科普事业的人，若将目光倾注于名利，那将是很可悲的。乐圣贝多芬有一句名言："使人幸福的是德行而不是金钱。"其实，这就是我们常说的职业道德问题。从事科学普及的人，永远不能见利忘义。只有将科普视为自己的神圣职责，才能真正做到维护科学的尊严。

"科普"，惟有深入此道，方知其中甘苦。它不仅费心费神，费时费力，而且时常被人误解，有人甚至会以庸俗的眼光来看待它，如将科普创作等同于"捞稿费"之类。这时，严谨的科普工作者却不宜"动肝火"，而应喻之以理、动之以情，耐心解释科普与两个文明建设的关系。精诚所至，金石为开；决意取得真经，便有路在脚下。

勿"文人相轻"

"文人相轻"，在旧社会相当普遍，在今日也难绝迹，这颇值得注意。为了广大读者，也为了作者自身，我们无论做了多少工作，都不可居功自傲，鄙视他人。在此，我乐于引用已故郑逸梅先生于九十高龄时撰写的《写作与养身》中所说的几句话："且我所写都很率真，不胡夸己长，不妄斥人短，掌握原则，是者是之，否者否之，想到什么，就据实写出来，觉得问心无愧。临睡自省，一天的光阴，没有白白地虚掷，然后酣然入梦。"这样，"在自己来说，是一个小小成绩，对社会来说，也算一个小小贡献，一举两得，乐趣无穷"。老人胸怀坦荡，心安理得，斯情斯景，跃然纸上，值得我后学者深思。

今年2月,全国科普工作会议上我被表彰为"全国先进科普工作者",这应该成为自己工作中的新起点。我国有许许多多人为科普事业所奉献的比我多得多。我要虚心向他们学习,取人之长补己之短。在新的历史时期,和大家一起,同心同德将祖国的科普事业推向更新的高度。

《我是编辑》给人的启示是全方位的,来日方长,当可续议,纸短话长,此处暂且打住。

五、先行者的科学梦

前文谈及科学作者与编辑之社会责任感与职业道德。中国现代科学史上的先行者、1915年创立中国科学社的列位前贤，无疑堪称后来人的楷模。任鸿隽先生就是其中尤为突出的一位。

任鸿隽生于1886年12月20日，1904年成为赶上"末班车"的清代秀才，1908年赴日留学，曾就教于章太炎，参加了同盟会。1912年12月赴美留学，进入康奈尔大学文理学院。1915年1月，《科学》杂志在沪创刊发行，任鸿隽为主要发起人。同年10月，我国第一个科学团体"中国科学社"成立，它以提倡科学、鼓吹实业、审定名词、传播知识为宗旨，社长是任鸿隽，书记为赵元任。1918年10月，任鸿隽自美国归抵上海。此后，他任凭职务如何变动，生活如何动荡，皆一如陈衡哲在《任叔永先生不朽》中所言，"对于科学的建设与推进，实是任君一生精神生命的中心点"，直至1961年11月9日因心力衰竭与世长辞。11月13日，在上海万国殡仪馆公祭，周恩来、陈毅、吴玉章等皆送了花圈。

2002年8月19日傍晚，首批《科学救国之梦——任鸿隽文存》送抵"第十届国际东亚科学史会议"会址时，它们还在散发着淡淡的油墨香。此书80万字，由樊洪业、张久春选编，上海科技教育出版社和上海科学技术出版社合作出版。6个星期之后，正好国庆节那天《文汇报》"笔会"专版刊登了拙文《〈科学救国之梦〉外篇》，兹摘要如下。

《科学救国之梦》外篇

捧读《科学救国之梦》，使我想起 1995 年 11 月在上海举行的"《科学》创刊 80 周年暨复刊 10 周年纪念会"。当时的中国科学院院长周光召，中共上海市委副书记陈至立，以及谈家桢、汪猷、谢希德、叶叔华、杨雄里、曾溢滔等 10 余位院士亲莅会场。会上，除领导讲话外，还安排了两个主题发言：一是老友樊洪业谈《科学》杂志的历史地位，二是由我谈该刊的现实作用……

……洪业先生除发言外，更有一大收获，即在会间认识了多位中国科学社先辈的后裔。其中任锡畴先生乃任鸿隽之侄，后来洪业曾登府拜访，遂得借阅任鸿隽之《五十自述》和《前尘琐记》以及任夫人陈衡哲之《任叔永先生不朽》诸手稿。上述文稿今均已收入《科学救国之梦》，令人喜出望外。

…………

《科学救国之梦》收入了樊洪业的佳作《任鸿隽：中国现代科学事业的拓荒者》一文，现仅就"我们三个朋友"一节略做介绍。胡适多次使用"我们三个朋友"一语，皆特指任鸿隽、陈衡哲及其本人。陈衡哲生于 1890 年，是清华学堂招考的第一届留美女生，于 1915 年入瓦萨女子大学攻读历史，因投稿而与《留美学生季刊》主编任鸿隽结缘，1916 年暑假曾到康奈尔大学与任面晤。1917 年 4 月，任鸿隽约胡适同往瓦萨女大访陈，是为"三个朋友"的首次聚会。1920 年 8 月 22 日，任陈在南京

《科学》创刊号（1915 年 1 月）封面原用朱墨套色，图中色泽较浅者原为红字。纸色日久泛黄，背景遂呈淡灰

五、先行者的科学梦

定婚,当晚请胡适至鸡鸣寺豁蒙楼用餐,胡即席赋诗《我们三个朋友》以致贺。三人中,任陈是互敬互爱的终生伴侣,任胡是大半生亲密合作的至交,而有"一代才女"之称的陈衡哲也在新文学运动中与胡适成为密友。然而,好事者们却偏偏津津乐道于胡陈之间的"绯闻",对此我实在深以为不然。我十分欣赏樊洪业的卓见:"依笔者所见文献而论,胡、陈之间的友情是值得后人尊敬的。任鸿隽对待胡、陈关系的态度也是开放而坦然的。至于人生中男女朋友之间的心底波澜,怎晓得究竟又何必晓得究竟呢?治史者以史料为据,逾此为妄。因有关于此的花边文字甚多,故于任先生传中叙此一笔。"

胡适素因品德和才学而深得时人尊敬与信任。近年我曾两访年逾八旬的中国科学院资深院士沈善炯先生,而先生两次皆忆及半个多世纪前谒见胡适的故事。1947年,沈先生任教于北京大学时,接到美国加州理工学院的研究生入学通知书。当时国民党政府正惶惶然准备南迁,司留学事宜者已迹近无人。有一位学长力劝沈善炯去找校长胡适,并盛赞胡适乐于助人。翌日,沈先生径往校长办公室,但见室内陈设简朴,校长以礼相待,于是拘谨之感顿消。胡适了解情况后,便答应由北大出面申办出国手续。不久,沈再访胡适于寓所。胡先生说明现已不可能向政府申请外汇,特以私款90美元交沈作赴美旅费,并嘱日后归还,再用于帮助其他学生。谈话间忽闻电话铃响,沈欲回避而为胡所阻。只听胡对着话筒说:"您不要来了,我现在有事,稍后我会去看您的。"电话挂断后,胡告诉沈:"那是李宗仁来的电话",此事令沈终身难忘,也使我晚辈后生深感惊奇。

任鸿隽先生在世时,《科学》杂志曾于1951年停刊,1957年复刊而于1960年再度停刊,先生之心情当可想知。任去世后20余年,吴智仁和潘友星两位先生筹备《科学》杂志再次复刊,曾专程赴京多方征求意见和建议,亦曾到我家晤谈良久。1985年,《科学》杂志终于再生。

物换星移,任鸿隽先生等人创建的中国科学社已成历史,然而他们提倡的科学精神却永世长存。再过三年,便逢《科学》九秩大寿,吾人复当何以庆之、何以贺之?

《外篇》一文见报之后,三个年头转瞬即逝,《科学》九秩寿庆办得庄重朴实。2005年11月17日和18日两天举行中国科学社和《科学》杂志90周年纪念学术研讨活动。其中11月17日上午在上海南昌路47号科学会堂1号楼二楼大礼堂召开"中国科学社和《科学》杂志90周年纪念会",下午先在南昌路59号科学会堂新楼(即思南楼)召开"科学团体、科学传播与科教兴国学术研讨会",16时以后参观上海市近代历史保护建筑中国科学社旧址,参加胡明复铜像揭幕仪式。这里的中国科学社旧址亦即明复图书馆旧址,地处陕西南路235号,2005年时为卢湾区图书馆,后来上海市行政区划变更,卢湾区撤销,此处属黄浦区地界,遂又改称黄浦区明复图书馆。其实以我之见,这实在不如回归本真,直接重称明复图书馆为佳。

我非常高兴的是,那天在明复图书馆旧址遇见了蔡元培先生的幼女蔡睟盎老人,并与她合影留念。2012年8月7日,蔡睟盎老人因病医治无效,在华东医院逝世,享年85岁。她生前是中国科学院上海分院高级工程师(教授级),离休后享局级干部待遇。

11月18日全天,在上海教育国际交流中心(桂林路55号)继续召开"科学团体、科学传播与科教兴国学术研讨会"。此时,段韬出任《科学》杂志编辑部主任已有了些时日,而吴智仁、潘友星则同我一样,均已在2004年办妥退休手续。

科学意识之呼唤与弘扬

又是十年了。今天,中华民族伟大复兴之梦深入人心。这也令人分外感念百年前"中国科学社"的始建者们。

2014年6月,我撰写了《科学意识之呼唤与弘扬——重读〈科学救国之梦〉,兼庆中国科学社百年华诞》一文,当年10月发表在《科普研究》第9卷第5期(总第052期)上。其辞曰:

> 1914年夏,正在美国留学的任鸿隽、杨杏佛、胡明复、赵元任等前辈学人伤怀祖国内战连年、外辱交加,乃酝酿发起中国科学社。经1915年春改组,同年10月全体会员通过章程,中国科学社遂宣告正式成立。任鸿隽等刻苦节约留学生活费用,在1915年元月始创《科学》杂志,树起了"传播科学,提倡实业"的旗帜。其发刊词曰:

五、先行者的科学梦

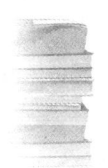

"世界强国,其民权国力之发展,必与其学术思想之进步为平行线,而学术荒芜之国无幸焉",是以率先将科学与民主并提,以为救国之策。百年以来,"提倡实业"虽因时势变迁而有所变异,"传播科学"却为任何时代之所必需。或问:百年《科学》之业绩,可否一言以概之?窃以为那就是:

昔为唤起国人科学意识筚路蓝缕,

今为提高公众科学素养一往无前。

此处所谓"科学意识",其语境大体与今之"环保意识"、"安全意识"、"忧患意识"相仿。举凡对于"科学为何物"、"科学之内容"、"科学之方法"、"科学之精神"、"科学之为用"、"科学与社会"、"科学与教育"、"科学与道德"等之领悟,皆属科学意识之范畴。曩昔《科学》创刊之际,国人对这些都很陌生,亟待启蒙,故任鸿隽等人以无比的热情,不遗余力地在《科学》杂志和其他场合对"科学"进行全方位的宣传,其志正在于唤起国人之科学意识。

而今"科学"二字家喻户晓,人们对"科普"的理解与实践也在与时俱进。2002年6月,《中华人民共和国科学技术普及法》颁行,科普之重要乃以立法形式得到更充分的肯定和体现。《科普法》中写道:"本法适用于国家和社会普及科学技术知识、倡导科学方法、传播科学思想、弘扬科学精神的活动。开展科学技术普及(以下称科普),应当采取公众易于理解、接受、参与的方式。"这里既确定了"科普"包含"科技知识、科学方法、科学思想和科学精神"四大要素,又特别提到了公众的参与。无疑,社会公众参与科普活动越积极,其科学文化素养就会越高。

所有这些,正是中国科学社的创始者们和《科学》杂志梦寐以求的。以下就知晓科学为何物、了解科学之方法、领悟科学之精神、把科学当作国策、阐释科学与教育五个方面,分述他们和《科学》为唤起国人科学意识所作的努力。

知晓科学为何物

近世科学肇始于西方,明末清初始随传教士零星"东渐"。起初固有徐光启等有识之士热心绍介,但本质上尚属个人行为。有清一代,以康熙为典型的一些统治者曾对西方科学感到兴趣,清季又有李鸿章、张之洞等重臣热心洋务，且有李善兰、严复之辈奋力译介西方名著，但囿于当时政治、经济、文化等整个社会背景，科学实在很难达于民众。即以"科学"一词而言，自1897年康有为将其自日文汉字转为中文后，直至任鸿隽辈，其与"格致"之分野始得明朗。后来，任鸿隽曾对此以一言概之："盖言格致犹近于以中印西，言科学乃代表一种新精神新态度也。"[1]

在《科学》第一卷第一期中，任鸿隽对"科学"作了定义性的解释："科学者，智识而有统系者之大名。就广义言之，凡智识之分别部居，以类相从，井然独绎一事物者，皆得谓之科学。自狭义言之，则智识之关于某一现象，其推理重实验，其察物有条贯，而又能分别关联抽举其大例者谓之科学。"[2]尔后又屡次言及"科学者，发明天然之事实，而作有统系之研究，以定其相互间之关系之学也"[3]等，基本上道明了科学的实质。

然而，"以传播世界最新科学知识为帜志"的《科学》问世未久，即有"海内大雅"以"沮疑之词"相劝。"综言者之意，盖谓国人此时未尝需求科学也。"任鸿隽遂作《解惑》一文，指出"国人不可不知科学之为用。知之矣，而后科学之需求从此出也"，并进而阐明"本杂志之出现，不当在科学已盛之时，而当在科学萌芽之际，不待言矣"。[4]

1926年，商务印书馆出版任鸿隽著《科学概论》上篇。其第二章"智识的进化"不仅阐述了"智识的要素和进化的条件"，且专有一节分析"智识不进的原因及其特征"。"依赖陈言"是其列举的四个特征之一，其中议及"诚然，在道德、美术、文学方面，古人的意见和言语，是不能完全不顾的；因为在这些方面，可以说意见就是实际，而留贮人心的思想感觉，也就是我们工作的原料。但在科学智识方面，我们的书本，乃是自然界自己；我们要以观察代阅览，以试验代注释，以归纳代批评，以发明家代绩学者"[5]。实际上，这正是科学与传统国学的一道分水岭。

很值得注意，《科学概论》上篇第三章"智识的分类及科学的范围"中专设"科学与假科学"一节，言殊简而意殊赅，曰："我们要注意的，不在某种现象是否适合科学研究的问题，而在研究时是否真用的科学方法的问题。如近有所谓'灵学'(psychical research)，因

为他的材料有些近于心理现象,又因为他用的方法有点像科学方法,于是有少数的人居然承认他为一种科学……但是细按起来,他的材料和方法却大半是非科学的。这种研究只可称之为假科学(pseudo-science)。我们虽然承认科学的范围无限,同时又不能不严科学与假科学之分。非科学容易辩白,假科学有时是不容易辩白的。我们看了下章科学方法的讨论后,这个分别当能明白。"[6]

关于科学之为何物,中国科学社的先行者们论述宏富。由上述数例,当可一睹彼等对时人理解"科学为何物"之期待。

了解科学之方法

"科学之所以为科学,不在他的材料,而在他的研究方法。"[6]树立科学意识,科学方法乃其重要一端,试看任鸿隽所述:

"综观神州四千年思想之历史,盖文学的而非科学的。一说之成,一学之立,构之于心,而未尝征之于物;任主观之观察,而未尝从客观之分析;尽人事之繁变,而未暇究物理之纷纭。取材既简,为用不宏,则数千年来停顿幽沉而无一线曙光之发见,又何怪乎!"[7]

"盖科学特征,不外二者:一凡百理解皆基事实,不取虚言玄想以为论证。二凡事皆循因果定律,无无果之因,亦无无因之果。"[8]

"研究者,用特殊之智识,与相当之法则,实行其独创且合于名学之理想,以求启未辟之奥之谓也。""夫为学之术,莫要于发展学者之本能,与以相当之训练,使遇新问题出,得用正确之方法以行独立之研究。若是也,岂独科学为然哉,岂独发明为然哉,凡欲昌明神州之学术,而致之于可久可大之域,举不可不以此为帜志矣。"[9]

1919年10月,《科学》刊出任鸿隽的《科学方法讲义》,凡七节:一、引言;二、科学的起源;三、科学与逻辑;四、归纳的逻辑;五、科学方法之分析;六、科学方法之应用;七、结论。如第五节"科学方法之分析",首谈科学的方法,是从搜集事实入手;而"搜集事实的方法有二:一曰观测,二曰试验"。有了事实之后,"中间还有许多步骤",即"分类"、"分析"、"归纳"、"假设";假设经若干证明后,最后可成为"学说与定律"。[10]

值得顺便一提,1923年1月《科学》刊出任鸿隽的《绍介〈科学大纲）》，文中称"此书所贵者，不在其包罗万有，可以束置高阁，备吾人须要时之顾问，而在其传述科学之方法，能使坚冷无生气之智识对于吾人举生趣味，读者不但了然于科学之进步，且将奋起其自行研究之心焉，此真绍介科学者所馨香祷祝者也"[11]。可见在传述科学时，方法是很有讲究的。

领悟科学之精神

谈论"科学精神"，而今几成时尚。国人何时始有悟于"科学精神"而予以关注者？任鸿隽《科学精神论》一文曰：

"科学精神者何？求真理是也。……科学家之所知者，以事实为基，以试验为稽，以推用为表，以证验为决，而无所容心于已成之教，前人之言。又不特无容心已也，苟已成之教，前人之言，有与我所见之真理相背者，则虽艰难其身，赴汤蹈火以与之战，至死而不悔，若是者吾谓之科学精神。"[12]

"所谓科学精神者无他，即凡事必加以试验，试之而善，则守之勿忽；其审择所归，但以实效而不以俗情私意羼之是也。"[13]换言之，或可曰检验真理的唯一标准是实践。

《科学概论》上篇第四章专论"科学智识与科学精神"。其中明确设问："科学精神究竟是什么？"答曰"最显著的科学精神，至少有五个特征"，即：（一）崇实，"科学的结构是建筑在事实的基础上的，所以第一须确定所研究的事实"。（二）贵确，"上面所说的'实'，是指事实；此处所说的'确'，是指精确"。（三）察微，"我们此处所说的'微'，有两个意思：一是微小的事物，常人所不注意的；一是微渺的地方，常人所忽略的"。（四）慎断，"不轻于下论断"。（五）存疑，"慎断是把最后的判断暂时留着，以待证据的充实，存疑是把所有不可解决的问题，搁置起来，不去曲为解说，或妄费研究"。"以上所述的五种科学精神——崇实，贵确，察微，慎断，存疑，——虽不是科学家所独有，但缺少这五种精神，决不能成科学家。我们要说的完备一点，还可以把不为难阻，不为利诱等等美德，也加入科学精神的条目里去"[14]。

1931年，任鸿隽在《科学研究之国际趋势》一文中又提到："所谓下帷专精，目不窥园，闭门造车，出门合辙，此昔日研究学术之

五、先行者的科学梦

方法也。今之研究科学者,则公众组织当与一人独奋并重。盖无一人之独奋,当然无所谓学问。而无公众组织,则于科学之广大与普遍性,得有不能发挥尽致者,是吾人所宜留意者也。"[15]盖谓科学研究须具团队精神是也。

中国科学社的另一要员竺可桢,也是对科学精神屡陈灼见的代表人物。如1935年8月,他讲演《利害与是非》时,明白晓畅地说道:"科学精神是什么?科学精神就是'只问是非,不计利害'。这就是说,只求真理,不管个人的利害,有了这种科学的精神,然后才能够有科学的存在。"[16]

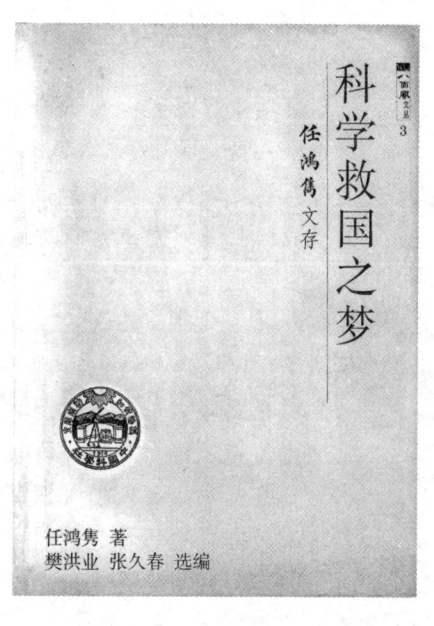

《科学救国之梦》书影

1941年5月,他又一次演讲《科学之方法与精神》:"近代科学的目标是什么?就是探求真理。科学方法可以随时随地而改换,这科学目标,蕲求真理,也就是科学的精神,是永远不改变的。了解得科学精神是在蕲求真理,吾人也可悬揣科学家应该取的态度了。据吾人的理想,科学家应取的态度应该是:(一)不盲从,不附和,一以理智为依归。如遇横逆之境遇,则不屈不挠,不畏强御,只问是非,不计利害。(二)虚怀若谷,不武断,不蛮横。(三)专心一致,实事求是,不作无病之呻吟,严谨整饬,毫不苟且。"[17]

大半个世纪过去了,竺可桢这些入木三分的论述依然令人肃然起敬。"只问是非,不计利害",永远是我们不断追求的精神境界。

把科学当作国策

科学与社会的关系,当从"科学对社会的影响"和"社会对科学的影响"两方面观之。

就科学对社会的影响而言,中国科学社的缔造者们当初即申言,

"人类幸福之增进,必有待于三类人之力。三类者何?一曰真理之发见者,研究天然界之现象。二曰真理之传播者,普及智识于畴众。三曰真理之应用者,发明制造之新法以供人生之需求。是三者,其有造于人类之幸福同,而取程各殊。"[18]且夫"一国国政之整紊,与人民生计之苦乐,与科学家之数为正比例。假定此论理不谬,吾人乃于我国生死问题上,得一最简单之答案,即欲富强其国,先制造科学家是也"[19]。

1922年4月,任鸿隽在中国科学社演讲《科学与近世文化》,更阐明了"科学在人生态度的影响,是事事要求一个合理的。这用理性来发明自然的奥秘,来领导人生的行为,来规定人类的关系,是近世文化的特采,也是科学的最大的贡献与价值。"[20]

日寇侵华,国人再次深受落后就要挨打的切肤之痛,使任鸿隽等前辈更坚决地认定:

"在现今的世界,科学是立国的根本,这是谁也不能否认的事实。"[21]

"今日世界各国,无不以发展科学为立国条件之一,而在凡事落后之吾国,尤当以发展科学为吾国之生命线。"[22]

"无论从哪方面说起,科学在现世界中,是一个决定社会命运的大力量。"[23]

往者甲午之战中国败绩,张之洞在其《劝学篇》中常有沉痛激励之辞。任鸿隽对此感同身受,乃曰:"我们当前的国难,比三十七年前要严重十百倍,觉得他的说话还有一听的价值。现在再引几句如下:

国之智者,势虽弱,敌不能灭其国。民之智者,国虽危,人不能残其种。求智之法如何?一曰去妄,二曰去苟。固陋虚骄,妄之门也。侥幸怠惰,苟之根也。二蔽不除,甘为牛马士芥而已矣。"[24]

今天常有人说"科学技术是一把双刃剑"。关于科学技术的负面影响问题,任鸿隽早在1922年已"有一言为读者正告。自欧战以后,或以西方物质发达过甚,终召毁坏,因致疑于科学之真正价值,或以为欧洲思想已离弃科学而别寻途径者,殊不免神经过敏之病"[25]。至1948年,他仍说,"唯有把工程技术用到毁灭人类的战争上,它才与人类的前途背道而驰。然而这个责任似乎不应该由科学家来负

五、先行者的科学梦

担"。[23]应该说，其思想既是一贯的，也是正确的。

至于社会对科学之影响，任鸿隽的见地亦甚精当："盖科学家虽不必待外界之尊崇以为重，而科学之发达，则必有待于社会之赞助，有断然者。"[26]他认为："我们科学不发达的根本原因，实在由于国家对科学未尽其倡导与辅助的责任。我们自来不曾承认科学为重要国策之一，因之也从来不曾有过整个发展计划。"[27]

中国科学社的前辈们，是向前看的实干家。他们在批判旧事物的同时，必提出建设性的新主张。第二次世界大战之后，他们强烈地感到，"现在推进科学的有效方法，就是要把科学当作国策。这是二次大战后一般科学发达的国家都是如此的……希望大家将此做一个目标，定出一个国策来"。[28]

他们的这一夙愿，在新中国见到了曙光。由是，任鸿隽在1949年的"敬告中国科学社社友"中说："人民政府成立，政协会议通过的'共同纲领'，明白规定'中华人民共和国的文化教育为新民主主义的、……科学的、大众的文化与教育'。又把'爱科学'与'爱祖国、爱人民、爱劳动、爱护公共财物'同等列为全体国民的公德。又专条规定'努力发展自然科学，以服务于工业农业和国防的建设。奖励科学的发现和发明，普及科学知识'。这些都表示在中华人民共和国人民政府之下，科学研究已不是少数人的兴趣事业而成了新政府的国策。故从人民政府成立，国家进入了一个新时代，科学事业也进入了一个新时代。"[29]

阐释科学与教育

这一标题涵盖两个方面：一是科学与教育的关系，一是"科学教育"本身。

1915年，任鸿隽在《科学与教育》一文中提出："科学于教育上之重要，不在于物质上之智识而在其研究事物之方法；尤不在研究事物之方法，而在其所与心能之训练。"[8]嗣后，他又次第论及"西方大学之教育精神，一言以蔽之曰：重独造、尚实验而已"[30]；"科学之可贵，不徒在其传导有用之智识而已，乃在其方法之可尚。吾人每每以科学实际应用价值之大，遂忘其纯粹教育之方面"[31]；如此等等，均宜细细体味。

任鸿隽等疾呼科学教育之重要，针砭中国科学教育之时弊，至今依然给人很深刻的印象：

"现今的时势，观察一国的文明程度……是拿人民智识程度的高低，和社会组织的完否作测量器的。要增进人民的智识和一切生活的程度，唯有注重科学教育。"[32]

"问今之科学教育，何以大部分皆属失败，岂不曰讲演时间过多，依赖书本过甚，使学生虽习过科学课程，而于科学之精神与意义，仍茫未有得乎？"[33]

1939年，在《科学教育与抗战建国》一文中，任鸿隽更深入地论述科学教育之意义：

"所谓科学教育，其目的是用教育方法直接培养富有科学精神与知识的国民，间接即促进中国的科学化。科学是二十世纪文明之母，是现代文明国家之基础。已为大家所共知。所以要中国现代化，首先就要科学化，抗战需要科学，建国亦需要科学。国内科学化运动不是已有很高的呼声么？除呼声之外，要促其实现，教育方面就是最重要的一条途径！亦是最切实的一条途径！为什么呢？"

文中所列理由有三："第一，因为科学教育可以养成科学的精神，教导科学的方法，与充实科学的知识。……学生们既熟习了科学方法，于是凡事不轻信，不苟且，求准确，求证实。这就熏染了科学的精神。我们知道非但自然科学知识极为可贵，其方法和精神亦同样地可贵。学生经过十数年小中大学里科学课程的熏陶以后，将来无论跑到社会上哪一个角落里去，都会利用其已获得的科学知识、科学精神与科学方法，而促进科学化运动。""第二，因为科学教育可以栽培新进技术人才。""第三，因为科学教育可以提高科学文化的水准。……以后，科学在文化运动中，可以和哲学、文艺、新闻出版等各界分工合作，促进中国之现代化。"因此，"教育家应赶紧负起责任，从速充实科学教育，促进科学教育之发展，以求中国之科学化"[34]。

《科学》树起"传播科学，提倡实业"的旗帜，必当论及科学、教育与实业之关联："科学是实业之母。要讲求实业，不可不先讲求科学。"[35]"实业之得阑入学程，为言教育者所注意，特近数十年之事耳。""实业教育，高等者必兼虚、实、狭、阔四义。何谓虚？谓物理、化学、算术、图画诸学科,凡为制造工业所基者,其要义理论不可不习也。何谓实?工场经验,为必要不可缺之须求,非是无论其理论学科如何美备,不得为实业教育。何谓狭?学者当专习一门,以求至乎其极,凡其藩内之事,无不豁然贯通。何谓阔?学者于一实业,不但既其内蕴,又当通其外缘,期能随处取材以增进实业之效率。若是诸义,诚非一蹴可跻,而以高等实业教育揭橥者,不可不勉。"[36] 斯言可谓至确。此外,尚有"农业教育与改良农业"、"科学与工业"等诸多专论,诚难逐一枚举也。

尾声

91年前,1923年的冬至那天,任鸿隽写了《中国科学社之过去及将来》。那时还没有中央研究院,更没有中国科学院。他在文末非常动情地说:"夫英有一皇家学会,实开科学之先河,美设斯密生学社,亦树华国之宏规。吾人处筚路蓝缕之后,当康庄大启之时,尚不能从当世学者之后,以为世界学海增一勺之量乎?我言及此,吾心怦然,吾尤知海内外期望吾社之贤达同此心理也。"[26]

斯人既逝,音容犹在。如今,中国的国力已非昔日所能望其项背,从事科学活动的良好条件也是《科学》创办时难以预见的。然而,千里之行,始于足下,所有这一切,还只是开端。今天,我们讲科普做科普,最需要注重的还是增强国人之科学意识。此种意识与时俱进,渐至贯穿于日常行动,则于梦圆中华民族伟大复兴善莫大焉。任重而道远,吾人其勉之!

参考文献

此处文献多为《科学救国之梦——任鸿隽文存》(以下简称"文存")所收录。为节省篇幅,凡任鸿隽所著篇目,作者名均从略。"文存"中开列的原文出处置于方括号[ ]内,期刊均给出年卷期,但未列页码。

[1] 中国科学之前瞻与回顾. 文存, 564—567. [科学, 1943, 26(1)]
[2] 说中国无科学之原因. 文存, 19—23. [科学, 1915, 1(1)]
[3] 任鸿隽译. 科学之应用. 文存, 171—176. [科学, 1919, 4(6)]
[4] 解惑. 文存, 39—42. [科学, 1915, 1(6)]
[5] 智识的进化. 科学概论, 第二章. 文存, 331—339. [商务印书馆, 1926]
[6] 智识的分类及科学的范围. 科学概论, 第三章. 文存, 340—349. [商务印书馆, 1926]

[7] 吾国学术思想之未来. 文存, 112—117. [科学, 1916, 2(12)]
[8] 科学与教育. 文存, 61—67. [科学, 1915, 1(12)]
[9] 发明与研究(二). 文存, 154—160. [科学, 1918, 4(2)]
[10] 科学方法讲义. 文存, 192—204. [科学, 1919, 4(11)]
[11] 绍介《科学大纲》. 文存, 289—294. [科学, 1923, 8(1)]
[12] 科学精神论. 文存, 68—75. [科学, 1916, 2(1)]
[13] 任鸿隽译. 科学与近世文明. 文存, 161—165. [科学, 1918, 4(4)]
[14] 科学智识与科学精神. 科学概论, 第四章. 文存, 350—361. [商务印书馆, 1926]
[15] 科学研究之国际趋势. 文存, 430—432. [申报, 1931年10月10日增刊]
[16] 竺可桢. 利害与是非. 竺可桢全集(2). 上海: 上海科技教育出版社, 2004, 238—239.
[17] 竺可桢. 科学之方法与精神. 竺可桢全集(2). 上海: 上海科技教育出版社, 2004, 539—544.
[18] 发明与研究. 文存, 143—153. [科学, 1918, 4(1)]
[19] 科学家人数与一国文化之关系. 文存, 32—36. [科学, 1915, 1(5)]
[20] 科学与近世文化. 文存, 272—280. [科学, 1922, 7(7)]
[21] 在中国科学社第二十一次年会暨七科学团体联合年会上的致词. 文存, 539—541. [科学, 1936, 20(10)]
[22] 关于发展科学计划的我见. 文存, 604—607. [科学, 1946, 28(6)]
[23] 科学与社会. 文存, 613—619. [科学, 1948, 30(11)]
[24] 介绍几句被人忘记了的旧话. 文存, 517—518. [科学画报, 1935, 2(3)]
[25] 五十年来之世界科学. 文存, 245—268. [最近之五十年——申报馆五十周年纪念, 1922年2月]
[26] 中国科学社之过去及将来. 文存, 281—288. [科学, 1923, 8(1)]
[27] 我们的科学怎么样了. 文存, 588—591. [科学画报, 1945, 12(5)]
[28] 在"科学与社会"座谈会上的发言. 文存, 620—622. [科学, 1949, 31(5)]
[29] 敬告中国科学社社友. 文存, 623—625. [科学画报, 1949, 15(11)]
[30] 西方大学杂观. 文存, 106—111. [留美学生季报, 1916, 第三年秋季第三号]
[31] 科学基本概念之应用. 文存, 210—217. [建设, 1920, 2(1)]
[32] 中国科学社第六次年会开会词. 文存, 240—244. [科学, 1921, 6(9)]
[33] 科学教育与科学. 文存, 309—310. [科学, 1924, 9(1)]
[34] 科学教育与抗战建国. 文存, 546—552. [教育通讯, 1939, 2(22)]
[35] 科学与实业之关系. 文存, 218—223. [科学, 1920, 5(6)]
[36] 实业教育观. 文存, 124—132. [科学, 1917, 3(6)]

六、科学小品与语文读本

《月亮》和《他星之石》

如上所述，任鸿隽等前贤对科学与教育的阐述鞭辟入里，既论及科学与教育的关系，又讨论了科学教育本身，后来者自当细细体味。

近二三十年来，在中小学《语文》课本中关乎科学的说明文增加了，这值得赞扬。我本人也有若干作品入选中小学语文课本，这既是一种幸运，更是一种鞭策。其中人们谈论最多的一篇是《月亮——地球的妻子？姐妹？还是女儿？》，最初于1988年进入人民教育出版社的初级中学课本《语文》第六册(人民教育出版社语文一室编)。

这篇文章的由来颇有意思。那是1983年秋，《北京晚报》、《新民晚报》、《呼和浩特晚报》等13家报纸联合举办"全国晚报科学小品征文"，规定应征文章不得超过千字。应《北京晚报》科学版编辑黄天祥先生之约，我写了这篇小文寄去，登在该报10月19日2版《科学长廊》专刊中。翌年，此文获得征文活动"佳作小品"奖。文章的核心是介绍历史上三种不同的月球起源理论，全文如下：

中秋赏月，忽有友人相问："月亮生于何年，来自何方？"

在天文学上，这个问题被称为"月球的起源"。其答案虽然至今尚付阙如，但是太空悬案的侦察员——天文学家们——却根据众多的天文观测事实，对月球的身份作了合乎逻辑的推测。总的说来，大致有三种可能：月球若不是地球的妻子，那便是地球的姐妹，或者是地球的女儿。

你看，月球的平均密度是3.34克每立方厘米，只相当于地球密度的3/5，而且两者的化学成分又大不相同；因此情况很可能是这样：当46亿年以前太阳系从一大团星云物质脱胎而出时，月球和地球分别处在相去甚远的不同部位，它们各由当地的不同物质所形成。另一方面，月球的平均密度又与小行星的乃至陨星的密度十分相近。所以，它原先很可能是一颗小行星，在它围绕太阳运行的过程中一度接近地球，并为后者的引力所俘获，而成为地球的卫星。这种学说称为"俘获说"。倘若情况果真如此，那么，将地球与月球比作邂逅相遇遂成天作之合的夫妻，岂不是再妙不过了吗？

但是，地球的直径只是月球直径的3.7倍，相差并不悬殊；况且，迄今为止人们所知的小行星无一例外都比月球小得多；所以，像地球这么一颗并不很大的行星，偏偏要俘获一个像月球这么大的小行星亦实非易事。于是，有一部分天文学家认为：在太阳系形成之际，地球和月球由同一块尘埃云凝聚而成。它们的平均密度和化学成分之所以不同，乃是由于原始星云中的金属成分在行星形成之前已先行凝聚成团。地球形成的时候，一开始便以大团的铁作为核心，并在其外围吸积了许多密度较小的石物质。月球的形成稍晚于地球，它由地球周围残余的非金属物质聚集而成，因而密度较小。这种学说称为"同源说"。如此看来，月亮岂不就是地球的妹妹？

最后一种推测更具有戏剧性：在40多亿年前，太阳系形成之初，地球月球原为一体。当时地球处于高温熔融状态，自转很快；天长日久，便从其赤道区飞出一大块物质，形成了月球。太平洋便是月球分裂出去的残迹。你看，月亮岂不又成了地球的女儿？不过，这种理论却面临着许多难题，比方说，它有一个必然的推论，即月球的位置应该处在地球的赤道面上，而实际情况却并非如此。现在，赞成这种"分裂说"的人已经比较少了。

可爱的月亮啊，你究竟是谁？你尽可以讳莫如深，人类却总有一天会掀开你的神秘面纱，把你的来历查个水落石出！

此文于1987年获得"第二届全国优秀科普作品奖"，1988年有改动

六、科学小品与语文读本

地收入人民教育出版社的初中课本《语文》第六册，1989 年被北京市科学技术协会和《北京晚报》联合评为《科学长廊》10 年(500 期)优秀作品一等奖，1990 年被收入人民教育出版社的义务教育三、四年制初级中学语文自读课本第三册《长城万里行》(人民教育出版社语文一室编)，2002 年被收入广西教育出版社的《新语文课本·小学卷 8》(王尚文、曹文轩、方卫平主编)，2006 年被收入上海辞书出版社九年义务教育课本拓展型课程教材《语文综合学习·九年级(试验本)》[上海市中小学(幼儿园)课程改革委员会]。想当初，写这篇"小文章"还真是下了些功夫的。

这里值得补充的是，王尚文、曹文轩、方卫平主编的《新语文课本·小学卷 8》中的第十部分"写在天空中和大地上的问号"选了 3 篇文章，依次为叶至善先生的《卧看牵牛织女星》、我的《月亮》和贾祖璋先生的《花儿为什么这样红》。《月亮》一文注明选自《人与自然精品文库·环境卷》，四川人民出版社 1995 年版。这套《精品文库》颇具规模，由黎先耀先生主编，包括动物、植物、环境、旅游和审美共 5 卷，总计约 200 万字，1995 年 12 月由四川人民出版社一次出齐，首印 5000 套。文库中收有不少很经典或很精彩的文章，可惜的是均未注明出处。《环境卷》分为"星空篇"、"大地篇"、"江海篇"等 8 篇。"星空篇"的首篇文章就是我的老师戴文赛先生写的《牛郎织女》。我本人有 3 篇文章入选，其一为《月亮》，其二为《他星之石可以攻球》，其三为原载 1995 年 1 月 30 日《北京晚报》的《马克·吐温与哈雷彗星》。美国著名小说家马克·吐温出生于适逢哈雷彗星回归的 1835 年，他曾戏言哈雷彗星下次再回来，他

《科技夜话——全国 13 家晚报科学小品文选集》(黄天祥、王金海、汤正华等选编，天津科学技术出版社，1984 年 12 月)，收录了《月亮——地球的妻子？姐妹？还是女儿？》等近百篇短文

的死期大概就到了。真是无巧不成书，1910年哈雷彗星又一次回归，马克·吐温真巧就在那年去世了。当然，这只是个引子，文章的核心是介绍哈雷彗星的运动规律。

《他星之石可以攻球》最初的版本，是我为《科学实验》杂志写的《巨资岂能付东流》，原载该刊1981年11月号。谈的是人类究竟为什么要耗费巨资，进行太阳系的空间探测。原文有一节，标题为"他山之石可以攻玉"，内容如下：

> 自古以来，人类就对生命起源问题深感兴趣，但要揭开这个谜却极不容易。这好比一位侦探在案发后数百年、甚至数十亿年才赶到现场，这现场早已被彻底破坏，而我们的侦探却试图原原本本地复述案情发展的全过程，这真是谈何容易！
>
> 地球上所有的生命，本质上都属于同一种类型：它们全都由同一类型的复杂分子、经历同一类型的化学反应而形成。当你研究一个细菌、一头大象、一棵柳树或者一个人体的生物分子时，你将会发现它们彼此之间的差异相当微小。
>
> 成功地探索火星生命，极可能成为理解生命现象的一把钥匙。1976年，两艘"海盗号"宇宙飞船在火星表面软着陆，它们发回的信息表明着陆点附近不存在任何形式的生命。然而人们并未止步，更宏伟的火星全球探测计划目前正在酝酿之中。
>
> 地球上所有的生命都有共同的祖先，它们都是远房的"堂表兄弟"。要是能在火星上发现生命，那么它们就有可能与地球上的生命截然不同。这将使我们所知的生命形式从一增加到二，从而使我们对生命的普遍了解陡然增加，并从根本上加深对于人类自己这种生命形式的理解。为此，即使在火星上仅仅找到相当于地球上的细菌那么简单的生命，那也是非常巨大的收获。
>
> 另一方面，如果我们发现构成火星生命的化合物与构成地球生命的化合物并无二致，那么这可能意味着生命的基本形式就只有这唯一的一种。这同样也是很大的收获。即使退一步讲，要是火星上当真不存在生命，那么人类为此耗费的心血和钱财是否就白费了呢？不，在地球上，从无生命物质演化出生命是一个极其漫长的过程。即使火星上确实未能形成生命，这一过程也有可能已经起步，却又

六、科学小品与语文读本

半途夭折了。也许,火星上某些地区的土壤中,包含着一些在通往生命之途上半路夭折的分子。它们或许能告诉我们,地球上生命形成以前的"化学演化"阶段应该是什么模样。

再退一步讲,如果火星上根本不存在任何与生命有关的东西,那么人类所作的研究是不是就成了无的放矢?不,那还是有用的。火星和地球有那么多的相似之处,但这两个世界发展的结果却刚好相反:地球上充满着生命,火星上则全无生命可言。仔细研究这种差异也将有助于更深刻地认识地球本身的生命。

归根到底,对地球外生命的探索将帮助我们解开生命起源的疑团,帮助我们加深对生命现象的理解,其最终结果则是使整个人类生活得更加美满。

后来,《巨资岂能付东流》经修改,被收入《人与自然精品文库》,文章的题目也被改成《他星之石可以攻球》,而原来的"他山之石可以攻玉"一节,则被易名为"那里虽然没有生命"。再后来,《他星之石可以攻球》又被收入《科学随笔经典》之"人与自然卷(二)"《大自然的召唤》(黎先耀主编,科学普及出版社,1999年)。另一方面,我在《宇宙风采》(《金苹果文库》第一辑之一种,江苏教育出版社,1997年)一书中,则以《漫话太阳系空间探测》为题,留下了一个最接近于《巨资岂能付东流》原貌的亲自修订版。21世纪伊始,《他星之石可以攻球》又见于上海教育出版社的《走近经典·高中文化读本(六)》(供高三年级第二学期使用,于漪主编、刘小艳编写,2001年)。

再回到前述13家晚报的那次征文。应征来稿多达9000余篇,最后从征文活动发表的作品中选出近百篇结集成册,名之为《科技夜话——全国13家晚报科学小品文选集》(黄天祥、王金海、汤正华等选编,天津科学技术出版社,1984年)。著名作家秦牧先生为此书作"序",写道:"形象的描绘,美妙的比喻,幽默的隽语,奇特的联想,往往都可以产生神奇的魅力……这本集子的作品在这方面也有不少创造。单说标题吧!《月亮——地球的妻子?姐妹?还是女儿?》、《跳进黄河洗得清》、《留得秋桔春天采》、《人脑中的河》之类的题目就令人禁不住想喊一声'妙'了。"

非常值得提及的是,当时正住院治病的老一辈著名科普作家高士其还特地为这本科学小品文选集题词:

小品之微，科学之巨，以小品之微而蕴科学之巨，盖因著者独具匠心，妙笔生花，于小中见大，结页成册而包容万象，其能量不谓不大矣。

小品之浅，科学之深，以小品之浅而绘科学之深，盖因著者苦心结虑，巧比妙喻，有深入浅出，以通俗之普及而旷于世，其功用不谓不大矣。

1987年，中国世界语出版社推出上述《科技夜话》之世界语选译本，书名为《Brilas Sago（智慧的火花）》，署名 Verkita de Uang Zikun k. a.（王梓坤等著）。其中也包括《Cu la luno estas la edzino, fratino au filino de la tero?（月亮——地球的妻子？姐妹？还是女儿？）》一文，作者 Bjan Julin(卞毓麟)。

1992年10月，中国天文学会成立70周年纪念活动在北京的友谊宾馆举行。我正在忙着，突然来了一位上海教育出版社的《语文学习》杂志编辑周忠麟先生。他说是专程来找我的，家里、单位里都联系不上，最后一直追寻到这里。我起初好生奇怪，听他一解释，倒也觉得合理。原来，《语文学习》杂志素有采访《语文》课本各位作者的传统。周忠麟此访的结果，是《语文学习》1993年第6期封二刊出了署名"本刊记者"的《科普作家卞毓麟访谈录》一文。凑巧，周还是我的中学校友，比我晚几年在上海市卢湾中学高中毕业。

《月亮——地球的妻子？姐妹？还是女儿？》后来辑入了"中国科普佳作精选"《梦天集》。还应一提的是，当今的科学发展很快，20世纪末，一种关于月球起源的新假说逐渐为更多的科学家所接纳，现在常称"大冲撞说"或"大碰撞说"。其要点是：约45亿年前，一个像火星那么大小的天体撞向原始地球，致使两者都溅射出一部分硅酸盐幔，溅出物进入环绕地球的轨道，在轨道上绕着原始地球转动，后来这些物质渐渐聚集，成为月球的前身，最后才演化成为如今人们所见的月球。因此，纯粹从科学层面上看，《月亮——地球的妻子？姐妹？还是女儿？》的内容终究有点过时了。

六、科学小品与语文读本

关于《数字杂说》

我的另一篇文章,《数字杂说》于 2000 年进入人民教育出版社的九年义务教育三年制初级中学教科书(试用修订本)《语文》第二册(人民教育出版社中学语文室编著)。此文最初发表在《科技日报》1994 年 10 月 30 日第 2 版,后来也收入了《梦天集》。其全文如下。

即使目不识丁的人,通常也会数数,诸如一棵树,二本书,三元钱等等。不过,纵然是饱学之士,倒也未必尽识数字的身世、数字的情趣,乃至数字的遗憾。

数字的发展走过了漫长的路程。大约 4000 年前,地中海东岸的腓尼基人发明了字母表。它在传播的过程中,或多或少地发生了种种变化;例如,古老的希腊字母和希伯来字母就不太一样。但是,古代希腊人和希伯来人都曾用字母表中的字母依次代表数字。后来,人们也曾用英语字母代表过数字;例如依次用 A、B、C、D 代表 1、2、3、4;I、J、K、L 代表 9、10、20、30 等等。

大约 2000 年前,古罗马人统治着整个地中海周围跨越欧亚非三洲、直达大不列颠岛的辽阔地域。他们创立了一套书写数字的独特方法:用 Ⅰ、Ⅱ、Ⅲ、Ⅴ、Ⅹ 分别表示 1、2、3、5、10;Ⅳ 和 Ⅵ 分别表示 4 和 6,其中的奥妙是:"若较小的数字紧靠在较大数字的左侧,则表示两者相减;若紧靠在较大数字的右侧,则表示两者相加",所以 Ⅵ 表示 Ⅴ(即 5)减去 Ⅰ(即 1),Ⅵ 则是 Ⅴ 加上 Ⅰ;同理,Ⅶ 和 Ⅷ 分别表示"Ⅴ 加 Ⅱ"和"Ⅴ 加 Ⅲ",即表示 7 和 8;Ⅸ 和 Ⅺ 则分别表示"Ⅹ(即 10)减 Ⅰ"和"Ⅹ 加 Ⅰ",即 9 和 11。代表数字的符号,在书写时的顺序非常重要。

在罗马记数法中,还用 L 代表"50",C 代表"100",D 代表"500",M 代表"1000"。所以,1994 用罗马数字书写,就是 MCMXCIV,其中从左到右依次为:M(1000),CM(1000 减 100,即 900),XC(100 减 10,即 90),以及 Ⅳ(4)。要是把这些数字符号重新排列一下,变成 MMCXCVI,那么它就不是表示 1994,而是代表 2196 了。

创造出这些记数方法，是人类文明进步的象征。然而，它们毕竟还不够方便。比如说，今天在全世界广泛使用的"阿拉伯数字"，就要比使用罗马数字简便很多。

有趣的是，发明"阿拉伯数字"的并不是阿拉伯人，而是印度人。2000余年前，印度人首先使用了1，2，3……9这九个数字；他们书写时，用最右边的数字代表有多少个"1"，其左边的数字代表有多少个"10"，再左边的数字代表有多少个"100"，如此等等。例如，1994就表示一共有4个"一"、9个"十"、9个"百"、1个"千"。这在今天，就连小学生也是非常熟悉的了。

这种写法有一个缺陷：比如说，它很难将"3500"和"35000"区分开来。公元8世纪前后，印度人又发明了一个代表"根本没有"的符号："0"。于是，就可以很清楚地用3005来表示3个"千"、没有"百"、没有"十"和5个"一"了。

用这种印度数字进行数字运算，不知要比用罗马数字或用字母符号方便多少。因此，它渐渐地传遍了全世界。阿拉伯人首先将印度数字传到了西亚、北非和西班牙，这就是欧洲人称它为"阿拉伯数字"的原因。

我国广泛使用"阿拉伯数字"迄今不过一个世纪。然而，数字在我国却有着独特而悠久的发展史。在距今7000年至5000年的半坡文化遗址中，一些彩陶上刻画的简单符号很可能就是最原始的文字和数字。在距今3000余年前的殷墟甲骨上，已有代表"一、十、百、千、万"的专门数字。距今约3000年的西周钟鼎文中还用到了隔位字"又"，例如"六百又五十又九"，即659。后来，我们中国人又创造了表示空位的符号"〇"；它与"阿拉伯数字"中的0相比，可谓大同小异。

数字之妙远远不局限于数学王国本身。它的概括力使人易于记忆，便利交谈。"二十四史"、"三十六计"、"三好学生"、"七大奇迹"、"四项基本原则"、"七十七国集团"……诸如此类的例子，委实不胜枚举。更何况它在文化生活中还给人以无穷的乐趣。例如，在灯谜中，"十（打日本一政治家），谜底：田中"，"99（打一字），谜底：白"，皆系雅俗共赏的上乘之作。在对联中，古往今来令人拍案

六、科学小品与语文读本

叫绝的"数字对"亦不乏其例:上下联中均嵌入诸多数字,一一相对,天然浑成。此处聊举以五行和五方与十个数字相对、巧妙地概括了诸葛亮一生的旧联一则,以为助兴:

收二川,排八阵,六出七擒,五丈原前,点四十九盏明灯,一心只为酬三顾;

取西蜀,定南蛮,东和北拒,中军帐里,变金木土革爻卦,水面偏能用火攻。

然而,数字却也有自己的苦恼,本来和它毫不相干的事情,偏偏总有人硬往它身上安。过去人们用字母代表数字时,有的数字写出来就像是一些单词;例如,人们曾用英语字母 E 代表 5,用 O 代表 60,用 W 代表 500,于是,565 写出来就是 WOE,正好和英语单词"悲哀"的拼法完全一样。因此,人们认为 565 是一个不吉利的数字。古希腊人和希伯来人甚至创造了一套方法,故意让用字母表示的数字带有一定的含义,这就是所谓的"占数术"。其实,它和"占星术"一样,纯系无稽之谈。

分外可悲的是,"占数术"这种骗人的鬼话,居然在今天的中华大地上再度看好走俏。君不见,有人如痴如醉地想弄上 8888168 这么一个电话号码——期盼着"发发发发,一路发";君不见,有人视 7424994 这个号码如丧门之神,仿佛那真会害得他"妻死儿死舅舅死"。如今,人们仿佛对这种畸形的文化现象已经见怪不怪了。其实,数字和"发"或"死"又有什么关系?

2006 年,此文又进入上海教育出版社的九年义务教育课本《语文》六年级第二学期(试用本,上海中小学课程教材改革委员会)。

《语文学习》一如既往,追踪采访课文作者。2009 年秋,编辑周燕同我取得联系。为此,我写了一篇短文交卷,题为《〈数字杂说〉的背景及其他》,后来发表在《语文学习》2010 年第 1 期上。文中说到,20 世纪 90 年代,我先后为《科技日报》科文交融类型的专刊专栏撰文数十篇,例如《雪莱夫妇·弗兰肯斯坦·机器人》、《哥伦布和"新大陆"》、《牛顿和伏尔泰》、《火箭和〈星条旗〉的故事》、《端午漫思》、《哥白尼,伽利略,米开朗琪罗的〈夜〉》等,《数字杂说》亦在其列。我自忖,写一篇轻快的短文,说说数字的历史沿革,谈谈数字的美学功能,不是很引人入胜的事情吗?

而在另一方面，时至今日，仍有不少人迷恋现代的"占数术"，对此也颇有一揭真相之必要。正是在这双重驱动下，我用尽可能朴素的词语写下了这篇《数字杂说》。

2010年1月号《语文学习》杂志所载关于《数字杂说》的图文（局部）

《语文》课本收入《数字杂说》，使我既感荣幸，更觉任重道远。做好科学普及，尤其是科文交融，是不容易的。例如，如何言简意赅地介绍诸如"黑洞"和"大爆炸"这样的概念？诸如"星座"和"外星人"这样的题材，又如何向青少年朋友文理并茂地娓娓道来？这些都没有现成的答案，亦非三言两语所能道明。但是，"没有枯燥的科学，只有乏味的叙述"，只要肯下苦功夫，困难终归是可以克服的。我在《〈数字杂说〉的背景及其他》一文中说到：

我们的读者朋友也必须占据一个高视点，来鸟瞰科技发展所置身的社会、文化、心理环境。只有这样，才能更深刻地认识当今时

六、科学小品与语文读本

代的变革,并有效地在变革中求得发展。有一些语文教师,对科学似乎有点畏惧。其实这是不必要的。科学也同艺术一样,人人皆可欣赏。一开始可以多读一些科学小品和科学新闻,日积月累,底子渐渐厚了,就可以尝试阅读较为系统的科学基础和科学史读物了。

"决意取得真经,便有路在脚下。"诚哉斯言,愿与《语文学习》的作者、编者、读者朋友共勉。

还有若干篇章

我与中小学语文结缘的文章还有好几篇:《天文学和人类》、《银河系中的文明世界》、《星际交流的困难》、《从太空城到自由世界》、《在笔尖上发现的海王星》、《聋哑青年和"魔星"》、《知识、风格和道德——笔谈如何写好科普文章》以及《胜利属于阿西莫夫》等。我见到的这些,统计是否完整,全然不得而知。《天文学和人类》下文将专门谈及,此处先概述其余几篇。

《银河系中的文明世界》,2001年见于北京师范大学出版社的《初中语文自读课本》第5册(刘永平主编),脚注说明"选自《中学生阅读文选》",但究竟是哪一本《中学生阅读文选》却未详。其实,更直接的出处应该是拙著《宇宙风采》一书。

《星际交流的困难》和《从太空城到自由世界》,2001年同见于华语教学出版社的《高中现代文考场阅读》(方洲主编)之"说明文阅读"部分,但未言及出处。这两篇文章的主题都涉及探索地外文明,我就此写过书,也写过长短不等的文章。这里列举的两篇说明文,究竟摘自我的哪一部作品,尚需费心查对。

《在笔尖上发现的海王星》系应《我们爱科学》之约而撰写,发表于该刊1980年4月号。后来,由中国科普创作研究所主选,王国忠、郑延慧、郭以实、盛如梅主编的《少年科普佳作选》(中国少年儿童出版社,1984年)收录了此文。再后来,它被收入陈模、吕敬先主编的《小学生文学丛书》(教育科学出版社),见于该丛书的《中外儿童文学科普佳作选5》(刘滢、陈雪芳、郑延慧编,1993年6月)。文章讲的是脍炙人口的海王星发现史和今日所知的海王星。如今,许多人都对发现海王星的故事耳熟能详，是以不必赘述。

《聋哑青年和"魔星"》，见于上述《小学生文学丛书》之《中外儿童文学科普佳作选6》（刘滢、陈雪芳、郑延慧编，1993年9月）。此文原为《少年科学画报》约稿而撰，见该刊1981年11月号。"魔星"，在天文学中是指英仙座β星，中国古星名"大陵五"。此文的主角荷兰裔英国天文学家约翰·古德里克是一个聋哑人，只活了22岁。他于1782年11月12日夜，看出大陵五逐渐暗了下去，直至其亮度降到原先的1/3时，又重新增亮，乃至复原；继而再度减暗、增亮、减暗、增亮……这位18岁的少年聪明地想到：此星必定有一颗很暗的伴星，两星相掩就像发生日食那样，致使大陵五的亮度发生周期性的变化。天文学家日后证实，这种猜想完全正确。遂将这种类型的变星统称为食变星。古德里克后来又发现了两颗新的变星：仙王座δ和天琴座β。这位聋哑少年的事迹，是极好的励志素材。此前，我还曾为《青年科学家》杂志写过一篇稍长的文章《一颗过早陨落的明星——聋哑青年天文学家约翰·古德里克》，载于《青年科学家》1981年第2期。

《知识、风格和道德——笔谈如何写好科普文章》原载《大自然》杂志1997年第2期，2001年见诸山东教育出版社的《中学生阅读文选·高中一年级用》（本书编写组编）。《胜利属于阿西莫夫》，2001年见诸人民文学出版社《小学生课外精读》（柳斌主编，教育部基础教育课程教材发展中心编）系列的《科学小品》（黎先耀、梁秀荣主编）一书。对于阿西莫夫，前文已有详介，此处不再重复。

挑大梁的老头老太们

后文将会陆续提及不少科普界、出版界的长者，是以有必要对此群体作一插叙。

1978年3月18日，全国科学大会在京召开。郭沫若在会上发表讲话《科学的春天》，体现了"文革"结束后中国知识界的喜悦心情。为落实这次大会的精神，中国科协经时任中共中央政治局委员、国务院副总理方毅同志批准，并得到上海市科协的支持，于1978年5月23日至6月5日在上海市浦江饭店召开了"全国科普创作座谈会"。中国科协副主席、

六、科学小品与语文读本

党组副书记刘述周亲自主持会议。会上发起成立了"中国科学技术普及创作协会(简称中国科普作协)筹委会",由高士其任筹委会顾问,董纯才、王文达、顾均正为召集人,王麦林、叶至善、郑公盾、姚允祥、洪林、章道义、常紫钟、温济泽、谢础为常务委员,王麦林、章道义分别兼任正、副秘书长。

1979年8月,中国科普作协第一次代表大会在京召开。大会一致推举茅以升、高士其为名誉会长,董纯才为理事长,王文达、方宗熙、叶至善、顾均正、贾祖璋、温济泽为副理事长,王麦林为秘书长,章道义为专职常务副秘书长。王天一等33人当选首届常务理事。随后由高士其先生提议,经国务院批准,于1980年成立了中国科普创作研究所(今中国科普研究所),直接隶属中国科协,与中国科普作协合署办公,即所谓的两块牌子,一套人马。

当初,我本人致力于科普为时未久,上述诸多盛事尚无缘亲历。1982年4月,中国科普创作研究所在北戴河召开科普创作研究计划会议。与会者不下百人,我也应邀参加了。容易发现,许多与会科普作家的职业都是编辑,许多资深编辑又是优秀的科普作家。会议气氛热烈,令人鼓舞。我在会上一下子认识了很多新朋友,感到格外高兴。符其珣、郑公盾、王梓坤、章道义、郭正谊、陶世龙、谈祥柏、王国忠、刘后一、赵之、黎先耀、汤寿根、郎景和、林之光、谢础、金涛、张锋等,我闻名已久的许多科普人物,都在这次会上认识了。

非常值得忆及的是,自己在中学时代,读苏联别莱利曼教授的《趣味物理学》、《趣味力学》、《趣味天文学》、《趣味几何学》等名著读得着了迷,其中《趣味物理学》等几部书的译者就是符其珣先生。我很佩服他的译笔,也佩服他的严谨和勤奋,还有《少年电机工程师》、伊林的《自动工厂》等书也都是符老翻译的。符老长我25岁,在北戴河给我留下了极深的印象:和蔼、谦逊、开朗、坦诚、幽默、机智……会间观光,他还在路旁掏钱骑在马上照相。只可惜后来再也无缘面聆符老教诲。当我获悉他于1987年69岁去世时,顿觉悲伤莫名。

北戴河会议上,也有一些老熟人,如李元、吴伯泽、郑延慧等,大家自然相聚甚欢。会上不少专题发言都很精彩,如王梓坤介绍创作《科学发现纵横谈》的动机和艰苦经历,谈祥柏介绍多年来研究马丁·加德纳的历程等。我在会上的发言,后来整理成文,在《评论与研究》第1期上刊出,题为《我为什么要研究阿西莫夫》。一些与会者提出了很好的研究课题或创作选题,如高庄先生的研究课题"竺可桢与科学普及"等。

也就在这一年,我加入了中国科普作协,有了更多的机会向前辈作家学习,与志同道合者切磋。我觉得,自己在科普创作的道路上又跨出了新的一步。

光阴如白驹之过隙,转眼间已是2003年。"新世纪科普创新研讨会——纪念全国科普创作座谈会在沪举行25周年"在上海召开。1978年浦江饭店座谈会的许多亲历者欢聚一堂,场面很令人感动。事后,我有感而发,写出《挑大梁的老头老太们》一文,刊登在2004年9月号的《科普创作通讯》上,兹稍事修订转录如下:

> 走近"新世纪科普创新研讨会——纪念全国科普创作座谈会在沪举行25周年"会场,如果只闻其声而未谋其面,那么你很可能以为与会者都是一批年轻人。他们的科普理想是那样地高远执著,他们的话语是那样地清新激越,他们的笑声是那样地豪放爽朗……
>
> 多少年来为我国科普事业挑大梁的这些老头老太,他们曾经是那么的年轻,今天他们的那颗科普心也依然很年轻。他们绝大多数是1978年在上海浦江饭店召开的全国科普创作座谈会的代表,他们是我在科普战线上十分尊敬、也非常熟悉的前辈、老师和学长。
>
> 例如,此番最年长的与会者周孟璞先生生于1923年,现已年逾八旬。老当益壮、与时俱进是其科普创作的重要特点。当初1957年世界上第一颗人造卫星上天,他随即就出版了科普读物《人造地球卫星》;35年后,1992年1月美国《时代周刊》将有关"巴基球"的报道评为1991年"世界最佳科学新闻",4月份周老就发表了出色的科学小品"巴基球自述"。
>
> 生于1925年的李元先生,20岁时已经是天文普及的活跃分子,1953年在紫金山天文台为毛主席讲解中国古代天文仪器,1954年参与创建北京天文馆时才29岁。1998年,国际天文学联合会将第6741号、6742号小行星分别命名为"李元星"和"卞德培星",《人民日报》说,"他们之所以能够得到如此殊荣,是因为他们在科普事业上作出了卓越的贡献"。

六、科学小品与语文读本

曹燕芳、林仁华、黎先耀、王国忠、赵之、郑延慧……20世纪20年代出生的与会者不在少数,30年代出生的就更多了。现任中国科普作协首席顾问的章道义先生,出生于1930年,20岁大学毕业就分配到文化部科学普及局工作,后来职务迭经变迁,但万变不离其宗——始终在科普战线的最前沿。1955年,章先生25岁已荣获全国科普协会授予的先进工作者称号。他主持编创的《科普创作概论》和《科普编辑概论》,至今仍为科普工作者们所必读。谈祥柏先生也是1930年出生,20世纪40年代后期开始科普创作时还不到20岁,如今已有科普文章3000多篇,著译40余部。曾任上海市科普作协理事长的陈念贻先生,1931年出生,1947年才16岁,已经在《科学画报》上发表科普文章。詹以勤、文有仁、汤寿根、饶忠华、庄似旭……都是30年代初出生的科普健将。

现任中国科普作家协会理事长的张景中院士生于1936年,论年龄在与会者中只能算是"小弟弟"们的排头兵了。而金涛、杨秉辉、林之光……这些在社会公众中很有影响的科普名家,也都在"小弟弟"之列。

我本人比"小弟弟"们还要小几岁。1978年时,我步入科普创作不过三四年,还是一名新兵,未能参加当时的浦江饭店会议。今天,我有幸参加这次"新世纪科普创新研讨会",年龄恰好是整60岁。在会上,我和大家一样,既有旧友重聚、酒逢知己的喜悦,也深深怀念走完一生科普路的符其珣、卞德培、刘后一……一些期待中的朋友未在会上露面固然不免令人遗憾,而当曾以各种不同体裁创作过大量科普作品的叶永烈先生步入会场时,久违的科普老友纷纷上前与他握手的情景则很使我感动,我很盼望叶先生能为科学和文学两界的沟通、联姻更多地作出贡献。

科普之树常青,科普永不言老,科普界的老头老太们还是那么热情,那么活跃,那么可爱。同时,他们每个人又都在思索:长江后浪推前浪,科普的接力棒要一代一代往下传,大梁还得由年轻人来挑。那么,科普的大梁应该由什么样的年轻人来挑呢?

我以为,简而言之就是八个字:"品学兼优、德艺双馨"。我多么希望来日挑科普大梁者,能够真正做到这八个字啊!

（右起）胡亚东、金涛、卞毓麟和林之光在"新世纪科普创新研讨会——纪念全国科普创作座谈会在沪举行25周年"上（2003年10月13日）

《天文学和人类》

20世纪90年代初，广西科学技术出版社推出了颇具规模的《少年科学文库》，其顾问阵容强大得令人吃惊：严济慈、周培源、卢嘉锡、钱三强、周光召、贝时璋、吴阶平、钱伟长、钱临照、王大珩、金善宝、刘东生、王绶琯。总主编6人为：王梓坤、林自新、王国忠、郭正谊、朱志尧、陈恂清。《文库》有一个子系列，即《新编十万个为什么》——常被简称为《新十万》，主编是王国忠和郑延慧。

王国忠先生1927年出生，1954年在上海进入少年儿童出版社，任编辑室主任、副总编辑；1978年到上海科学技术出版社，任社长、总编辑；1983年出任上海市出版局局长，1986年10月任上海市文史研究馆馆长，2010年因病逝世。生前曾任上海市科普创作协会副理事长，主要致力于少儿科普编辑、创作和理论研究。郑延慧从上海奉调赴京前，曾在少年儿童出版社与王国忠共事。在后来的几十年中，他们和其他志同道合者一起，创作、编著了大量少儿科普读物，具有非常广泛的社会影响。

六、科学小品与语文读本

王国忠先生为《新编十万个为什么》写的《迎接21世纪的科技挑战(代前言)》一文中说道,20世纪60年代初他在少年儿童出版社致力于编辑、出版《十万个为什么》,就是想为少年读者提供一套包罗各种知识的课外读物。30年来,这套书生命力始终旺盛,书店里常备而畅销。如今,高新科技迅猛发展,唤起了少年朋友获取最新科学知识、跟踪高新技术发展、迎接21世纪科技挑战的兴趣和愿望。《新编十万个为什么》就是在这样的背景下出台的。它的"新",首先表现在分卷的设置上有新的领域,20个分卷中半数以上属于当代新科学新技术领域。"新"还体现在题材新(新进展、新探索、新发现、新发明),体现90年代科技发展的前沿水平;观点新,博采众长、不搞学术探讨上的"一边倒",留给读者以思考和探索的余地;角度新,对于基础和经典的科学内容,尽力从新的角度提出问题和回答问题,避免"炒冷饭"。力求在总体和具体两个方面都给社会和读者以新的感觉、新的面貌。

我以为,这样的编辑方针是很可取的。因此当王、郑二位主编邀请我担任《天文卷》主编时,便欣然应允了。1991年12月,《新编十万个为什么》见书后,二位主编表扬我写的《分卷主编的话》"有文采",只怕是过奖了。其全文如下:

  我爱繁星满天的夜晚,
  散射着光芒的火花。
  遥远的、闪烁着的星光,
  我忘不了这片生命的云霞。

  不知怎地,我从童年就爱上
  渐渐隐没在天顶的银河,
  爱上深夜高空中逃遁着的、
  正在熄灭的流星余痕。

  轻轻的声音随微风飘去,
  紧跟着是寂静的到来。
  我热恋着的星星的名字,
  不由得清楚地浮现在我的脑海。

这些诗句摘引自著名苏联天文学家伏隆佐夫—维利亚米诺夫的诗篇《星座的名字在我心中》。是啊，不知有多少人，从童年就爱上了满天的星星，或者说爱上了繁星密布的天穹。我相信，这些人中一定也包括了你。

研究星星和宇宙的科学是天文学。这本《天文卷》探讨的就是天文学中形形色色的"为什么"。请看：

为什么人类离不了天文学？
为什么要把望远镜送上天？
为什么必须保护好北京古观象台？
为什么要预报太阳上的"天气"？
为什么要到一片荒凉的月球上去？
为什么天上也有了北京、上海、台湾？
为什么天文学家能量出星星的"体温"？
为什么天上的银河会转向？
为什么说我们的宇宙正在膨胀？
为什么要寻找其他天体上的生命……

你可以通过这些问题了解天文学中一些最重要的概念，了解天文望远镜的昨天、今天和明天，了解天文学历史上许多动人的故事，了解太阳及其一家——太阳系的内幕，了解绚丽多彩的恒星世界，了解银河系和它的兄弟姐妹河外星系，了解整个宇宙的运动和演变，了解天文学中众多的新发现。

《天文卷》一共选列了115个问题，分别由中国科学院上海天文台赵君亮研究员、中国科学院紫金山天文台刘炎副研究员、北京师范学院马星垣副教授、中央民族学院张元东教授、中国科学院北京天文台傅德濂副研究员、北京天文馆温学诗、朱晔华、陈丹三位编辑以及我本人作答。

人生的少年犹如旭日初升。少年朋友们，在结束这篇短序的时候，我衷心祝愿你们能愉快地阅读这本书，并希望听到你们对它的宝贵意见。最后，我愿引用法国诗人波德勒尔的诗句，来表达盼望你们爱惜时间、努力求知的感情。

你看早晨的太阳多么美丽，

六、科学小品与语文读本

正沿着山岗缓缓升起。

请珍惜这美好的一天吧,

它从无限的光辉中向你致意。

《新十万·天文卷》开宗明义第一篇,是我写的《为什么人类离不了天文学》。后来屡经修订,题名易为《天文学和人类》,收入《宇宙风采》一书。2000年此文见于人民教育出版社的九年义务教育三、四年制初级中学语文自读课本(试用修订本)第二册《欣赏生命》(人民教育出版社中学语文室编),2006年又见诸山东教育出版社的中学生阅读书系《新课程初中语文读本(七年级下册)》(杨秀云主编),全文为——

  上古的游牧民族在辽阔的草原上放牧、迁徙,那时既没有地图又没有指南针,他们怎样辨别方向呢?靠的是观察天空中的星星。上古的农业民族从事耕作,他们怎样确定播种和收获的季节和时令?靠的是观察群星出没时间的变化。古代的渔民和水手在汪洋大海中前进,他们怎样为自己导航?靠的是辨认星空。他们又怎样知道潮水涨落的时间?靠的是观察月亮的盈亏圆缺……于是,大约在6000年前,天文学就悄然萌芽、诞生了。它是自然科学中最古老的学科之一,也是人类文明进步的象征。

  天文学是一门基础科学,它使人们了解自然、认识宇宙。天文学中提出的各种问题,促进了其他许多学科的发展。例如,行星为什么环绕太阳旋转,它们为什么既不会掉到太阳上,又不会跑到别的地方去?三百多年前,伟大的英国科学家牛顿对这些问题进行深入的研究,发现了著名的万有引力定律,并且建立了他的整个力学体系。如今,交通、建筑、水利、采矿、军事、科研,什么地方离得了力学计算呢?

  又如,天文学和数学也总是形影不离。数学中最基本的概念"角度",首先就是在上古的天文观测中渐渐形成的。随着天文学的发展,它所需要的数学也越来越深奥,越来越复杂,这样就促进了数学的发展。请看,历史上一些最著名的科学家,如祖冲之、郭守敬、牛顿、高斯、拉普拉斯等,不就既是数学家又是天文学家吗?

  天文学研究宇宙中的一切天体,它们的种类形形色色,它们的情况变化万千。例如,有的天体温度高达几千万度,有的密度比水银还高 10 万亿倍，有的磁场强得惊人，有的还会发生规模极大的爆发……这些特殊的环境和条件，在地球上的实验室里都无法实现，所以宇宙间的各种天体和宇宙空间本身，仿佛为人类提供了一个无与伦比的实验室。大自然本身在这个"宇宙实验室"里演示着种种实验——各种自然现象，它们给人类以巨大的启示，使人类懂得了物质在各种极特殊的条件下运动变化的规律。

例如，在 20 世纪 30 年代，天文学家懂得了在恒星内部上千万度的高温下，进行着氢原子核聚变为氦原子核的"热核反应"，它是太阳和其他恒星的能量来源，是太阳千百年来不断发光发热却依然那么明亮的原因。这使人们想到，热核反应能不能在地球上用人工方法实现？如果能做到这一点，那么人类就再也不用为缺乏能源而发愁了。后来，人们果真在地球上实现了氢的热核反应——造出了威力空前的氢弹。但是，氢弹的破坏力只能在世间造成灾难，而不会给人类带来幸福。那么，能不能利用威力巨大的热核反应为和平与建设服务，为人类创造更美好的未来呢？是的，科学家们还在研究这个难题：怎样控制热核反应，使它产生的能量按人们的要求徐徐释放出来，而不是像氢弹那样猝然爆发。这就是人们平时常说的"受控热核反应"。

在现代社会的各个方面，天文学有着非常广泛的应用。例如，提供准确的时间、编制年历和星表，都是天文学的重要任务，人们的日常生活、工农业生产、大地测量、军事活动、航天飞行等都少不了它。又如，太阳上的激烈活动会引起地球磁场和电离层的变化，甚至会使短波无线电通讯中断；太阳活动时还会发出大量的高能粒子和 X 射线，这对宇宙飞船和人造卫星上的宇航员和仪器设备都是很大的威胁。从这些方面来看，天文学家提供的太阳活动预报所起的作用，并不亚于地球上的天气预报。再如，发射人造卫星和宇宙飞船的费用十分昂贵，为了做到以最小的代价取得最多最重要的资料，就得用天文学的方法精心设计它们的轨道……天文学的知识是那么引人入胜，天文学的用途又是那么广泛，难怪人们常说，谁要是对现代天文学一无所知，他就不能算接受了完满的教育。

抚今思昔，回顾几千年来天文学的发展，我们可以看到，起初

六、科学小品与语文读本

人们认识宇宙的进程相当缓慢。直到16世纪，哥白尼确立了日心学说，人们才正确地认识到地球并不在宇宙的中心，而是环绕太阳运行的一颗行星。17世纪初，伽利略发明了天文望远镜，人们的目光才开始投向更加遥远的太空深处。

从那以后，天文学发展的速度就越来越快了。到了19世纪末，人们已经发现8颗大行星和许许多多的小行星，并且掌握了天体运动的力学规律。人们已经测量出一些恒星的距离，查明了离太阳最近的恒星也远在好几光年以外。人们弄清了太阳只不过是恒星世界中的普通一员，它也像其他恒星一样，在银河系中不停地运动着。人们还建造了越来越大的天文望远镜，用它们发现了许多新天象和新天体，同时也提出了许多既重要又有趣的新问题：月球究竟是怎样诞生的？火星上究竟有没有生命？旋涡星云究竟是什么东西？……

20世纪的天文学家不但很好地回答了这些问题，而且作出了一系列意义更加重大的发现。请看这些激动人心的例子吧。

人们造出了口径巨达10米的光学天文望远镜。它们配上极灵敏的接收器，足以探测到像几万千米以外的一支小蜡烛那么微弱的光。它们使人类的目光触及到了100亿光年以外的遥远天体。

人们发现无数的河外星系正在以巨大的速度四散远离，发现我们的宇宙正处在一种宏伟的整体膨胀之中。这使人类懂得了不仅每个天体都在运动变化，而且就连整个宇宙本身也不是静止不变的。

人们弄清了恒星的能源是热核聚变反应，弄清了恒星是怎样演化的。因此，天文学家可以娓娓动听地讲述一个长长的故事，告诉你一颗恒星怎样诞生和成长，又怎样衰老、直至走向死亡。

人们发明了射电望远镜，开创了射电天文学。从此，天文学家除了原来那只"光学眼睛"外，又增添了一只新的"射电眼睛"，它专门负责观测来自宇宙和天体的无线电波。人们用这只"射电眼睛"发现了太阳的射电辐射，探明了银河系的旋臂结构，发现了类星体、脉冲星、星际有机分子、宇宙微波背景辐射……

人们突破了地球大气层的封锁和包围，把望远镜送上了天——不仅是光学望远镜，而且还有红外望远镜、紫外望远镜、X射线望远镜以及γ射线望远镜。它们摆脱了大气层的干扰，使人类看到的

在这幅哈勃超深场图像中,包含着成千上万个河外星系。每个河外星系都同我们所处的银河系类似,拥有成百上千亿颗恒星。许多恒星的周围各有多寡不等的行星绕之转动。有些行星上可能存在着生命甚至高等的智慧生命,我们不妨称它们为"外星人"。也许它们此刻正在利用非常先进的技术和方法,探索无尽的宇宙奥秘

宇宙更加清晰、深入和全面。

人类破天荒第一次派出自己的使者——6 批 12 名宇航员,踏上了地球以外的另一个星球——月亮。无人驾驶的宇宙飞船访遍了太阳系各大行星和它们的许多卫星。从此天文学就不只是单纯进行远距离的观测了,它随着空间时代的来临,迈入了近距离探测、甚至实地考察的新阶段。

如今,20 世纪已近尾声,新的世纪即将来临。天文学家们正在建造更加先进的天文望远镜,正在计划重返月球,建造空间城,实现载

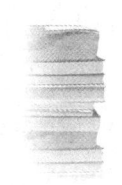

六、科学小品与语文读本

人火星飞行,派遣更多的宇宙飞船更彻底地考察太阳系,并且正在更仔细地监测可能由其他星球上的智慧生物发来的微波信号……

20世纪的天文学取得了极其辉煌的胜利。可以预期,21世纪的天文学家——其中很可能就包括了你——必将会作出远比今天更加伟大的贡献!

七、为科普摇旗呐喊

亚太天文教育讨论会

科学工作者、教育工作者和出版工作者,对于科学之普及与传播,必有种种相通的理念和思考。这里说的教育,当既包含中小学教育,也包含高等教育。

1992年10月末,"亚太地区天文教育讨论会"在京举行。我在会上报告时,是这样开头的:

> 法国政治家克雷孟梭有一句名言:"战争太重要了,不能单由军人去决定。"
>
> 美国科普作家阿西莫夫仿此句型,引出了又一名言:"科学太重要了,不能单由科学家来操劳。"他的意思是说,全社会、全人类都必须切实地关心科学事业。
>
> 作为一名科学普及事业的热心人,我想这样说:"科学普及太重要了,不能单由科普作家来担当。"

我在那天上午是最后一个报告。报告三次被掌声打断,结束后大家共进午餐,这时会议主持人日本天文学家矶部琇三对我说:"您的报告非常精彩,虽然超时了,但我不忍心打断您,不过今后还是请掌握好时间。"他回日本后,寄来好些他的科普著作,作为我送给他的作品的回赠。

我在这次讨论会上的报告,后应《科学》杂志之邀,整理成一份提纲

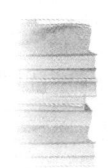

式的随记,径以《科学普及太重要了,不能单由科普作家来担当》(以下简称《科学普及太重要了》)为题,作为"特稿"于1993年3月在《科学》第45卷第2期刊出,见下节。

科学普及太重要了

此文分4个部分:"小引"、"科学普及之功能"、"天文学之普及"和"小结"。"小引"很短,排比前述克雷孟梭、阿西莫夫以及我本人所说的那几句"太重要了"和"不能单由",兼说本文之由来。"科学普及之功能"这部分转录如下:

科学普及之功能,概而言之有四,即:培养人才;促进科学自身之发展;建设精神文明;建设物质文明。前人对此时有论述,这里算是作些补充。

(1)培养人才

——英国《自然》杂志在阿西莫夫去世后,刊登了美国著名天文学家兼科普作家萨根(Carl Sagan)撰写的讣文。其中有两段话分外耐人寻味,谨译录于此。其一曰:

我们永远也无法知晓,究竟有多少第一线的科学家由于读了阿西莫夫的某一本书、某一篇文章,或某一个小故事而触发了灵感——也无法知晓有多少普通的公民因为同样的原因而对科学事业寄予同情。人工智能的先驱者之一M·明斯基最初就是为阿西莫夫的机器人故事所触动而深入其道的……

其二是在讣文结尾处,先提及阿西莫夫在最后的日子里曾请人们"别为我担心",然后萨根发自内心地说:

我并不为他担心,而是为我们其余的人担心,我们身边再也没有艾萨克·阿西莫夫来激励年轻人奋发学习和投身科学了。

——人们乐于把科普喻为"第二课堂",这是很中肯的。谁也不会对课堂的重要性一无所知,那么第二课堂又如何呢?

(2)促进科学自身的发展

普及与提高的关系犹如一座金字塔,塔基愈宽则塔身愈高。对此牛顿(Isaac Newton,1642—1727)在1676年致胡克(Robert

Hooke，1635—1703)的一封信中作了精辟的表达：

如果我比别人看得远些，那是因为我站在巨人们的肩上。

问题是：巨人们从何而来呢？

归根到底，他们也是从社会公众中培育、涌现出来，而决非凭空诞生的。

(3)建设精神文明

这里，特别值得强调的是与伪科学和迷信作斗争、与无知和盲从作斗争。这类反科学的货色，近几十年来在世界上的许多国家均时有泛滥，近年来在我国也有相当的市场。自不待言，针对这种情况，科学界（包括科普界）理所当然应有所作为。的确，我们也已经看到不少卓有成效的努力。

——美国的一批有识之士于1976年成立了"超自然见解科学调查委员会"(The Committee for the Scientific Investigation of Claims of the Paranormal，常简称CSICOP)，旨在对超越科学可知性范围的种种说教作出评价。该委员会中许多知名学者编写的《科学和超自然说》(1981年)一书，首次对一系列所谓的超自然现象作了详尽的科学分析，并被美国科学促进会列为重点推荐书。下面我们摘引CSICOP的发起人之一、该会主席、纽约州立大学哲学教授库尔茨(Paul Kurtz)在该书前言中写的几段话，以对美国科学家如何行动作一管窥：

近年来，种种荒诞的信仰在社会上迅速流传，致使严肃的观察家无不深感惊讶。

对此，科学家们应该作何反应？迄今为止，许多科学家持不屑一顾的态度……幸好，也有许多科学家认识到有责任超越自己的专业范围，运用科学的方法去仔细考察超自然现象，从而为启发和教育社会公众作出贡献。

本书的作者们久享盛名，极有资格对许多有争议的超自然见解进行评述。

加德纳(Martin Gardner)多年来花费了许多时间专门考察灵学，希曼(Ray Hyman)和兰迪(James Randi)亦是如此；著名天文学家阿贝尔(George Abell)结识了一些占星术士，和他们一起工作，就他

七、为科普摇旗呐喊

们的见解进行讨论;克拉斯(Philip Klass)是研究飞碟的权威之一,他深入现场,检验过所谓的"目击";库什(Larry Kusche)仔细地分析过关于百慕大三角的资料。

这些学者在书中不存偏见地分析那些鼓吹超自然说的理论,指出它们的欠缺。笔者认为,该书非常值得一读。

——中国科普研究所在过去几年内也作出很大努力,办了许多实事,其中也包括组织翻译了上述《科学和超自然说》一书(书名易为《科学与怪异》,上海科学技术出版社,1989年9月第1版)。《科学》杂志倘另发专稿,当可为科坛再添一段佳话。

(4) 建设物质文明

科学知识之普及对于发展生产、繁荣经济、提高生活水平等诸方面的重要性,而今几已不言自明——虽然人们对于基础科学的重要性往往还是认识不足。

顺便一提,《科学与怪异》一书中,有两篇长文由我执译。其一为卡尔·萨根那篇2万余字的《〈碰撞中的世界〉析》,其二为弗兰克·D·德雷克所撰逾万言的《宇宙中的智慧生命》。德雷克是美国著名天文学家,1930年生于芝加哥,1952年毕业于康奈尔大学,1958年在哈佛大学获博士学位并进入美国国家射电天文台。1964年回康奈尔大学就职,1971年成为国家天文学和电离层中心首位主持人,位于波多黎各阿雷西博天文台的口径305米的世上最大射电望远镜即由该中心负责运行。德雷克尤为世人所知的事迹,是对搜索地外智慧生命所做的开创性尝试——始于1960年的"奥兹玛计划"。

现在回到《科学普及太重要了》的第三部分"天文学之普及",如下。

现代科学这个庞大体系的每一分支,就其研究与普及而言,皆既有共性,又都有个性。作为整个科学的一个组成部分,天文普及当然亦具备上述科学普及之全部功能;天文普及之特色则取决于天文学本身的性质。兹举要如次。

(1) 天文学是最古老的科学

千百年来,天文学受到许多国家政府和百姓的关注——不论隶属于何种文化,出于何种动机,在何种意义、何种层次、何种程度上,总之它已被自觉或不自觉地关注了几千年。因此,天文学既有普及的根基,又有正确普及的需要。

——例如,在中国从大约3000年前起便有"御前天文学家",在某种意义上这已相当于近世欧洲的"皇家天文学家"。

——另一方面,占星术乃是天文学的一个遭到严重歪曲的影子。它曾经、以及依然在世界上广泛地流传——甚至在那些高度发达的国家中也不例外。天文工作者应该责无旁贷地让人们看清,那个迭遭歪曲的影子(占星术)的未遭歪曲的原型(天文学)究竟是什么样子。毕竟,为人类文明作出卓越贡献的乃是天文学,而不是占星术。

(2)现代天文学是一门大科学

简而言之,大科学乃是一种其研究成果对人类影响极大的科学事业,它需要当代技术所能提供的最高精度和最大规模作为支柱,需要巨额资金和严密的管理系统,而个人是决难单枪匹马地左右其全局的。关于天文学的重要性自可另作专论,此处仅从大科学的角度略谈一二。

——美国知名天体物理学家冈恩(James Gunn)曾经说过:

第谷(Tycho Brahe,1546—1601)的努力已经可以用上大科学这个词儿了。没有丹麦国王给予的皇室资助,以及更根本地,没有汶岛上为数可观的人口所提供的整个经济产值,第谷就干不了他所做的一切。……对于越来越大的望远镜的需求,很快就使观测天文学在得不到政府或巨富们的资助的情况下无法实施。对于那些哀叹当今的天文研究必须依赖于政府支持的人来说,想想这个问题的历史将会有所裨益……

我赞成冈恩的观点。科学工作者不应哀叹,而是应该去做我们应做的事情,那就是下面的"四部曲":

首先是广泛地在社会公众(包括政府要员与亿万富翁们)中传播科学知识;然后是争取人们的同情;再就是在道义上和舆论上取得人们的支持;最后是收集到足够的经费用于你的科学事业。

如果不在普及科学上下大功夫,我们怎能达到自己的目的,实现自己的目标呢?

普及和传播你所从事的研究工作,决非可有可无的小事一桩;它关乎社会文明,国家昌盛,世界进步。何以为之,请学人们三思。

（3）天文普及之可行性

——任何科学知识均可在某种程度上普及，天文学也不例外。我很欣赏阿西莫夫的下述议论："现代科学不必对非科学家神秘莫测，只要科学家担负起交流的责任——对自己干的那一行尽可能简明并尽可能多地加以解释，而非科学家也乐于洗耳恭听，那么两者之间的鸿沟便有可能消除。要能满意地欣赏一门科学的进展，并不非得对科学有彻底的了解。归根到底，没有人认为，要欣赏莎士比亚，自己就必须能写出一部伟大的文学作品。要欣赏贝多芬的交响乐，也并不要求听者能作出一部同等的交响曲。同样地，要欣赏或享受科学的成就，也不一定非得躬身于创造性的科学活动。"

——历史的经验：成功的普及专家

历史上有许多成功的普及家，他们不是因为作出某项具体的科学发现而名垂青史，而是因出色地传播科学著称于世。这里仅略举数例。

丰特奈尔（Bernard le Bovier de Fontenelle，1657—1757）是一位科学寿星。他于1691年被选进法国科学院，1697年成为法国科学院常务秘书。他不断撰文向普通公众介绍当时取得的各种重大科学进展；每当著名科学家逝世，总是由他撰写讣告。他的知识面极广，1686年出版的《关于世界之众多性的对话》尤为世人称道。该书向兴趣浓厚并且富有智慧的普通读者介绍新生的望远镜天文学，详细描述当时所知的每颗行星，并推测这些行星上可能存在的生命形式。时至今日，人们在谈论地外文明问题时，还经常提到丰特奈尔的这本书。人们认为，他也许可算是全凭科普活动而在科学界闻名的第一人。

在现代，美国的阿西莫夫和英国的穆尔（Patrick Moore）在天文普及方面也都极其成功。几十年来，穆尔每月在英国电视屏幕上出现一次，讲述一项天文专题知识，他的语言和演说风格均极具感染力，在英国可说几乎无人不知穆尔的大名。穆尔出版的书，总数虽不及阿西莫夫，但天文著作则比阿西莫夫写的天文书更多。

在中国自清季以降，尤其是近几十年内也颇有一些天文普及行家作出诸多贡献；倘有专文论述，自可激励后人。

——历史的经验：成功的专家普及

著名的天文学家且为著名的普及专家，历史上亦不乏其人。此处也只能略举几例。

18世纪的法国天文学家拉朗德（Joseph Jérôme Le Français de Lalande，1732—1807）曾任巴黎天文台台长，他的大部分时间用于编纂一份庞大的星表，其中编号为21185的那颗星后来查明乃是离太阳最近的少数几颗恒星之一。他在普及天文方面的惊人之举是撰写了狄德罗（Denis Diderot，1713—1784）百科全书中的全部天文学条目。

19世纪的法国天文学家弗拉马里翁（Nicolas Camille Flammarion，1842—1925）11岁起即自行开始天文观测和气象观测。16岁时，一位给他治病的医生偶然发现了他的一包长达500页的手稿《宇宙的演化》。这位医生读后大受感动，遂将他推荐给巴黎天文台。弗拉马里翁的专业天文学生涯即发轫于此。他是法国天文学会创始人，并任首任会长。他曾在法国许多城市和几个欧洲国家的首都广作天文演讲，其使听众入迷的魔力堪与英国小说家狄更斯（Charles Dickens，1812—1870）媲美。他的《大众天文学》一书被译成世界上十多种文字（包括中文）。该书在19世纪的同类著述中可谓无出其右，时至今日也依然令人赞叹不已。弗拉马里翁的座右铭是："科学知识应该通俗化而不应该庸俗化"。他本人正是一位地地道道的身体力行者。

《大众天文学》的作者法国天文学家弗拉马里翁

七、为科普摇旗呐喊

英国天文学家金斯(James Hopwood Jeans,1877—1946)在现代天文学史上有非常高的知名度,与此相得益彰的是他的天文普及读物,其中最受欢迎的便是众所周知的《我们周围的宇宙》(1929年)和《穿越空间和时间》(1934年)。

另一位英国天文学家爱丁顿(Arthur Stanley Eddington,1882—1944)是最早认识到爱因斯坦(Albert Einstein,1879—1955)相对论之重要性的少数科学家之一。他于1914年成为剑桥天文台台长。爱丁顿对天文学的最大贡献是建立恒星内部结构理论。他是20世纪二三十年代最重要的通俗天文作家之一,作品尤以《膨胀的宇宙》(1933年)最为著名。当时膨胀宇宙的观念尚提出不久,因而该书的影响尤为巨大。

与金斯和爱丁顿同时代的美国天文学家罗素(Henry Norris Russell,1877—1957)长期任普林斯顿大学天文台台长,一生在天文学的许多分支各有建树,其中尤以创制表示恒星光谱型与光度关系的图最为著称。这类图后来以两位发明者——丹麦天文学家赫茨普龙(Ejnar Hertzsprung,1873—1967)以及罗素——的姓氏命名为"赫罗图",它无疑是天文学史乃至整个科学史上最重要的图件之一。罗素热心天文普及工作,自1900年起每月为《科学美国人》杂志撰文一篇,至1943年一共写了500篇,内容几乎涉及天文学的所有方面。

伽莫夫(George Gamow,1904—1968)在俄国出生,1928年在列宁格勒大学获博士学位,1934年在美国定居。他率先详细阐述大爆炸宇宙论,并且在生物化学中第一个提出遗传密码由一组核苷酸构成。伽莫夫作为一流科普作家的声望,与其作为一流科学家的声望堪称伯仲。他的科普事业始于1939年出版《汤普金斯先生漫游奇境记》。此后他又写了二十来本质量极佳的通俗科学读物,在世界上广得青睐。中译本已有《物理学发展史》、《物理世界奇遇记》、《从一到无穷大》、《原子能与人类生活》、《伽莫夫自传》等。在这些书中,他对宇宙学、量子力学、相对论、集合的势等艰深科学内容的介绍皆精彩至极,妙不可言。

上文提到的美国学者萨根生于1934年,作为一名专业天文学家,他在行星科学方面有很深的造诣;作为一名科普作家,他不仅写出几十部通俗读物，而且还创作了著名的13集电视系列片《宇宙》，后者已在世界上约70个国家播出。我国中央电视台亦已于80年代中期译出，然至今未播，天文界和科普界诸多同仁颇以为憾。

英国物理学家、天文学家霍金（Stephen William Hawking）生于1942年，多年前患上了肌萎性脊髓侧索硬化症，导致全身瘫痪，连动一动都很困难。这种不治之症最终将会把人一点一点地"耗干"。尽管如此，霍金出类拔萃的大脑和坚强不屈的精神，却使他不断地取得惊人的科研成果，例如关于黑洞量子效应和黑洞热力学的开创性工作。他的通俗读物《时间简史》（1988年）在英美名列畅销书榜首达数十个星期之久。从中学生到古稀老人，从普通读者到物理学家，都能基于各自的知识背景和爱好，享受阅读此书的乐趣。

我国天文学界素有良好的普及传统。已故老一辈天文学家李珩（1898—1989）、陈遵妫（1901—1991）、张钰哲（1902—1986）、戴文赛（1911—1979）等人皆为天文科普倾注了大量心血。后来者自当加倍努力，以发扬光大先人遗志，为具有悠久历史之中华民族天文事业、为世界科学之进步作出更大的贡献。

全文之"小结"表达了这样的心愿：

有位前贤说过："科学必须走出学府传遍全国，犹如那生命之水从山上涓涓流下，浇灌山谷。"今天，我们应该思索的问题依然是：这种生命之水的源泉何在？它为何而来？又往何处而去？

谚云："不能如愿而行，亦须尽力而为。"愿以此与科学界同仁，尤其是与忙于研究、教学或开发而尚"无暇"顾及科学普及工作的专家、学者们共勉。

《科学普及太重要了》一文发表后获得了热烈反响，并为《现代物理知识》（1994年11月号）、《中学历史教学参考》（1994年11月号）、《科坛文明天地》（1995年2月号）、《天文爱好者》（1995年3月号，标题易为《科学普及太重要了，必须由全社会共同参与》）等刊物次第转载。同时，《科技日报》于1995年1月8日发表记者孙伟林的文章《科学普及太重要了——天文学家、科普作家卞毓麟访谈》，而此文随即又为1995年3月号的《科普创作通讯》所转载。

七、为科普摇旗呐喊

公众理解科学

在整个20世纪90年代中,我参与过多次这类活动。例如,1995年9月8日至11日,在北京天文台兴隆观测站举行"全国第一届高校天文选修课研讨会"。这次会议由中国天文学会、北京天文学会、中国科学院北京天文台以及北京天文馆联合主办,来自全国13个省、直辖市的20多所高校以及天文研究和天文教育单位的50多名代表参加,极受人们尊敬的老一辈科学家何泽慧院士出席大会。会上共安排4个特邀报告:北京天文台台长李启斌介绍《国外天文投资和重大天文设备》、北京师范大学李宗伟教授谈《面向21世纪发展我国天文教育》、国际天文学联合会教育委员会主席约翰·R·珀西(John R. Percy)书面报告《天文教育:国际概貌》,还有我讲的《从"公众理解科学"到天文选修课》。

不久,1995年10月16日至18日,由中国科协主办在北京中苑宾馆召开了"'95公众理解科学国际会议",这是中国首次举办科学技术普及方面的国际会议,我从筹备阶段即已介入。与会的有来自美国、英国、日本、法国、墨西哥、南非、菲律宾、荷兰、挪威等14个国家的102名代表。大会聘请美国芝加哥科学院副院长、公众理解科学国际比较协调委员会负责人米勒教授为国外特邀顾问。大会学术委员会成员有李象益、张开逊、林之光、葛霆等,我本人也是其中的一员。中国科协书记处书记张玉台在大会上致开幕词。我的大会报告题为《公众理解科学和中国的天文普及》,报告中我出示了素来很有独创性的闵乃世先生创作的《天文七巧》——一系列天文纸模型,以至于我报告刚结束,一位菲律宾女士竟立即走到我跟前问:"我能不能买下你这些模型?"

接着,1995年11月8日至10日,中国天文学会第八次全国会员代表大会在中国近代天文学的发祥地南京召开。大会报告中,王绶琯先生的《简介LAMOST——一种新型天文望远镜》、艾国祥先生的《空间天文与空间太阳望远镜》和我的《"公众理解科学"与天文普及》,后来都收入了正式出版的会议论文集。

"公众理解科学"是国际上用以表示社会公众对于科学的理解和态度的通用术语,英语为Public Understanding of Science,其侧重点与我们常说的"科普"稍有不同。"公众理解科学"的行为主体是"公众";"科普"的行为主体则是科学素养较高的人员。简单说来,"公众理解科学"主要包含以下几个方面:

第一,公众对科学技术的兴趣和需求。例如,公众获得科技信息的途径,对科技信息的需求程度,对科学技术的兴趣程度,对科技信息的消费状况,对科技信息的了解程度等;

第二,公众的科学素养。例如,对科学术语的理解,对科学方法的理解,对科学过程的理解,对科学知识的理解等;

第三,公众对科学技术的态度。例如,公众对科学技术的普遍态度,对科学技术之社会影响的看法,对科学技术所抱的期望,对一些科学研究领域的看法,对一些特殊科技政策的态度,对科学家的了解与态度,对本国科技发展的态度等。

当时我国天文界多数同行对"公众理解科学"在国内外的研究状况还知之甚少,因此我的报告收效甚好。那次大会选举了中国天文学会新一届理事会和常务理事会。结果,我再次成为得票最高的理事之一,并再次当选常务理事。有不少人戏称:"看来大家不但知道了'公众理解科学',而且还理解了卞毓麟。"

1996年2月7日至9日,在京西宾馆召开了全国科普工作会议。这次会议对于深入贯彻《中共中央、国务院关于加强科学技术普及工作的若干意见》,在全国范围内把科普工作推向新的高度具有重要意义。会议开幕式由国家科委副主任邓楠主持。宋健、周光召等领导同志先后在会上讲话。

这次会议是政府部门召开的工作会议,与会者主要是各地、各部门分管科普工作的负责人。我本人和宋广礼、赵致真、李永平等几位先生作为特邀代表与会。2月8日上午,我被安排在全体大会上发言,题目是《责无旁贷,任重道远——在新的历史时期为科普事业多做贡献》。上述另外几位特邀代表也都在大会上发言了。2月9日下午,党和国家领导人在人民大会堂接见全体代表。然后是表彰先进,我本人也被表彰为"全国先进科普工作者"。

1996年7月28日,"第一届海峡两岸天文推广教育研讨会"在台湾省嘉义市召开。中国天文学会组成12人的代表团前往参加,团长是中国科

七、为科普摇旗呐喊

学院紫金山天文台台长张和祺先生。会议由嘉义市天文协会主办,尽管那里专业天文人员极少,经费又由会员自掏腰包,但是人心齐,效率高,大量工作都由时任总干事李荣彬先生组织协调完成,很值得钦佩。开会当天恰逢我的生日,热情的东道主特地在会间休息时安排庆祝,令人感动。我在会上讲的是《科学推广教育与天文普及宣传》。就主题和内容而言,与此最接近的另一个报告是来自台中市自然科学博物馆的陈辉桦先生的《天文展示教育与科普活动在天文教育推广上的功能研究》,两个报告均涉及"公众理解科学"课题研究的理念、方法和抽样调查结果。

在台湾参观访问期间,那里非常成功的"义工"活动给我留下很深的印象。义工是不取任何报酬的。在台北参观"故宫博物院",我们抵达时,已有一位四十开外的李小姐在等候。她自我介绍说,今天的参观由她讲解,问我们容许停留多长时间,重点希望看哪些部分等等。两小时参观下来,我们感到她的专业学识和讲解水平都很高,便不禁问道:"您在这里工作多久了?"她的回答是:"我是一名中学教师,是这里的义工,今天休息,来给你们讲解。"

到台中参观自然科学博物馆时,主人特地安排我们和当地的中学生见面,回答各种天文问题。直到我们要离开了,还有许多学生围着我提问。这时,有一位身穿该馆工作服的老人示意学生不要再问了,同时向我道谢。我问他在博物馆的哪个部门工作,只听他自豪地答道:"我是这里的义工。"

2000年11月6日至9日,在北京中国科技会堂召开了"2000年中国国际科普论坛"。这次大型国际性会议是国家科学技术部、中国科学技术协会、中国科学院、国家自然科学基金委员会共同主办的。我是学术委员会的委员。会议论题广泛,报告的总体水准也相当高。到会外宾除米勒教授大家比较熟悉外,还有1988年诺贝尔物理学奖得主莱德曼,美国《科学》杂志编辑鲁宾斯坦,国际上著名的反伪科学斗士、魔术师兰迪等。

这次论坛举办得很成功。在主会场作全体大会发言的国内学者有王绶琯院士谈《关于科学方法和科学精神的普及》、张开逊谈《今天传播什么?》、我谈《理念与实践——一名科普工作者的个人汇报》等。论坛设有"出版与科学传播"、"场馆与基地"、"科普手段与科学决策"、"科普与社会发展"、"网络与专业科普"、"科幻与科普创作"等6个专题分会场。我和刘兵共同主持了"出版与科学传播"分会场的讨论。2001年8月,这次论坛的论文集《公众理解科学——2000中国国际科普论坛》由中国科学技术大学出版社正式出版,论文集主编是中国科协书记处书记兼普及部部长、这次论坛的学术委员会秘书长程东红女士。

在论坛筹备期间,10月9日上午开了一次学术委员会会议,下午《科学时报》记者张苏女士开车送李元先生和我一同去看望病中的卞德培。德培先生身罹癌症后已多年未与我见面,那天他特别高兴,同我们谈了两个来小时,张苏为我们拍了不少照片。没想到,这竟是我和德培先生的最后一晤。2001年1月15日,卞德培与世长辞。

多年以前,我为青少年朋友撰写了许多天文普及读物,少儿科普界的朋友有时就称卞德培和我为"天文二卞",其实我们早先并不相识。德培先生年长我17岁,早在20世纪40年代,他二十来岁时已经是天文普及战线上的一员骁将。我中学时代常阅读《天文爱好者》杂志,其中就有不少他的文章。卞德培不是大学天文系"科班出身",竟对当代天文学有如此广泛而深刻的了解,实在是很难能可贵的。也许,这样自学的磨炼对于形成德培先生的科普风格倒是起了关键性的作用。在他的科普作品中你看不到扭捏腔,尝不到生涩味,嗅不到学究气,一切都是那么平易、亲切,娓娓道来,如叙家常,而科学知识、科学思想和科学精神已潜然充盈其中矣!

本书作者与卞德培先生(右)最后一晤,张苏摄于2000年10月9日

卞德培的科普作品,以适合青少年阅读的居多。这样的作品,必须平易近人,切忌自鸣得意而曲高和寡;但达到这种平易,却是要费心血

的。说理道情、遣词造句,都丝毫懒怠不得,方能于平淡之中见新奇。这样的作品,必须亲切感人,切忌活泼不足而严肃有余;但这种亲切,必须发自真心,倘若像一个心中无顾客的服务员佯装一副笑容,那是无济于事的。我以为,卞德培在以上两方面都是心诚而行力的。

1998年,国际天文学联合会将6742号小行星命名为"卞德培",6741号小行星命名为"李元"。2000年,卞德培荣获法国天文学会颁发的弗拉马里翁奖,以表彰他"在天文学领域中的积极活动"。2001年2月,《科学时报·读书周刊》以整版篇幅刊登多人的文章悼念卞德培。我的悼文题为《平易而不懈怠,亲切而无矫揉》,我相信这就是卞德培的真实写照。

当年《科学时报·读书周刊》的编辑、记者们,对于科普事业的满腔热忱、对工作的全身心投入是很令人敬佩的。回首往事,我不禁要说:功夫不负有心人,读者对《读书周刊》的赞誉,也是对当时主其事的杨虚杰和她的伙伴们的最佳回报。

"科学宣传"六议

1994年6月27日至30日,中国科协召开"学科发展与科技进步研讨会"。我当时是中国天文学会常务理事,受学会委派出席这次研讨会。在分组会上,我作了题为《科学宣传——科学家们决不可掉以轻心的大事》的发言,许久之后作为《学科发展与科技进步研讨会简报》(第115期,1994年12月7日)印发。随后《天文管理研究》(1994年12月)、《中国科学报》(1995年2月13日,文题易为《科学工作者不可忽视的大事——科学宣传》)、《中国自然科学博物馆协会通讯》(1995年第2期)纷纷刊载。再后来,郭传杰、李士主编的《维护科学尊严》(湖南教育出版社,1996年10月)又收录了《中国科学报》刊出的那个版本。

在研讨会发言的基础上,我继续扩充,进而写成《"科学宣传"六议》一文。全文以"知识就是力量"破题,叙述欲将知识变成公民的和国家的现实力量,就必须重视其传播,必须认真地宣传。在《科学》杂志创刊80周年之际,继《科学普及太重要了》一文之后,《"科学宣传"六议》再次作为《科学》杂志特稿刊出。

一议：何为"科学宣传" 《科学》的80年，是传播科学的80年。也可以说，是为"科学宣传"作出卓越贡献的80年。那么，什么是"科学宣传"呢？

"宣传"是一个相当复杂的概念，不同的工具书所下的定义亦有颇大差异。就现代实用汉语而言，笔者以为《中国大百科全书·社会学》的说法比较可取：宣传是"利用大众传播工具，有组织、有系统地对一定数量的对象给予某种信息，使其态度、信念、意见和行为等按宣传者所希望的方向发生改变的过程。宣传的机理是用事先准备好的一套观念，去影响和改变对方原有的心理状态、意见与态度。宣传实际上是一种心理注入和心理控制的过程"。从社会学的角度，宣传常按其内容分为四类：政策宣传、商业宣传、教育宣传以及宗教宣传。

至于"科学宣传"，如今在日常生活和科学研究中，它都尚未成为一个定型的概念而被规范地理解和使用。它可以被理解为最广义的"教育宣传"的一个组成部分。然而，基于科学技术在现代社会生活中的重要性，笔者以为，还可以把"科学宣传"这一概念从其他概念中独立出来，并给予如下的注释性定义：

利用大众传媒，有目的、有系统地向传播对象（个体或群体）注入科学之内容（知识）、方法和意义等信息，使之按有利于科学和社会进步的方向转变其意识、信念、态度、行为等的过程。

因此，与通常使用的"科学普及"概念相比，在对象和内容上，"科学宣传"的含义都更为广泛；与"科学传播"相比，在行为的主体和目的上，"科学宣传"的表述都更为鲜明，更含主动性。

既属"宣传"的范畴，科学宣传亦有五大要素：(1)目的，即为了什么；(2)内容，即讲什么；(3)对象，即让谁听；(4)主体，即谁来干；(5)方法，即怎么做。

二议：科学宣传的目的 科学宣传是一项重要的社会事业，在科学界和全社会似乎还缺乏充分的共识和认同，这涉及对"科学宣传的目的"的认识问题。科学宣传的目的，从科学自身看有两条：促进科学当前的发展和培养后继科学人才；从整个社会看也有两条：建设精神文明和建设物质文明。

七、为科普摇旗呐喊

笔者作为一名科学工作者最有感触的是第一条,即"促进科学当前的发展"。这一条与科学界关系最密切,但也最容易被埋头科研的人们所忽视。

科学事业要健康地发展,必须取得社会的理解、认同和支持。只有在这层意义上,培根所说的知识的力量才能得到充分的发挥。哥白尼的《天体运行论》早在1543年即已出版,然而其"日心说"的力量,却是历经100多年,在这一学说被人们充分理解之后,才充分体现出来。为了宣传这一科学学说,求得科学的自身发展,好几代科学家前仆后继,不懈奋斗。布鲁诺上了火刑柱,伽利略遭受终身监禁,为释放"知识的力量"付出了沉重的代价,在科学和社会发展史上留下了可歌可泣的篇章!

当前,从事第一线研究的科学家们,对于经费拮据常深感切肤之痛。面对资源的市场经济配置,如何转变观念,求得科学的当前发展?笔者以为,在增强市场观念的同时,还应提高主动"宣传"科学的意识,促进社会公众(在科学面前,管理者、决策者也属于广义的"公众")对科学有更全面、正确、深刻的了解。笔者曾将这一宣传过程比喻为"四部曲":

‖:首先,有效地宣传科学知识;

其次,争取人们的理解和同情;

然后,取得道义上和舆论上的支持;

最后,筹集充分的资金,发展自己的科学事业。:‖

这是一个不断反复的过程,因此加上乐谱中的"反复记号"。这样做,具有提高公众科学素养和促进科学自身发展的双重作用。试想,平时不注意科学宣传,等到"化缘"的时候才匆匆念经:"我们的工作很重要,请给予资助!"那究竟会有多大效果呢?须知,公众对科学的理解与支持程度,是建筑在相应的大众科学素养水平上的。更何况,科学家本来就有向公众传播科学的义不容辞的责任,本来就应在促进社会两个文明建设的过程中求得科学自身的发展。

三议:科学宣传的内容 科学宣传的内容,大致有三方面,即科学的知识、方法和意义(这里暂且不谈科学家情操、道德等的宣传)。宣传科学的"意义"与"方法",常常也是通过"知识"的宣传来实现的。

现代科学技术的知识体系,宏大而精深,错综而严密。要想从中吸取力量,既需要对它作宏观的把握,也需要对它作微观的了解。因此,科学"知识"的宣传,也应从宏观和微观两个方面进行,并注意两者的结合。目前不少综合性的科学普及刊物处境艰难,亟须社会多予支持,而缺少综合性科学普及传媒的科学宣传则是跛足的科学宣传,是不利于通观现代科学技术发展的主流和全局的。

科学的"方法",主要是指科学的思维、逻辑以及过程。今天,我们大概还无法使社会上每个人都具有科学家那样渊博高深的科学知识,却有可能让每个人在自己的社会角色中学会科学的思维方法,像科学家那样研究、分析、处理问题,生活得更有效率,更富创造性。本来,每个正常人的大脑都具有创造的潜力,需要的是通过科学方法的宣传,去启发和开拓。强化科学方法的宣传,对于增强我们全民族的科学意识和素质,具有无可估量的深远意义。

科学的"意义",主要是指科学的功能。这里有多方面的内涵:社会的、文化的、乃至科学自身的。笔者以为,较诸科学知识和方法两个方面,我们对科学的意义的宣传尚显薄弱肤浅,也不够全面。例如,即使在知识界、科学界内部,也会听到诸如此类的说法:研究"恒星演化"、"夸克禁闭"这些事儿,对人类切身利益没什么用;花那么多钱发射"行星探测器"是得不偿失,地球上的事都没管好,何必忙着管别的星球上的事等等。诚然,一个人议论自己不熟悉的事难免会有所偏颇。但是,这类议论至少说明两个问题:一是议论者(即便是某行专家)都有一个不断接受科学宣传,不断提高自身科学素养和增强科学判断力的问题。这样才不容易在隔行的问题上出洋相。二是这些被议论的问题多属基础研究范畴,对它们的功能有一个正确宣传的问题。大厦之宏伟,离不开基础,然而基础却是被掩埋的。同样,基础研究的重要性,也常被科学大厦之宏伟所掩盖。基础研究的超前性,也使人们难以一眼窥透它的潜在力量。因此,基础研究领域的专家尤其要重视向社会公众宣传该领域的意义与价值。

回想1992年,中国天文学会成立70周年之际,宋健同志曾题

七、为科普摇旗呐喊

词,称天文学为"现代科学先驱,唯物哲学支柱"。这话是很深刻的。笔者一直深感天文学界同仁有必要集思广益,从方方面面系统地深入宣传一下"人类究竟为什么需要天文学"。

其他学科,又何尝不是如此!

四议:科学宣传的对象 科学宣传的对象是全方位的社会公众。但在不同的场合,针对不同的情况,具体的对象也会因时、因势、因地而异。对青少年的科学宣传是永恒的,今天的问题是必须研究适合当代青少年的宣传方法。在对象问题上,与传统情况不同的是:市场经济大潮中涌现出了新的人群——企业家和经济管理层,对他们的科学宣传已提上日程。笔者在此以一个百年前的故事,说点感想。

1892年,美国芝加哥大学24岁的天文学家海尔(George Ellery Hale)获悉光学仪器家克拉克(Alvan Graham Clark)能提供口径102厘米的透镜,便打算用它建造一架世界上最大的折射望远镜。但他缺乏资金,于是就盯上了控制着整个芝加哥交通的金融家叶凯士(Charles Tyson Yerkes)。海尔彬彬有礼,娴于辞令,更有坚忍不拔的毅力。他一次次地游说,促使叶凯士一而再、再而三地

1917年在威尔逊山天文台建成的胡克望远镜口径254厘米,长达30年之久它一直是世界上最大的反射望远镜

解囊捐助。1897年,这具透镜重230千克、口径102厘米的巨型望远镜终于安装在上一年刚落成的叶凯士天文台,迄今它仍是世界折射望远镜之王。1917年,海尔又用另一位巨商胡克(J. D. Hooker)提供的资金建成了当时世上最大的反射望远镜——口径254厘米的

"胡克望远镜"。

这个故事表明,从科学的当前发展而言,向企业家等有影响人士锲而不舍地作有效的科学宣传是何其重要。其最后的实际效果,则绝不限于科学领域。企业家、管理者、决策者等有影响人士对科学的了解越是全面、深入、透彻,对社会发展的影响就越是巨大。对于科学界来说,当前则有一个很具体的研究课题:如何才能通过有效的科学宣传,对社会各界的"有影响"人士施以更大的影响?

五议:科学宣传的主体 科学宣传如此重要,那么该由谁来干?

我国的"科学普及工作者",与欧美的"科学传播者"概念大体相当。他们努力将科学知识普及到社会的各个角落,促进其转化为巨大的社会力量,是从事科学宣传的一支重要队伍。笔者在此则想提出另一个问题:就广义的科学宣传而言,主角究竟应该是谁?

要选主角,首先就要看看,剧情和台词是什么;还要看看这台戏的原始素材在哪里。这就与"三议"的问题有关。既然唱词是现代科学技术的知识形态,主角就应从对此最有发言权的人群中去找。

试问,谁对科学最了解,最有感情?当然是站在科学发展最前沿的科学家。尤其是,关于当代科学技术的前沿知识和最新进展,首先只能由这些科学家来传布。在整个科学传播链中,科学家是无可替代的"第一发球员"。

当然,有了"发球员"还要有"二传手",有了"主角"还要有"配角"。这样才能调动社会各方面的积极性,唱好科学宣传这台戏。

笔者在这里想强调的是,"科学普及太重要了,不能单由科普作家来担当"。《科学》的同名拙作(见45卷第2期)和本文两者实为姊妹篇,最初的写作动机均为吁请科学界对这一问题的注意,希望引起科学界同仁的共鸣、讨论和批评。我们在潜心科研的同时,千万不要忘记:宣传科学,本是我们义不容辞的职责,我们对此理应不遗余力、当仁不让!

六议:科学宣传的方法 科学界有些同行认为,科学宣传"说了也没用",所以对此"不感兴趣",只道是"还是多干些实事为好"。殊不知完全"不感兴趣"是办不到的。每当申请基金、争取资助时,谁还能对宣传自己的研究课题和科研成果不感兴趣呢?至于说了是有用还是没用,除了

七、为科普摇旗呐喊

信心而外,重要的是方法问题。

宣传,粗犷地说(当然不是严格的定义)就是:发挥"言者"的思想,转变"听者"的观念。如果听者与言者掌握同样的信息,对问题持同样的看法,那么"言"便成了无的放矢,没有必要了。

"假使有一种思想或信仰要使人接受,务必连续地发表。"这是我国社会学家孙本文于1946年在《社会心理学》一书中提出的六条宣传规则中的第一条。不论什么事,不能指望只说一遍,或区区几遍,就要听者言听计从。我们进行科学宣传,说一遍两遍效果不大,何不再说上十遍八遍?宣传不持之以恒,何以取得共识?倘若仅使三招两式,便道无用而偃旗息鼓,其本身就有悖于科学的精神。

孙本文提出的另外几条规则,对于研究宣传的方法,即"怎么做"的问题,也有相当参考价值。其最后一条是:"为得到久远的效果,务将宣传内容注入儿童,渗透到教育之内。"这一条对于科学宣传尤为重要。如何更有效地在儿童、青少年的教育中注入科学因素,实是一个不容再延宕的问题。整个科学教育如何从儿童抓起,都有一个"怎么做"的问题。这又进而涉及如何加强教育者本身的科学继续教育等问题。科学宣传乃是所有这些工作的组成部分,同时又可以说是它们的基础。

"怎么做"的答案,要在做的过程中完善。首先,是要去做,去实践,笔者的朋友位梦华是一位南北极考察专家。他曾发自内心地呼喊,为了极地考察,"谁肯提供一点钱,我就豁出一条命"。他为此热情地奔走宣传,还写过许多出色的作品。

如今,不少人盼望国家向自己的研究领域大幅度注入更多的经费,或者企业家们能慷慨解囊。是的,谁都希望这样的"机遇"频频到来。但是,为了造就更多的"机遇",作为科学家群体中的一员,就必须锲而不舍地多做些,再多做些科学宣传工作。

"纵非如愿以偿,亦当尽力而行!"创办《科学》的前辈人正是这样做的,其继承者们也一定是这样想的。

笔者喜欢这句格言,并愿以此与科学界同仁及广大读者共勉。

《"科学宣传"六议》在《科学》杂志发表时,正值《中共中央、国务院关于加强科学技术普及工作的若干意见》于1994年12月5日下达未久、各方正在研讨如何贯彻执行之际，故而颇受关注，并随即为《中国科协报》(1995年2月5日和12日分为上、下两次)、《科坛文明天地》(1995年第2期)乃至《新华文摘》(1995年第4期)等报刊转载，《科技日报》(1995年3月19日)也摘载了"科学宣传的主体与方法"。1999年此文编入《梦天集》，后又入选刘华杰编《(当代大学读本·科学文化系列)科学传播读本》(上海交通大学出版社，2007年11月)。

"科普追求"九章

2002年1月，《科学》54卷第1期的"论坛"栏，刊出拙文《"科普追求"九章》。文末有简短的编辑附言："本文作者为科普作家，上海科技教育出版社编审。在2001年11月他荣获第四届上海市大众科学奖之际，本刊约他谈谈对科普创作的追求，于是有上述文字。文分九段，故名九章。"以下是一些片断的节录。

　　1. 科普，简略地说，就是以"科"为基础，以"普"为目的的行为或活动。科普作品则是以作品形式表现的科普活动。

　　科普佳作，自然是指"好"的科普作品。"好"是我们的追求。问题则在于：究竟何为"好"？

　　"好"，要有判据。不同的人，出于不同的需求，从不同的视角看问题，就会对"好"给出不同的判据。例如：

　　有人说，好的科普作品应该充分展示其和谐与美。应该是真与美的完美结合；

　　有人说，好的科普作品应该做到知识性、可读性、趣味性、哲理性兼而备之，浑然一体；

　　如此等等，无疑都是正确的。这里，我想再举一个更具体的例子。

　　2001年5月30日，我拜访了中国科学院院士、北京天文台(今国家天文台)的陈建生先生。我本人曾在北京天文台度过30余年的科研生涯，其中后一半时间就在陈先生主持的类星体和观测宇宙学课题组中。他向我谈了自己对科普作品的向往：

　　像我们这样的人，有较好的科学背景，但是非常忙，能用于读科普书的时间很有限，所以希望作品内容实在，语言精练，篇幅适度，很快就触及要害，进入问题的核心，这才有助于了解非本行的学术成就，把握当代科学前进的脉搏。

这是一位科学家从切身需求出发，对高级科普读物的期望。陈先生的建议很中肯，要实现却不容易。《科学》杂志刊载的许多文章，已在这方面做了有益的尝试，至为可贺。确实，这是我们努力的目标之一，是我们的一种追求。

2. 关于"好"，正如每个文学作家都有自己的美学观念、都有自己的个性那样，每一位科普作家也各有自己的偏爱。在少年时代，我最喜欢伊林，读过他的许多科普作品；从三十来岁开始，我又迷上了阿西莫夫。尽管这两位科普大师的写作风格有很大差异，但我深感他们的作品之所以具有如此巨大的魅力，至少是因为存在着如下的共性：

第一，以知识为本。他们的作品都是兴味盎然，令人爱不释手的，而且这种趣味性永远寄寓于知识性之中。从根本上说，给人以力量的乃是知识。

第二，将人类今日掌握的科学知识融于科学认识和科学实践的历史过程之中。用哲学的语言来说，那就是真正做到了历史的和逻辑的统一。在普及科学知识的过程中钩玄提要地再现人类认识、利用和改造自然的本来面目，有助于读者理解科学思想的发展，领悟科学精神之真谛。

第三，既授人以结果，更阐明其方法。使读者不但知其然，而且更知其所以然，这样才能更好地启迪思维，开发智力。

第四，文字规范、流畅而生动，决不盲目追求艳丽和堆砌辞藻。也就是说，文字具有朴实无华的品格和内在的美。

效法伊林或阿西莫夫这样的作家，无疑是不易的，但这毕竟可以作为我们进行科普创作的借鉴，这也是一种追求。

4. 郁达夫曾盛赞房龙的笔"有这样一种魔力"，"干燥无味的科学知识，经他那么的一写，无论大人小孩，读他书的人，都觉得娓娓忘倦了"。阿西莫夫的科普作品风格与房龙殊异，但它们却同样令人娓娓忘倦……

编辑路上的风景

　　阿西莫夫在其自传第二卷《欢乐依旧》中写道："1972年1月2日，我52岁了。在甲状腺瘤的阴影笼罩下，我不安地警觉到，威廉·莎士比亚正是在52岁生日那天去世的。但是……我无法使自己相信，我将步莎士比亚的后尘。"

　　豁达而坚毅的性格帮他渡过了难关。1984年，他曾函告我刚动了一次大手术。我回信表示问候道："我相信，令人惊异的阿西莫夫在任何比赛中都必将是胜者，而不论他的对手是谁。"一星期后他在复信中写下了绝妙的几行字：

　　我完全康复了，情况很好。我不会永远是胜者。最终的胜者总是死亡。但是只要一息尚存，我就将继续战斗下去。

　　这还是一种追求。

　　5. 当然，阿西莫夫为此付出的代价也不小。长年累月地坐在打字机前对身体自然不利，而且连正常的天伦之乐也难得享受。1969年，他在《作品第100号》的引言中写道：

　　给一位写作成瘾的作家当老婆，这种命运比死还悲惨。因为你的丈夫虽然身在家中，却经常魂不守舍。再没有比这种结合更悲惨的了。

　　写这段话的时候阿西莫夫尚未离婚，但想必他已经有预感了。他的第一任妻子格特鲁德不可能永远理解和迁就他。格特鲁德曾经这样数落他："有一天，艾萨克，当你感到生命快到终点时，你会想起自己竟在打字机边花了那么多的时间，你会为自己错过了原本可以享受的一切快乐感到惋惜，你会为自己浪费了那么多年的光阴而只为写100本书感到后悔。但那时，什么都已经太晚了。"

　　但是，只要读一下阿西莫夫于1992年去世前不久写的那篇告别辞《永别了，朋友》，那就不难明白格特鲁德和他两人的价值观相去有多远了。那篇告别辞写道：

　　所有关爱了我30年的尊敬的记者们，我必须向你们道别了。

　　我这一生为《奇幻与科幻小说》杂志写了399篇文章。写这些文章给我带来了巨大的欢乐，因为我总是能够畅所欲言。但我发现自己写不了第400篇了，这不禁令我毛骨悚然。

　　我一直梦想着自己能在工作中死去，脸埋在键盘上，鼻子夹在

七、为科普摇旗呐喊

打字键中,但事实却不能如人所愿。

幸运的是,我既不相信天堂,也不相信地狱,所以死亡对我而言,并不是什么可怕的事。但对我的妻子珍妮特、我的女儿罗宾及我的编辑如詹妮弗·布莱尔、希拉·威廉姆斯和艾德·福曼来说,我的任何不测都将令他们十分难过。

我曾和他们每个人交谈过,劝慰他们正视我将死去这个现实,当死亡降临到我的头上时,希望他们不要过于悲伤。

我这一生漫长而又愉快,因此我没有什么可抱怨的。那么,再见吧,亲爱的妻子珍妮特、可爱的女儿罗宾,以及所有善待我的编辑和出版商们,你们的厚爱我受之有愧。

同时,我还要和尊敬的读者们道别,你们始终如一地支持我。正是你们的支持,才使我活到了今天,让我亲眼目睹了诸多的科学奇迹;也正是你们,给了我巨大的动力,使我能写出那些文章。

让我们就此永别了吧——再见!

艾萨克·阿西莫夫

"梦想着自己能在工作中死去",是阿西莫夫的终身追求。1985年,88岁高龄的我国老一辈著名天文学家、科学翻译家兼科普作家李珩先生,在收到我寄去的阿西莫夫著《地外文明》的中译本后,给我复信道:

我希望你多多介绍 Asimov 和 Sagan 的科普著作以享读者,更望你百尺竿头更进一步,丰富你的科学知识,发展你的文学修养,效法两位作家,以成为我国的科普创作名家。任重道远,引为己任,我于足下寄以无限之期望,尚祈勉之勿忽!

李珩先生已于1989年作古,他那语重心长的教诲,应该是今天的科普作家们的共同追求。

8. 在有些人看来,科学家做的事情只是满足其个人的好奇心,所以并不值得特别尊敬。然而,这就大错特错了。才华出众的著名科学家和科普作家、大爆炸宇宙论的奠基人乔治·伽莫夫认为,科学家最重要的素质正是极普通的好奇心。他写道:"有人说:'好奇心能够害死一只猫',我却要说:'好奇心造就一个科学家'。"伽莫夫极其强调科学对于人类发展的作用,他不同意科学的作用仅仅在于

本书作者在中国科学院上海天文台瞻仰李珩先生铜像留影
（2005年4月3日）

"达到改善人类生产条件的实际目的"，科学"当然也是为了达到这个目的，但这个目的是次要的，难道你认为搞音乐的主要目的就是为了吹号叫士兵早上起床，按时吃饭，或者催促他们去冲锋？"他认为科学的来源就是人类追求对于自然和自身的理解，我很赞同他的见解。

这里，有一个经常遇到却很少讨论的问题，那就是：科学家作为以专门追求对自然和自身之理解为己任的人，有没有必要经常评论自己的业绩和水平？

我以为，怀着正确的动机，经常对自己的业绩和水平作清醒的回顾和自我评判，对科研工作是有益的。不过，评判和评论通常还不是一回事，尤其当科学工作队伍中"自我感觉特佳"者过多时，我们对待许多"国际先进"型的自我评论恐怕就应该慎之又慎了。

其实，这番议论对于科普作家也同样适用。篆刻名家徐正濂在《诗屑与印屑》一书"听天阁读印杂记"编首题记中有道："我们往往很奇怪，一些从不以书法家自居的诗人、画家、医生、和尚，写出字来反比专门的书法家有韵。可能也是同样的道理：研究得太具体，离得太近，有时候反而看不清楚了。艺术就像老婆，天天厮守在一起，也搞不清楚她到底算漂亮还是不算漂亮，闹半天还是隔壁小木匠看得明白，想想就有点扫兴。"在一般的科学工作者看来，也许会觉得此话调侃有余而严谨不足。然而，在估量自己的科研论文、科普作品究竟是否"有韵"时，若能保持如此清醒的头脑，那就很不容易了。

像"小木匠"那样客观地对待他人和自己的作品，这仍然是一种追求。

9. 借此机会，我还想谈谈大多数科普和科学文化类作品追求的一个共同目标，即"雅俗共赏"。50多年前，朱自清先生专门写过一篇《论雅俗共赏》的文章，谈到：

中唐的时期，比安史之乱还早些，禅宗的和尚就开始用口语记录大师的说教。用口语为的是求真与化俗，化俗就是争取群众……所谓求真的"真"，一面是如实和直接的意思……在另一面，这"真"又是自然的意思，自然才真切，才让人容易懂，也就是更能收到化俗的功效，更能获得广大的群众。

在同一篇文章中他还谈到：

抗战以来又有"通俗化"运动，这个运动并已经在开始转向大众化。"通俗化"还分别雅俗，还是"雅俗共赏"的路，大众化却更进一步要达到那没有雅俗之分，只有"共赏"的局面。这大概也会是所谓由量变到质变罢。

"只有'共赏'的局面"，大概真是到了炉火纯青的境界。举个什么样的例子呢？张乐平的《三毛流浪记》？凡尔纳的《海底两万里》？盖莫夫的《物理世界奇遇记》？还可以多想想。至于如何才能真的达到"只有'共赏'的局面"，那恐怕是只能意会而不能言传，就靠存乎作者之一心了。

多年来，时常有人问及治学和写作之道，我的回答始终是16个字："分秒必争，丝毫不苟；博览精思，厚积薄发"。我也希望今天的青年学子努力这样做。时间是宝贵的，一个人的生命因其智慧和业绩而赢得质量，有质量的生活则等于延长了寿命。

凡此种种，是我的追求，也是我对科学界、科普界，尤其是对"新生代"后起之秀们的赠言。

【由《九章》而《十章》的追记】(2017年1月26日增补)

《"科普追求"九章》发表至今已有15年,其所述之基本追求固然未变,但文字经酌情修订,且新增一个段落,全文便成了《"科普追求"十章》(以下简称《十章》)。《十章》先在中国老科学技术工作者协会主办的《今日科苑》杂志上刊出(2016年第8期),继而又收入中国科普作家协会编的《科普之道——创作与创意新视野》(尹传红、姚利芬主编,中国科学技术出版社,2016年10月)一书,列于"第一章 科普综论篇"之首。以下是《十章》中新增加的文字。

2016年5月30日,在全国科技创新大会、两院院士大会、中国科协第九次全国代表大会上,习近平总书记在重要讲话《为建设世界科技强国而奋斗》中指出:

> 科技创新、科学普及是实现创新发展的两翼,要把科学普及放在与科技创新同等重要的位置。没有全民科学素养普遍提高,就难以建立起宏大的高素质创新大军,难以实现科技成果快速转化。希望广大科技工作者以提高全民科学素质为己任,把普及科学知识、弘扬科学精神、传播科学思想、倡导科学方法作为义不容辞的责任,在全社会推动形成讲科学、爱科学、学科学、用科学的良好氛围,使蕴藏在亿万人民中间的创新智慧充分释放、创新力量充分涌流。

习近平总书记对广大科技工作者的上述希望,正是我们的根本追求。我觉得,对于实现创新发展的两翼,我们做强科学普及这一翼,不仅必须有担当,而且必须有时代感鲜明的创新精神、终生不渝的奉献精神,以及精益求精的工匠精神。

时代感鲜明的创新精神,内涵很丰富。眼下我感触尤深的是,优秀原创科普作品的开发深度和广度、各类媒体共享优质资源的"立体化作战",还有非常大的开拓空间。例如,刘慈欣的科幻名著《三体》据悉有望搬上银幕,少年儿童出版社于2013年推出的《十万个为什么》第六版,三年来各类衍生产品陆续问世,势头相当可喜。拙著《追星——关于天文、历史、艺术与宗教的传奇》(上海文化出版社,2007年)面世后获奖良多,包括2010年荣获国家科学技术进步奖二等奖。2008年山东电视台读书频道与上海市科协合作开办《科普新说》栏目，邀请我做开栏"说话人"，以《追星》为基础，择其精华演为10讲。后来，上海科技发展基金会和山东电视台于2013年共同出品《科普新说》系列光盘，由上海科学普及出版社出版，《天文追星》（10集）仍是"排头兵"。2013年，《天文追星》系列光盘成为国家新闻出版广电总局面向青少年的50种优秀音像电子出版物推荐目录中罕有的科普类产品。同年，湖北科学技术出版社将《追星》一书纳入《中国科普大奖图书典藏书系》第二辑出版，于2014年获第五届中华优秀出版物奖。但总的说来，各类媒体共享优质科普资源、展开有声有色的"立体化"作战的案例依然鲜见，要迅速扭转这种局面，应该引起有关方方面面的高度重视。

终生不渝的奉献精神，是我国前辈科学家和科普家的传统美德。高士其先生就是体现这种美德的典型人物。这种奉献精神应该是终生的，活到老干到老。2015年，我写了一本书，题为《拥抱群星——与青少年一同走近天文学》（上海科学普及出版社，2016年10月）。承蒙89岁高龄的前辈著名天文学家叶叔华院士关爱，题词勉励曰：

喜见卞毓麟新作《拥抱群星》
普及天文，不辞辛劳；年方古稀，再接再厉！

如今我行年七十有三，不负师辈厚望，再为科普干上十年二十年，实在是我的渴望与追求！

精益求精的工匠精神，近来社会各界有许多研讨。限于篇幅，且容日后另作详论。

凡此十章，既是我的追求，也是我对科学界、科普界，尤其是对"新生代"后起之秀们的赠言……愿与读者诸君齐心协力，为实现中华民族伟大复兴的中国梦，为人类文明的科学之花开遍全球而一往无前！

为《科普法》鼓与呼

2002年6月29日，中华人民共和国第九届全国人民代表大会常务委员会第二十八次会议通过了《中华人民共和国科学技术普及法》，自公布之日起施行。《科学中国人》杂志约我写篇短文谈谈感想，遂作《当为〈科普法〉鼓与呼》一文，于当年12月号刊出，兹摘要如下。

《中华人民共和国科学技术普及法》的公布是一件大好事。理所当然地，我当为之鼓与呼。

我这一生与科普有着不解之缘：从小爱看科普读物，1965年大学毕业走上科研岗位，10年后开始业余科普著译。1998年春加盟出版界，全身心地投身于科普出版事业。对我来说，"科普"是一个非常亲切的名称，它是一个适合中国国情的、内涵不断丰富的、能够与时俱进的美妙用语。

《科普法》对"科普"的含义作了明确的界定。对此，我们不妨作一简要的历史回顾。我国的老一辈科学家和科普作家早在20世纪二三十年代，就把普及科学知识的活动叫做科普活动。新中国成立后，根据《中国人民政治协商会议共同纲领》中"普及科学知识的要求"，在文化部设置了科学普及局。20世纪50年代初成立了"中华全国科学技术普及协会"，1958年该会与"中华全国自然科学学会联合会"合并成立"中国科学技术学会"。几十年来，人们对"科普"这一概念的使用和理解随着时代的前进而发展，1994年12月《中共中央、国务院关于加强科学技术普及工作的若干意见》指出从内容上讲，"要从科学知识、科学方法和科学思想的教育普及三个方面推进科普工作"。《科普法》的第二条写道："本法适用于国家和社会普及科学技术知识、倡导科学方法、传播科学思想、弘扬科学精神的活动。开展科学技术普及（以下称科普），应当采取公众易于理解、接受、参与的方式。"这里既进一步明确了"科普"包含科技知识、科学方法、科学思想和科学精神四大要素，又特别提到了公众的参与。"参与"是一种主动的行为，社会公众对科普活动参与得越广越多，其科学文化素养必然就越高。

这里，我想顺便一提：20世纪八九十年代之交，曾有人提议用"科学传播"或"科技传播"取代"科普"。但依我之见，这两个概念仍应"各司其职"而不宜混淆。从传播学的立场看，科学共同体内部的学术交流、大学本科和研究生的正规科学教育等

七、为科普摇旗呐喊

等,也都属于"科技传播",而它们和《科普法》中界定的"科普"范畴显然是有所区别的。

科普究竟为什么重要?制定和公布《科普法》的目的、意义何在?在《科普法》第一章第一条中开宗明义地写道,是"为了实施科教兴国战略和可持续发展战略","提高公民的科学文化素质,推动经济发展和社会进步"。为达到这些目的,便有了《科普法》中的种种规定。非常值得注意的是,在《科普法》中先后提到三十来个"应当",它们都很有分量;"应当"就是理所当然,而非可有可无。我们应该从理论上、并在实践中仔细体会这些"应当"的深刻含义。

我国历史上的封建文化曾视科技为"奇巧淫技",近代也一直有人将科技、教育工作者从事科普视为"不务正业",就在前一二十年中,不少报刊的科普专栏或专版也是办办停停,但凡对此有切肤之痛者念及个中甘苦,对于《科普法》提供的法律保障必然就愈觉亲切而实在了。

10年前,1992年10月,在北京举行亚太地区天文教育讨论会,我在会上做了题为《科学普及太重要了,不能单由科普作家来担当》的报告,引起各国与会代表的强烈共鸣。翌年,该文在《科学》杂志上作为特稿发表,接着又为多家报刊所转载。今天,《科普法》就是以法律的形式确定:"科普是全社会的共同任务。社会各界都应当组织参加各类科普活动。"(第三章第十三条)。我深深地感到,而且相信每一位为科普事业不遗余力的人也都会深深感到:《科普法》不仅说出了自己的心里话,而且比自己原先想到的更周全。

自不待言,《科普法》还刚刚诞生,它是新生事物,还需要在实践中进一步完善、提高;贯彻、实施《科普法》的种种细则,也需要适时形成和补充。这些,都需要有一个过程。但是,有了《科普法》,科普的前景将会变得更加美好,这一点应该是毫无疑问的。

八、星星指引的路

"梦天"

1999年，湖南教育出版社推出了《中国科普佳作精选》丛书，向中华人民共和国成立50周年献礼。先行出版的30余种图书中，有一部我的《梦天集》。

以《梦天集》作书名，大体上有两层意思：一是此集以谈天文知识为主，二是此集之作者有个笔名就叫"梦天"。不少人感到"梦天"这个词儿颇有诗意，遂问这背后可有什么故事？

例如，老友唐诗专家陈文华教授就曾问："是否李长吉触发了你的灵感？"但其实不然。李长吉即中唐大诗人李贺。他有一首著名的七言诗就叫《梦天》，曰：

老兔寒蟾泣天色，云楼半开壁斜白。
玉轮轧露湿团光，鸾珮相逢桂香陌。
黄尘清水三山下，更变千年如走马。
遥望齐州九点烟，一泓海水杯中泻。

若以略具天文专业色彩的语言为此诗添一"旁注"，则易见前四句观照天体之运动，明月初升而渐至中天；后四句映衬时空与演化，旅行宇宙而回望地球。

我最初使用"梦天"这个笔名，理由很简单：从小就想成为一名天文

八、星星指引的路

学家。如今，这个"梦"又增添了一层新的含义，那就是——

我国古代天文学取得了举世瞩目的辉煌成就，但自明末以来却日渐落后于西方发达国家。我一直在梦想：中华民族的天文事业何时将在世界上重振雄风，再显辉煌。我衷心期望这一梦想早日成真！

宇宙中蕴藏的无穷奥秘，令人心向神往。古往今来，不知有多少人从幼时就爱上了满天的星星，爱上了繁星密布的天穹，这是一种非常纯朴、非常自然的感情。虽然我说不清楚，自己究竟是从哪一本书上第一次学到了最初的天文知识。但我依稀记得，还在上小学以前，父母亲就给我买了一些好看的书，它们都是《幼童文库》的成员。《文库》中的每本书都很薄，但每张纸却相当厚；彩色的图画很美丽，书中的字不多，好些字我都认识。其中有一本书说到地球绕着太阳转，月亮绕着地球转，还说到了水星、金星、火星、木星，特别有趣的是土星还戴着一个神奇的光环。

还有一本书上画了一幅有趣的中国地图，每个省份都按照各自的形状轮廓画成一个小图案，例如将山东省画成一头骆驼，将湖北省画成一只蟾蜍，将安徽省画成一朵蔷薇花，真是好玩极了。这使我在很小的时候就已能说出中国所有的省份。

上海是中国近现代出版业的重镇。2001年11月的一天，我应邀出席在上海书城举办的"科技出版百年回顾展"，上海市新闻出版局图书处陈纪宁处长为办好此展堪称不遗余力。徜徉在展厅中，我忽然眼睛一亮：这不是儿时钟爱的《幼童文库》吗？原来出版者是商务印书馆。只见算术类的《算算看》、自然类的《动物园》……都静静地躺在一个展柜里。书在我脑海中一面面翻过，过了许久，我才在熟人的招呼声中回过神来。

1956年，正当我上初中二年级的时候，党中央发出了"向科学进军"的号召，国家制定了《1956—1967年科学技术发展远景规划纲要(草案)》。科学家们在夜以继日地工作。这一时期，全国上下学科学的气氛很浓。我看了不少天文通俗读物，并且常常为之着迷。自然而然地，我也开始学习认星星了。其实，借助于合适的星图，认星并不很难，但是必须有恒心。

30多年以后，我为少年朋友们写了一本小书，名字叫《星星是我们的好朋友》。在书的代前言"星星朋友在召唤"中，我写道：

编辑路上的风景

夜幕降临，仰望长空，一颗颗明亮晶莹的星星就像镶嵌在天穹上的明珠。

你再仔细看看，它们好像正在淘气地向你眨着眼睛——也许，它们是在亲切地和你打招呼吧？看来，它们还挺想和你交朋友呢。

和星星交朋友？这可是个好主意。其实，这挺容易的。古代人在几千年前就认识星星了——那时候的科学还那么落后呢，难道你生活在今天还不能吗？

肯定能。很快地，你就能叫出许多星星的名字了，就像呼唤你们班上的同学那样方便……

有些儿时不经意的旧事，到老年方感弥足珍贵。回忆1953年，我这个五年级小学生10周岁生日那天，爸爸、妈妈给了我一份礼物：刚刚在上海诞生的《少年文艺》创刊号。其中第一篇文章是宋庆龄写的《让鲜花开遍这块园地》。她"要求少年们爱护这块园地，并且能够从这里得到力量"。我，一个贪玩的10岁小男孩，学习成绩平平，真的立刻就从那里感受到了一股无形的力量。我对列舍特尼科夫的那幅著名油画《又是一个两分！》留下了极深刻的印象：那个又得了两分的小学生回到家里，从书包里冒出头来的冰鞋泄露了他成绩不好的原因；母亲黯然神伤，小弟弟却有点幸灾乐祸；姐姐责难的表情衬托出帮助弟弟取得好成绩的决心；只有那条扑到他身上的小狗，才不明白自己的好朋友为啥那么沮丧。

曾有人问我："作为一名科普作家，请问哪一种文学刊物对您的影响最大？"其实，我常读的文学刊物很有限。但是，十来岁那几年天天见面的《少年文艺》，倒是帮助我

本书作者10周岁生日时父母亲赠送的礼物是《少年文艺》创刊号

八、星星指引的路

埋下了日后写作的种子。遥想当年，父母亲给我的那本《少年文艺》创刊号，真是一份何等珍贵的生日礼物啊！

2003年，《少年文艺》为庆祝创刊50周年，在《新民晚报》的著名栏目《夜光杯·十日谈》中，以"我爱少年文艺"为总题目接连推出各界人士应邀撰写的散文10篇。第一天是时任外交部部长李肇星的《少年理想伴我成长》，第二天就是我写的《难忘的生日礼物》，再往后相继为叶辛的《〈少年文艺〉和少年的我》、吕凉的《我当了回"心灵密友"》、任大星的《走向少年朋友的心灵之桥》、张抗抗的《美哉少年》、施雁冰的《苦与乐》、姜玉民的《一个老运动员的少年情怀》、张成新的《激情燃烧的日子》，大轴子则是沪上资深语文特级教师于漪的《撒布智慧的种子》。

中学点滴

初中时代，我开始对中国古典文学产生兴趣。这在一定程度上是受到父亲卞献之的影响。我至今还清晰地记得，父亲讲述有人将杜牧那首七绝《清明》重新断句而改成了一首词："清明时节雨，纷纷路上行人，欲断魂。借问酒家何处？有牧童，遥指杏花村。"

当时，我从阅读《三国演义》、《水浒传》、《西游记》等古典名著中感受到巨大的乐趣，并能背出不少回目和片断，甚至还能顺次背出梁山一百单八将的诨号和姓名。但当时还全然不能欣赏《红楼梦》，只觉得老是吃饭、作诗、闹矛盾，好没意思。待到对《红楼梦》研究以及对新旧红学大感兴趣，那已经是20年以后的事情了。

20世纪50年代的初中生，大多已有朦胧的理想。这在很大程度上反映了德育教育的成功。那时，我们这些初中生也已经有了自己的憧憬："我想当飞行员"，"我想当老师"，"我想当作家"……当我说自己"想当一名天文学家"时，老师是那么认真地注视着我。我不知道这目光是赞许，是怀疑，或者还有别的什么含义。但是，我猜想，其中一定包含着深情的期待。

时间过得很快，1957年我成了一名高中生——在上海市卢湾中学。母校的老师们对于教书育人是那样地投入，几乎每一门课都讲得那么精彩。学生们的求知欲明显地更加旺盛了。那时，我对古典文学、历史人物等都很感兴趣，但更喜爱科学知识，尤其是数学。

高一时的班主任，是语文老师冯振家。冯老师仪表整洁，就像他讲课和批改作文那样一丝不苟。当时我的作文能力很一般。在20年以后，我应上海人民广播电台编辑贺稚圭女士之邀，撰写了少儿节目《宇宙知识》的脚本，用小朋友与科学家老爷爷对话的形式讲解天文知识，由著名电影演员乔奇等分6次连播。在录音制作室里，乔奇对我说："你还年轻，节目写得很好。宇宙真神奇，希望你以后为少年朋友们写出更多的好作品。"节目播出时冯振家老师正好也听到了，后来他还高兴地多次提及此事。再后来，冯老师因颅内肿瘤浸润、出血，医治无效与世长辞。我闻讯不禁潸然涕下，并含泪重读了老师4年前的来信：

毓麟同学：

大作收到，大札拜读。数十载一瞬即过，每忆及《每周广播》登刊你有关天文知识节目预告，若有隔世之感……伯岩先生已经作古，德裕老师也少晤面，诸事一言难尽，留待日后面谈吧！……人生苦短，能多少作些奉献也是乐事……当教师的，师生友谊长存，这种职业与众不同，甘苦缘由便在于此。

"伯岩先生"是我上高二时的班主任俞伯岩。他执教历史，为人一板一眼，不苟言笑，但很注重发挥学生的特长和爱好。他让同学们座谈课外阅读兴趣，我热衷于阅读儒勒·凡尔纳的科幻小说和别莱利曼的《趣味天文学》、《趣味几何学》等科普名著，有些同学则酷爱外国文学名著。这些都得到了俞老师的首肯和鼓励。

"德裕老师"是我高三时的班主任陆德裕，也是执教历史。我至今犹能感觉到50多年前陆老师讲授中日甲午战争时的那种悲凉。他把那场大海战的背景、战况和结局勾勒得宛如亲临，全班同学鸦雀无声、泪满眼眶。

高中即将毕业，要填报高考志愿了。我喜爱古典文学和历史，爱好数学、物理和天文，应该作何选择呢？反复思量的结果是这样的：如果我选择了中文系或历史系，那么恐怕再也没有机会去念那么多的数学、物理学和天文学了；而高深的数学、物理学和天文学，如果没有老师教，自学是很吃力的。当然，自习文史也不容易，但作为业余兴趣爱好，恐怕总比自学数理和天文好办些……

八、星星指引的路

出于对数学的热爱，我自然有过报考北京大学数学系或复旦大学数学系的冲动。但是，假如高考志愿首选数学系，那么天文学恐怕就没机会学了；而如果我选择天文学，倒仍然和数学密切相关，因为天文专业本身就必修许多数学课和物理课。刚好，那时南京大学的数学专业和天文专业就属于同一个系，于是，我填报的第一志愿便是南京大学数学天文学系，结果被录取了。1960年8月底赴南京大学报到前，曾参加校外天文小组活动的高中同窗冯玉润送我一幅简易星图，至今我还妥善地保存着。

天文台与天文馆

大学时代丰富多彩的求学生活，是本书下一个篇章《缅怀"南雍"岁月》的主题。这里先说大学毕业后，我被分配到中国科学院北京天文台——业内人士习称"北台"。专业对口，这在当时颇令人羡慕。

前文已经谈到，天文学是自然科学中最古老的学科之一，是人类文明进步的象征。《梦天集》中的《天文学和人类》一文，对天文学的价值做了通俗的解说。此文最初发表在拙著《宇宙风采》中，后来被收入人民教育出版社的《九年义务教育三、四年制初级中学语文自读课本（试用修订本）第二册》等读本。

中国古代的天文学，在世界上曾居于较先进的地位，在天文仪器、天文观测和历法等诸多方面，皆有举世瞩目的重要贡献。但到明朝后期，中国在许多方面就日见落后了。清末，侵华列强开始在中国设立近代天文机构。法国传教士率先于1872年在上海设立徐家汇天文台，1900年他们又在佘山另建一个观象台。1894年，日本侵入台湾，在台北建立了测候所。1900年，德国在青岛设立气象天测所。这些机构，当初主要是为列强自身的利益服务。

1911年辛亥革命后，北洋政府将清代的钦天监更名为中央观象台，其工作仅为编日历和编《观象岁书》（相当于现今的《天文年历》）。"五四运动"以后，随着民主与科学思潮的前进，中国天文学会于1922年10月30日在北京正式成立，选举高鲁为会长，秦汾为副会长。2002年学会庆祝成立八十周年，我曾拟联致贺：

情钟九天，堪称心高；

同庆八秩，犹言年少。

1924年，国民政府接管了青岛气象天测所，更名为青岛观象台。1928年春，中央研究院天文研究所在南京成立。1934年，由中国人自行设计建造的第一座现代化综合性天文台在南京城外东北的紫金山上落成。它就是著名的紫金山天文台，行内人士习称"紫台"。"紫台"建成后，已经远远落后于时代的北京中央观象台就改为天文陈列馆了。

"紫台"的创建者余青松生于1897年，1918年赴美留学，先习土木建筑，后改攻天文学，获博士学位，1927年回国。1929年，余青松继高鲁之后就任中央研究院天文研究所第二任所长。他亲自勘测、设计并主持建成的紫金山天文台建筑十分美观、实用，足见余青松之多才多艺。他曾任中国天文学会评议会（即理事会）多届会长。1947年，余青松再度出国，先后在加拿大和美国工作，直至1967年退休。1978年10月30日，余青松在美国马里兰州病逝，那天正是中国天文学会成立56周年纪念日。

新中国成立后，中国科学院接管原有诸天文机构。徐家汇和佘山两台后来重组为中国科学院上海天文台。2002年，该台于建台130周年之际广征"台训"，最终采用"精勤司天，诚信修文"八个字，系我与南京大学同窗、就职于紫金山天文台的刘炎同商共拟。"精"指"精心"、"精益求精"；"勤"是"勤勉、勤奋"，康熙皇帝曾为钦天监题匾"观察惟勤"。"司"为"掌管"，如"司马"掌管军政和军赋，"司徒"掌管土地和人民等；"司"还有"视察"的意思，如《山海经·大荒西经》："司日月之长短。"我国执掌天文、推算历法的官署，唐代设有"太史局"，后改为"司天台"；宋设"司天监"；元沿宋制仍设"司天监"，后又设"太史院"；明、清改为"钦天监"。

"精勤司天"侧重对天文台的总体勾画，"诚信修文"则侧重天文学家的人格和自律。诚实、有信誉，是科学工作者首要的道德规范，其深远意义毋庸赘述。"修"是编纂、撰写，如"修史"、"修书"等；"修"也兼有研习的意思，如"自修"。"文"指文章、论文，修文泛指著书立说。

"精勤司天，诚信修文"前四字以"天"结尾，后四字以"文"压轴，两者耦合，恰为"天文"。德国大哲学家康德曾经说过："世界上有两件东西

八、星星指引的路

能够深深地震撼我们的心灵：一件是我们心中崇高的道德准则，另一件是我们头顶上灿烂的星空。""精勤司天，诚信修文"不正是这种境界的写照吗？

中国科学院北京天文台是1958年开始筹建的。1965年夏，我前往"北台"所在地"北京西郊中关村"报到。那时此地环境幽静，甚至交通都不太方便。如今，"中关村"名扬四海，而原本坐落在那里的许多科研单位却又迁往新址。北京天文台今为中国科学院国家天文台，新址在朝阳区大屯路，离著名的奥运场馆"鸟巢"和"水立方"相当近。

我初到北京天文台，适逢科学出版社推出法国天文名家弗拉马里翁《大众天文学》中译本的第一、第二分册。译者李珩教授出生于1898年，早年留法，1933年获法国国家博士学位，同年回国。他曾在紫金山天文台任研究员，后为上海天文台首任台长。李先生精于中文、英文、法文，深谙数学、物理、天文，一生发表著述、译作达千万字之巨。洋洋百万言的《大众天文学》是世界科普史上最伟大的作品之一，也是李老耗费心血最多的译作。

中文版《大众天文学》的校者李元出生于1925年，致力科普事业已达70年之久，是科普界和天文界名副其实的元老。他未及而立之年即在紫金山天文台给前来视察的毛泽东主席讲解中国古代天文仪器和天文知识，三十来岁就成为北京天文馆的主要创建者之一。我从青年时代开始，就被李元先生的科普热情深深感染。2005年初夏，在"李元先生八十华诞暨从事科普事业六十周年座谈会"上，我曾献上一副寿联颂扬元老的贡献与追求，曰：

李元先生八十大寿

桃李无言，趋之者众，携万民探索宇宙奥秘，当喜雅俗共赏，六旬耕耘，堪慰前贤；

汉元有器，贵乎其精，向领袖叙说华夏天文，惟期辉煌再现，八秩凤愿，犹赖后昆！

乙酉孟夏学生卞毓麟敬贺于春申江畔

汉元有器，指我国汉代已有浑仪，元代郭守敬又创制了简仪等多种新仪器。上下联的第二字恰好合为"李元"。李元和我谈起那些世界顶级科普大家，总会禁不住地眉飞色舞。弗拉马里翁、阿西莫夫、卡尔·萨根、帕特里克·穆尔等人的作品都是我们的至爱。2010年年初，李元先生将自己珍藏的一套30余册英文原版《阿西莫夫少年宇宙丛书》悉数赠我，并题词曰："纪念阿西莫夫诞辰90周年，送给卞毓麟教授。您是艾萨克·阿西莫夫作品最忠实的中国读者、译者、朋友、研究者"。

北京天文馆坐落在北京动物园斜对面，常有人误认为那是北京天文台。其实，北京天文台是中国科学院下辖的科研机构，北京天文馆则是北京市辖面向公众的科普场所。它们宛如一对"堂兄弟"，专业血统相当亲近。

1974年，上海市拟建一座天文馆，并在上海自然博物馆下设天文馆筹备组。那年秋天，上海自然博物馆同北京天文台协商，将我借调到上海参与天文馆的筹建。建造一座大型天文馆，对我的心灵是一种震撼。我立即全身心地投入工作，其间和北京天文馆的专家有着频繁的交流，李元、卞德培等学长就是在此期间相识的。我为想象中的上海天文馆写下了篇幅可观的"展览提纲"，也经常应邀到上海市各区县为中学地理教师作天文讲座，给中学生作科普报告，还有一次给1000多名小学生讲天文知识。所讲的内容，从宇宙壮观到太阳系的起源，从日食月食到天文学史等，题材相当广泛。当初设想的上海天文馆，因种种缘故而未能成真。但它倒是促成了我第一次与科普正式结缘。

星星离我们多远

"文革"后期，各类杂志陆续复刊。当时，我的大学同窗方开文在《科学实验》杂志做编辑。有一天，他约我为该刊写一篇科普文章，要求三四千字。这可是我从未干过的差使。写什么？怎么写？万事开头难。我说了几个题目，方开文觉得不是太专就是太偏。最后，我向他介绍了"黄道光"的情况，他觉得还可以。后来，这篇题为《黄道光》的文章刊登在《科学实验》1976年第5期上。有些朋友就把这一年称为我的"科普创作元年"。

随后，我又应上海科学技术出版社编辑陆正华先生之约，写了一篇《哪颗星星更明亮？》，发表在《科学普及》1977年第5期上。我认为较诸《黄道光》而言，这篇文章又有了进步。《科学普及》原本是《科学画报》的

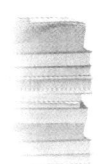

八、星星指引的路

班底，后来刊名又恢复为《科学画报》。当时与我联系的编辑主要就是陆正华。他长我一岁，南京气象学院毕业。我经常去他们编辑部，多次见到编辑部负责人饶忠华先生，但他当时未必认得我。饶忠华有很丰富的科普编创经验，"点子"极多。他有一篇题为《编创十功》的文章，曾在科普界传颂一时。

"十年动乱"告终。盼望国家迅速走上正轨，渴望自己多做有益的贡献，成为当时中国百姓的普遍愿望。我那"应该写点什么"的思绪也从蛰伏中苏醒过来。我愿做一名热情的导游，凭借自己的天文知识，陪伴读者去领略宇宙之神奇，去探访天体的奥秘。这时，方开文又来约稿了。

曾有许多人问我："天文学家怎么知道一颗颗星星究竟离我们有多远呢？"确实，这背后有着无数曲折动人的故事，于是我决定写一篇《星星离我们多远》的长文。为此，费了不少心思，最后决定采用对话体来写这篇文章，以利脉络分明。后来知道，《科学实验》编辑部曾请北京天文台李竞先生费心审阅全文。1977年，此文在《科学实验》上连载6期。我为文章配上以"牛郎织女"为始的28幅插图。这样的表现形式在今天看来是太普通了，可在"文革"刚结束时却使人陡觉新意盎然。

后来，在祝修恒、李元等学长的鼓励下，我将《星星离我们多远》更改体裁，扩充篇幅，增订成书，于1980年年底由科学普及出版社出版。责任编辑金恩梅女士原是我在北京天文台的老同事，当时已加盟出版界。

《星星离我们多远》一书，是这样起首的：

  朋友，您吟诵过这样一首诗吗——
    远远的街灯明了，
    好像是闪着无数的明星。
    天上的明星现了，
    好像是点着无数的街灯。

    我想那缥缈的空中，
    定然有美丽的街市。
    街市上陈列的一些物品，
    定然是世上没有的珍奇。

你看那浅浅的天河,
定然是不甚宽广。
我想那隔河的牛女,
定能够骑着牛儿来往。

我想他们此刻,
定然在天街闲游。
不信,请看那朵流星,
是他们提着灯笼在走。

这首白话诗,作于 1921 年。其高远的意境,丰富的想象,纯朴的语言,浪漫的比拟,冲破了日益衰颓的旧文化的桎梏,体现出一代新风。它的题目,就叫《天上的市街》。

这首白话诗的作者,当时还是一位不满 30 岁的青年。他才气横溢,风华正茂。不多年间,他的名字便传遍了海北天南。他,就叫郭沫若。

古往今来,夜空清澈,群星争辉。多少人因之浮想联翩,多少人为之向往入迷啊!我们要谈的,正是这天上的星星;要谈的,是它们离人间有多远。或许,可以这样说吧:我们将要告诉读者,郭老诗中的"天上的市街"究竟远在何方呢?

诗中写到了天河,写到了牛(郎,织)女,我们就从这谈起吧。当时国内以这种方式来写科普书并不多见。这是一种尝试,成功与否,需听他人评价。天文史家、热情的科普作家、大学时代高我一届的

1980 年的《星星离我们多远》(科学普及出版社,左上)和 2017 年的新版《星星离我们有多远》(长江少年儿童出版社,右上;长江文艺出版社,左下;上海科技教育出版社,右下)

八、星星指引的路

师兄刘金沂很欣赏这样的写法。他撰文在1983年1月号的《天文爱好者》杂志上评介此书，文章题目为《知识筑成了通向遥远距离的阶梯》，文末特别提及："我国著名天文学家、紫金山天文台台长张钰哲先生说，这是近年来写得很好的一本书。"孰料4年之后，45岁的刘金沂竟英年早逝了，实在令人扼腕痛惜。

1987年，《星星离我们多远》获得中国科协、国家新闻出版署、广播电视电影部、中国科普作协共颁的"第二届全国优秀科普作品奖"。令我深为感动的是，中国科学院学部委员(今院士)、北京天文台台长王绶琯先生亲自撰写《评〈星星离我们多远〉》一文，发表在《科普创作》1988年第3期上。王先生在文中写道：

进入现代科学的天文学，是从测量天体的距离发端的，同样大的目标放得近就显得大，放得远就显得小；同样亮的目标放得近就显得亮，放得远就显得暗。所以不论是用眼睛还是用望远镜观测天体，如果不知道天体的距离，所看到的只能是它们的表观现象而不是实质。例如看过去月亮和太阳就差不多一般大小，但是它们的本质却是相差很远的。

天体的距离是如此之大，除了太阳系内几个有限的目标可以用直接测量……的方法定出距离外，其余的都必须借助于某些物理模型和推理。这样，从"近"处的太阳和行星，到以光年到万光年计的恒星和银河系中的其他天体，再到以百万光年直到百亿光年计的河外天体，需要有各种不同的"量天尺"来估计它们的距离。这不但涉及通常在计量工作上需要考究的测量精度、定标等等，还必须涉及基于目前我们对天体的理解而采用的各类物理模型，如变星的"周光关系"，星系的"红移"规律，等等。

把这一切串起来看，是由近到远，不同层次上的一把把"量天尺"的设置与接力，每把"量天尺"的设置都涉及当代天文学上既基本又尖端的问题。因此既要把每一部分各不相同的问题介绍清楚，又要能贯穿起来做到全局脉络分明，不能不说也是科普工作中的一个"既基本又尖端的问题"。

《星星离我们多远》这本小册子成功地处理了这个问题。作者用陈述科学故事的方式把历代天文学家创造"量天尺"的过程放到科学原理的叙述中，这样既介绍了科学知识又饶有兴味地衬托出历史人物和背景。

....

综上所述，全书介绍了从近处的月亮到极远处的类星体的距离的量、估，包含了大量的天文知识和历史知识，作品立意清新，铺叙合理，文笔流畅，是近年来天文科普中一本值得向广大读者推荐的佳作。

王先生是我国天文界的领军人，工作十分繁忙，但他认真通读了我的这本小书，从全书的立意谈起，分析写作的思路和方法，逐章指出优点之所在，还提出了改进意见。那时，科研单位的领导为属下的科普作品写评论，是非常罕见的。不仅如此，在科研单位搞科普，往往还会受到来自周围的无形压力：有"不务正业"之嫌。时至今日，这种情形还相当普遍地隐然存在。我当初也曾感受过那种压力，但是我国天文界几代人的优良科普传统必须发扬光大。即便有一些流言蜚语，扛一扛也就过去了。另外，还难免有讥讽科普为"小儿科"者。我不禁暗忖：这种见识，同李珩、戴文赛、王绶琯等前辈学者相比，何啻天壤之别。中国的科普，太需要更多的王绶琯了！

当初《星星离我们多远》一文连载之后，香港有一家杂志不久即刊出一组署名唐先勇的文章，题目叫做《星星离我们多么远》。我感到很好奇，就抽查了 1500 字，发现它与我那篇《星星离我们多远》的对应段落只相差区区三个字！由此我不胜感慨，科普创作首先要有正确的动机，方能酿就佳作。若将心思花在沽名钓誉上，则未免可悲可叹。我们应该记住乐圣贝多芬的名言："使人幸福的是德性而非金钱。"

更多的媒体

除了撰文写书，其他媒体也渐行渐近了。

先说广播吧。1940 年 12 月 30 日，中央人民广播电台的前身——新华广播电台在革命圣地延安的窑洞里诞生。这标志着中国人民广播事业从此登上了革命历史舞台。2000 年中央人民广播电台为纪念建台 60 周年，举办了面向全国听众的征文活动。曾任该台科教部主任多年的宋广

八、星星指引的路

礼先生约我也写一篇纪念文章。我的文章题目叫《广播,我贴心的"大哥"》,后来被收入杨波主编的《广播在我心中》(北京广播学院出版社,2000年11月)。

《广播在我心中》全书有4篇总序、选编各行各业人士的151篇应征文章,以及1篇后记。4篇总序依次为徐光春(中宣部副部长、国家广电总局局长)的《继往开来 再创辉煌》、吴冷西(原广播电影电视部部长)的《要让人民更爱听广播》、田聪明(新华社社长、原国家广电总局局长)的《弘扬延安精神 再创广播辉煌》和杨波(中央人民广播电台台长)的《缅怀先辈,面向未来,以新的作为创造中央人民广播电台的美好明天》。应征文章按规定都不长,现照录《广播,我贴心的"大哥"》如下。

  中央人民广播电台年长我三岁,是我的"大哥"。在这千年之交的时刻,迎来了"大哥"的60华诞。

  我出生在上海。上海解放时,我刚上小学不久。没过多长时间,我就跟"大哥"学会了一支又一支美妙的歌曲:《东方红》、《解放区的天是明朗的天》、《没有共产党就没有新中国》、《咱们工人有力量》,还有"雄赳赳,气昂昂,跨过鸭绿江……"

  我从小家境清贫,全家省吃俭用买了一台"无线电"(收音机)。父亲爱听新闻,我也跟着养成了听新闻的习惯。母亲因患类风湿性关节炎渐至全身瘫痪,从50年代中期开始再也没能站起来。当时她刚40岁,"大哥"——中央人民广播电台的声音陪伴她度过了后半生。我清楚地记得,当年母亲艰难地跟着"无线电"学习俄语广播教程,她指望有朝一日身体康复重返工作岗位,"大哥"的声音为她增添了战胜病魔的勇气和积极生活的信心。

  科学技术的发展日新月异,家里的"无线电"也随之换成了"半导体"。我总是在《广播节目报》上划下一道道红线。除新闻外,《天气预报》也是我家收听的重要节目,它使人知暖晓寒,提醒你出门时应该注意风云变幻。还有那独具魅力的报时信号:"刚才最后一响,是北京时间X点整",它勉励我惜时,催促我奋进,随着年龄的增长,我愈来愈感觉到了它的深意和分量。

  自不待言,"大哥"也丰富了我们的文化生活。可以说,在整个青年时代,我几乎没有什么条件或机会去音乐厅欣赏高水准的演出。

但是,"大哥"让我一遍又一遍地倾听了《黄河大合唱》、《莫斯科郊外的晚上》、小提琴协奏曲《梁祝》乃至贝多芬的那些交响曲。当然,小说连播、相声、曲艺也总是令人百听不厌。至今我那年近九旬双目失明的老岳母,还天天捧着她的"半导体"。她听小说连播之认真程度,甚至超过学生们上课听讲。

我在中学、大学时代学的外语是俄语。时代的变化使得英语变得重要起来。70年代前期和中期,"大哥"举办的"业余外语广播"节目,帮助我们这些人初步过了英语关。从那时到今天,又过了四分之一个世纪,当年从"业余外语广播"跨出的第一步,实在使我获益匪浅:国际性学术交流、用英语发表论文、翻译英语科普名著、凡此种种,皆由当初的蹒跚学步演练而来。

我所学的专业是天文学。1965年从南京大学天文学系毕业后,长期在中国科学院北京天文台从事科研工作,并热心于科普事业。科学生涯使我与"大哥"又增添了一层新的关系,那就是,通过倾听"大哥"的声音——例如1957年10月苏联第一颗人造卫星上天,1964年10月我国第一颗原子弹试验成功,1970年4月我国第一颗人造卫星播放的《东方红》乐曲响彻地球上空等等,使我对科学的兴趣和对科普的热忱与日俱增。终于,在70年代后期祖国大地迎来了科学的春天之际,我应"大哥"之邀,撰写了《瑰丽多姿的恒星世界》、《不平静的太阳》等科普广播稿,同时也逐渐与中央人民广播电台的朋友们结下了深厚的友谊。90年代中期,我又应邀走进了播音室,与主持人一起在《专家热线》中现场直播,和广大听众一起探讨"地球外的生命"……1997年6月,我被聘为中央人民广播电台科技宣传顾问,深感任重而荣幸。如今因工作变动,我又从北京回到了上海,这样,与科教部的朋友们聚首的机会不免减少。但是,"大哥"的声音清晰地透出了他们的辛劳,我很想念这些好朋友。

这里,应该补上中央人民广播电台两位编辑的名字:约我撰写《瑰丽多姿的恒星世界》等科普广播稿的王念生先生,还有与我一起在《专家热线》栏目进行现场直播的靳雷女士。

我和北京人民广播电台、上海人民广播电台等的联系,前文已稍有涉及,此处不再详述。

八、星星指引的路

至于电视台方面，较多的是电视采访。例如，1994年7月苏梅克—利维9号彗星与木星相撞，天文学家在一年之前就作了准确的预报。彗木相撞前夕，各路媒体对此频频宣传，相撞后又继续跟踪报道，我也是经常接受采访的对象。

也有一些事例，较有典型意义。例如，1995年年初，北京市科协主持拍摄了一系列科技人物专题短片，其中有一部《一位热心科学普及的天文学家——卞毓麟》，片长三分多钟，同年10月9日在北京电视台《科技大视野》栏目(第324期)播出。

1995年春，中央电视台酝酿开辟科教频道新栏目《科技之光》，由武汉电视台具体运作。时任武汉电视台台长赵致真十分热心于科普事业，当时我们虽然不熟悉，但"科普"两字彻底消除了彼此间"隔行如隔山"的感觉。该台为《科技之光》投入大量人力物力财力，派出30多人的工作班子常驻北京。这个班子的成员极其年轻，充满朝气。他们有着强烈的紧迫感，必须在很短的时间内让《科技之光》与广大观众见面，因而必须拼命讲求效率，和时间赛跑。我至今记得梁伟等人请我去做节目，有时甚至不容分说拉了你就走，说是"救场如救火"。节目涉及的题材很广泛，如"闰八月"究竟是怎么一回事、从所谓的俄罗斯"炸月计划"说开去、基础研究如何转化为应用科学，还有一次和章道义先生一起谈论科普创作，如此等等不一而足。2000年5月10日，武汉电视台在京召开"中国科普与新世纪研讨会——纪念《科技之光》开播五周年"，与会者有朱光亚、龚育之、潘家铮、常志海、何祚庥、王赓、林自新、顾方舟、郭正谊、钱雪元、诸大建、张开逊、李启斌、李允武、林之光、葛霆、吴国盛等多位先生，我本人也应邀出席，并在会上首次表述了自己对成人科普问题的思考。

再说1995年暮春初夏，拍摄《中华文明之光》的一位年轻编导张伟绪找到了我。《中华文明之光》是计划拍摄150集的大型系列片，通过一位位杰出的历史人物来反映源远流长的中华文明史。其中有一集《张衡》，需要一名天文学家出镜，在片中解说相关的天文问题。张伟绪提出要在两个地方拍镜头，一是在我家中，一是在北京古观象台。当时我家居室很小，屋内又挤又乱，所以我建议还是免了吧，但张导却说，"没关系，有书就好"，于是仍按计划进行。北京古观象台地处建国门附近，业内人士称其为"古台";而它作为北京天文馆的组成部分,因位于北京城东故又称"东馆"。在那里,我们得到北京天文馆副馆长崔石竹女士的大力支持,借助"古台"的"天体仪"成功地拍好所需的镜头,圆满完成了任务。

1996年春,我先后两次应邀到中央电视台的《东方时空》。第一次的话题与UFO有关,主持人是章伟秋。第二次与李竞先生同往,话题是"21世纪从哪一年开始",主持人是水均益。

1997年9月,中央电视台《人与自然》系列片编导种晖女士前来采访,借北京天文馆拍摄了一些镜头,并邀请我到电视台做嘉宾。《人与自然》是赵忠祥主持的科学文化类系列片,我作为嘉宾参与的是第157集,主题是生命的起源与进化,其中涉及地外生命和地外文明问题,所以要我去"搭档"。不少友人事后反映,我抓住这一机会畅谈天文知识,相当成功。

2000年10月27日,我应中央电视台《读书时间》栏目负责人朱正琳

中央电视台拍摄系列片《中华文明之光》第29集《张衡》实景,本书作者(左)正在北京古观象台借助"天体仪"解说"浑象"的原理(1995年6月21日)

八、星星指引的路

先生之邀,作为嘉宾专程从上海前往北京录制节目,主持人是刘为先生。那天,在我之后接着录制的是作家迟子建。此节目于11月24日首播,题为《卞毓麟谈科普》。《读书时间》工作班子的成员都爱读书,所以才能把这个很难做好的栏目做到位。

进入21世纪,电视台同我的联系不绝如缕,积少成多。此处应该提及的,如2004年在中央电视台科教频道(CCTV-10)《百家讲坛》栏目讲《移民火星》(5月1日播出),这是《探寻宇宙》系列(共22集)中的一集,天文界有许多专家参与了该系列的制作。

还有,临近2009年7月22日长江流域日全食之际,上海电视台纪实频道《风言锋语》栏目主持人李蕾邀请我和严锋做嘉宾,作了一期专谈日食的节目,于7月20日播出。后来,李蕾还曾邀请钟扬和我一起谈电影《阿凡达》,邀请江晓原和我一起谈探索地外文明。李蕾很有才华,她主持的几百集《风言锋语》,有许多出彩的话题和场景。以电视节目为基础推出的《风言锋语系列丛书》(上海文化出版社,2011年8月),书名也很别致,如《剩女无敌》、《基因凶猛》、《人生可以有高度》等。后来电视台调整栏目,《风言锋语》无疾而终,殊为可惜。当然,主持人李蕾有了那么多的嘉宾朋友,收获也是丰厚的。本书第一部分谈到,2014年9月22日那场上海科协大讲坛"以科幻触摸未来",请了李蕾来主持。那天,她送了我一部新作——长篇小说《藏地情人》(浙江文艺出版社,2014年6月)。我读着,感觉很惊讶。这文字,令人想起张爱玲,想起古龙,但这却是李蕾:天分、阅历、悟性、妙笔,都占了。难怪贾平凹赞曰:"太多太多的人都是世俗叙述,而李蕾是灵性叙述。揪池文章,变化陆离。"陈丹燕、易中天、六六等也各予褒誉,但我以为最质朴的还是李其纲的荐语:"这部小说在《萌芽》杂志全文刊登后,受到年轻读者的热烈欢迎。我认为这部作品记录了一个女孩变成女人的心灵史。"

介绍《天文追星》系列在电视台连播的事迹,自然是本书的应有之义。这将在全书收官时,随同《追星》的前前后后"一起来讲述。

100万只"金苹果"

1995年11月,在《科学》杂志创刊80周年纪念会上,我认识了江苏教育出版社的喻纬先生。会后喻纬拉着我谈选题，起先樊洪业和潘友星也在一块儿聊，后来喻纬和我一直谈到凌晨3点多钟。

当时我们想，我国有一批相当不错的科普作家。他们了解中国读者的科学需求、阅读习惯和思维方式。而且，有关部门还评过三次"全国新长征优秀科普作品奖"，表彰过一批有突出贡献的科普作家。那么，我们能不能优中选优，组织一整套既能代表当今中国科普创作水平，又能满足广大读者、特别是满足青少年需求的科普作品呢？

江苏教育出版社支持这一设想，并将丛书名定为《金苹果文库》，我应邀任主编。这套50册的大型科普丛书，按每辑10种出版。作者团队和编辑团队各尽其职，喻纬更是为出好这套书付出了许多心血。后来，《金苹果文库》第三辑荣获第十二届中国图书奖。在2001年2月20日的颁奖大会上，潘友星、喻纬和我正好分别代表各自的出版社领奖，遂择机合影留念，这倒是先前未曾想到的。

《金苹果文库》前4辑累计印刷90万册。2003年夏，我正好60岁，又为第五辑新撰一篇"主编的话"：

世纪之交，果园飘香，灿烂的阳光下，百万只"金苹果"挂满枝头。面对此情此景，你将有何感受？

这片果园，展现在中国的科普田野上；这每一只"金苹果"，就是我们这套《金苹果文库》的一册书。

《金苹果文库》列入国家重点图书出版规划后，编写出版工作进展顺利。全部5辑共50种图书，按每辑10种依次出版。前4辑40种出版后，至今已累计印行90万册，让全国数以百万计的读者品尝到了它们的芳香与甜美。现在，随着第5辑10种正式付印，"金苹果"的产量也真的上了百万。

我们在第1、2辑《主编的话》中说过，科学的发展是一代又一代富有献身精神的人不断努力、不断拼搏的结果。对此，科学巨匠牛顿有一句广泛流传的名言："如果我比别人看得远些，那是因为我站在巨人们的肩上。"

从牛顿的时代至今的三个多世纪中，科学发展越来越迅速，也越来越复杂，所以科学家、科学教育家们就有义务向社会公众，特别是向青少年们尽可能通俗地宣传普及科学精神、科学思想、科学

八、星星指引的路

方法和科学知识，这就是我们主编这套《金苹果文库》的宗旨。

《金苹果》首先是为青少年朋友编写的，具有初中文化程度的读者基本上就可以看懂。当然，它们一定同样会受到渴求加深了解科学技术的成年读者的青睐。《金苹果》的作者们有一个共同的心愿，那就是使读者充分体验到，阅读科学书籍实在是一种妙不可言的美的享受。

几年来的事实业已表明，《金苹果》很受读者欢迎，先期出版的第1、2、3辑已经多次获奖。例如，第3辑获第12届中国图书奖、江苏省第4届"五个一工程"图书奖，第1、2辑均被评为全国优秀畅销书、获华东地区优秀教育图书奖，第1辑获江苏省优秀图书一等奖。在许多地方，《金苹果》还被教育、科技部门推荐给广大中小学生，成为他们喜爱的课外读物。

《金苹果》为什么会取得成功？原因很多，其中有一条很值得一提，那就是我们组建了一支很优秀的作者队伍。这些作者大多获得过中国科普作家协会的表彰，而且有丰富的科研经验，这就为科普作品的科学性、新颖性和深刻性提供了有力的保证。同时，他们也了解中国读者对科普的需求，熟悉中国读者的阅读习惯和思维方式，他们乐意尽力用自己的智慧和笔墨，和读者一同赏析蕴藏在真实的科学精神、科学思想、科学方法和科学知识中的永恒魅力和无穷乐趣。

《金苹果》在选择作者和确定选题时，突破了严格按学科分类和强调覆盖主要学科门类的思维模式，而是先确保作者队伍的"整齐"，再由作者提出最"拿手"的选题，从而确保整套丛书的质量，突显丛书的特色。我想，这样培育出来的"金苹果"，大概是很难"克隆"的吧。

培育《金苹果》的历程，是一次"集结中国优秀科普作家队伍，展现中国优秀原创科普成果"的过程。如今，随着《金苹果》第5辑的问世，编辑出版这套文库的任务算是圆满完成了。然而，《金苹果》的生命力仍将与时俱增，为此，我们再次诚恳地请读者朋友将品尝"金苹果"的感受告诉我们，帮助我们不断地总结经验教训，不断地开拓进取，不断地为我国的科普事业提供更加美好的新作品。

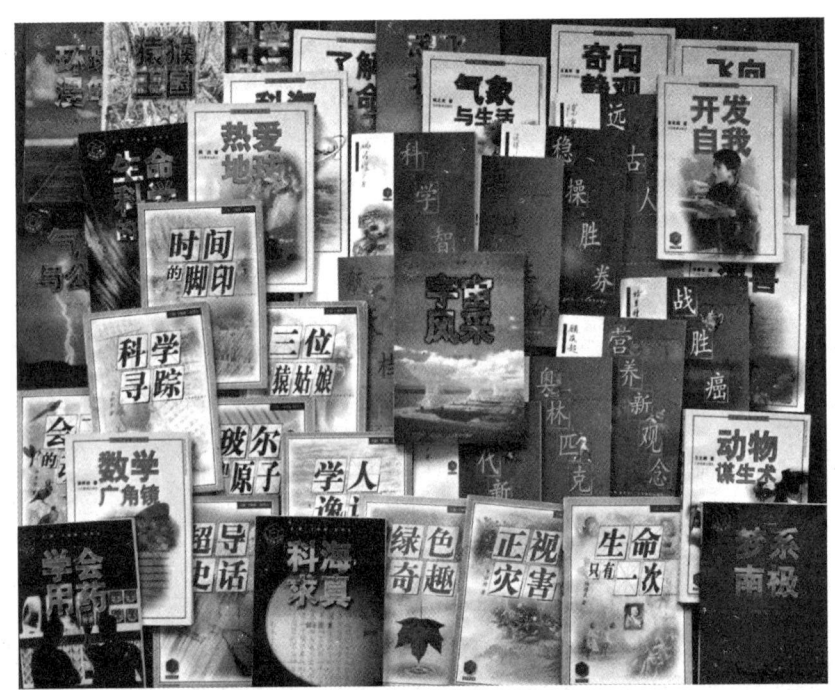

《金苹果文库》部分品种（江苏教育出版社）

对我本人而言，和众多的作者、编者、读者一起，共同培育我们的"金苹果"，实在是一段非常值得回忆的美好经历。亲爱的朋友们，我衷心地期待着：有朝一日，在祖国的科普田野上，在一片新的果园中，我们大家再次来相聚。

这番话，实际上是我与出版社负责该项目的喻纬先生的高度共识。"整齐"的作者队伍撰写各自"拿手"的题材，最终造就了这样50种书：《宇宙风采》、《魂飞北极》、《猿猴王国》、《远古人类》、《了解生命》、《数学广角镜》、《动物谋生术》、《时间的脚印》、《现代新武器》、《大脑如何记忆》、《进化中的机器人》……每一卷书中，各有作者的题词。拙著《宇宙风采》的题词为"洞察宇宙的身世是人类智慧的骄傲"，《群星灿烂》的题词为"敞开胸怀，拥抱群星；净化心灵，寄情宇宙"；张锋著《三位猿姑娘》的题词为"热爱大自然吧，那里有快乐和智慧的宝藏"；华惠伦著《会飞的动物》的题词为"搏击长空是勇敢者的理想"，如此等等，各具哲理，

八、星星指引的路

誉之曰精彩纷呈当不为过。

《金苹果文库》的读者一直延伸到小学四年级的学生，这倒是我始料未及的。少年读者们把作者签名的书本抱在胸前，那种喜悦的神情似乎在不言中叙说着某种哲理。有媒体朋友问道："那么，人们该怎样为不同年龄的孩子提供更多更好的精神食粮呢？"

这是一个多么好的问题啊！我的回答是："这事看似简单，其实却很'深奥'，深奥得我至今依然无法三言两语作出确切的回答。真希望今后不断闯出新路，愿与新一代的青少年科普工作者共勉！"

九、缅怀"南雍"岁月

学养与兴趣

  干编辑这一行,认真和好学是绝对不可少的。不够认真,缺乏学习的热情,绝不可能成为一个好编辑。另有一些要素,对不同领域的编辑会有各不相同的要求,例如古籍编辑的古文功力自然要比较深厚,外语编辑的外文水准当然得有相应的优势,自然科学和社会科学的不同分支又各需编辑具备相关的专业知识,如此等等,人们有时称之为学养。一个编辑的知识储备,在实际工作中感到不足,在处理复杂稿件时显得捉襟见肘,是很正常的事情。但此时,原本兴趣爱好比较广泛的人,往往比较容易摆脱窘境,走上坦途顺利前进。兴趣与学养,不是同一回事,但在一定条件下,在一定程度上,它们又会互相转化。

  兴趣的形成,有先天因素,也有后天的滋养。在后天的滋养中,有刻意的培育,也有潜移默化的熏陶。有自觉的,也有不经意的。总之,兴趣形成的过程实际上从幼时就会开始,历童年、少年而至青年、成年,一路上种种不同的际遇,会使之或强化,或减退,或转移,或山重水复而柳暗花明。

  我本人已七旬开外,少时的兴趣前文已有所述,大学时的境况更是值得回忆,此篇《缅怀"南雍"岁月》便由兹而成。

《南雍骊珠》与徐家福老师

2003年，在初步酝酿"国家'十一五'重点图书出版规划"选题的时候，遵时任上海科技教育出版社翁经义社长兼总编辑之命，我策划了两个项目：《嫦娥书系》和《科学编年史》。后来，它们都正式纳入了"国家'十一五'重点图书出版规划"。这两个项目的策划宗旨、具体内容、实施方案、执行情况和社会影响等，后文将分别细说。这里谈的，是在《科学编年史》组稿过程中的一项意外收获。

2006年春，我前往南京大学，为《科学编年史》中的计算机科学部分求教于徐家福教授。徐教授1924年出生于南京，是中央大学数学系的高才生。他长期在南京大学任教，其间1957年至1959年曾在莫斯科大学数学力学系计算数学专业进修。他是中国计算机软件的先驱，又有深厚的文学情结。他面试研究生，甚至会问到古诗词。有记者问其故，徐老师解释道："一个好的学生应该有宽广的视野，全面的知识结构。作为我来说，则希望尽量给学生创造一个宽松的环境。现在的教育环境，太过功利。有人就开玩笑说过，曾两次获得诺贝尔奖的居里夫人，要放在现在只能当副教授，因为她一生只发表了七篇文章。"

2002年5月，地处南京市的南京大学、东南大学等9所高校同时举行百年校庆，因为它们都有着共同的前身。百年校庆之后，年届八旬的徐家福教授以中央大学南京校友会会长的身份，花了几年时间，主持完成了《中央大学名师传略》的编纂工作。《传略》先后编了3本，上溯到1902年初建的三江师范，共收入270位名师。徐老师指出，中国自古以来，就强调道德文章，我们也按此要求来为中大名师作传。例如陈三立、李瑞清、陶行知、罗家伦、吴有训、茅以升，这些学者的道德学问都是一流的。刘师培虽是民国时期的国学大师，20多岁就颇负盛名，并曾在中大执教，却没有被收进《中央大学名师传略》，因为他后来转投袁世凯，支持袁世凯复辟帝制，逆历史潮流而动。"这样的人，道德上站不住，因此我们不选他。"

《名师传略》书名全称《南雍骊珠：中央大学名师传略》，首卷含108位名师传略，于2004年12月由南京大学出版社出版。我国知名气象学家邹进上教授有《中央大学名师传略参编感赋》一首，曰：

　　　　南雍多俊杰　　校史载风流
　　　　功绩丰碑在　　文光射斗牛

邹教授生于1925年，就读于中央大学气象系。2014年，南京大学大气科学学科建立90周年和独立建系70周年之际，年已九旬的邹进上教授也与后学们聚会畅谈师生情谊，分享人生感悟。

书名《南雍骊珠》中"骊珠"两字易懂，"南雍"则需稍作解说。"雍"义源自"辟雍"，亦作"辟廱"、"辟雝"、"璧雍"，本为西周天子所设大学。位于今北京市安定门内的国子监，是元、明、清三代国家管理教育的最高行政机构和国家设立的最高学府，又称"太学"、"国学"。其主体建筑经历700余年依然完好，是我国唯一保存完整的古代最高学府校址。国子监始建于元代至元二十四年(1287年)，明代曾大规模修葺扩建，清高宗爱新觉罗·弘历(乾隆)又增建"辟雍"建筑一组。国子监的中心建筑"辟雍"本殿建于乾隆四十九年(1784年)，乃皇帝临雍讲学之所，也是我国现存唯一的古代"学堂"。

明初在南京设立的国子监，地处四牌楼，北及鸡笼山，南临珍珠桥，西至进香河，东达小营，覆盖今日成贤街两侧东南大学及周边地区。明成祖朱棣北迁后，南京国子监称为南雍，与北京的北雍并立。明代吴节撰有《南廱志》十八卷，后来黄佐又增损成二十四卷。

南京大学110多年的历史，大致可分为三个时期。其一为三江师范学堂至国立东南大学时期(1902—1927年)，其二为国立中央大学时期(1927—1949年)，其三为南京大学时期(1949年至今)。南京大学另外还有一个源头是金陵大学，自1888年成立汇文书院至1952年与南京大学合并，历时计64载。

中央大学既据故明南雍之地，又宛若民国时期的"国子监"，是以称中大名师为"南雍骊珠"可谓绝妙。我是2006年4月20日，由昔日大学同窗、曾任天文学系主任的唐玉华引荐，如约前往南京大学蒙民伟楼徐家福老师的办公室谒见师长的。其时《南雍骊珠》后两卷尚未出版。徐老师惠赐我首卷一册，并亲笔题字："毓麟贤棣正之。徐家福　丙戌春月"。

《南雍骊珠》有序、跋各一，皆言简意赅。《序》曰：

九、缅怀"南雍"岁月

中央大学名师云集，本书首记名师一百零八位，约四十万言，其中院士三十八位，二十世纪四十年代之部聘教授十二位。罗家伦校长乃五四先锋，睿智高诣，颇多建树。吴有训校长乃物理泰斗，道德文章有口皆碑。胡小石、楼光来、柳诒徵、戴修瓒、孙本文、陶行知、徐悲鸿、赵忠尧、高济宇、秉志、潘菽、竺可桢、茅以升、杨廷宝、陈章、邹秉文、金善宝、梁希、戚寿南、蔡翘等均文坛翘楚，科技泰斗，一代宗师，国之瑰宝，其他诸师亦莫不以道德文章闻于世，传道、授业、解惑，堪称模范，令人永世敬仰。

本书作者在撰稿编纂中抱病属文者有之；搜集资料、核实细节、多次联系海外者有之；字斟句酌、数易其稿者亦有之。我中大校友均届古稀耄耋之年，为出是书，四处联系，不遗余力，人人勇挑重担，个个相互尊重，友谊诚挚，奉献无私，我中央大学之校风于此可见一斑。

"跋"复有言：

在本书编纂中与其事者深受教育，名师立德立功立言感人肺腑，彪炳千秋。为学必先为人，为人要有以天下为己任之志，爱国爱民，诚信为本。为学要有宏图大志，脚踏实地，锲而不舍，持之以恒，求真求实，经邦济世。

沧海桑田，山河巨变。本书所记名师大都早已驾鹤西去，但其为人为学之道犹如日之永恒，永放光芒。宋人张载有言：为天地立心，为生民立命，为往圣继绝学，为万世开太平。中央大学名师之精神，永垂不朽。

读书至此，不禁掩卷自问：先人厚德，吾果能继承而光大乎？

在中国近代文化史上曾有"南雍双柱"之说，是指清末和民国早年承古开今的两位国学大师：王瀣（字伯沆，1871—1944年）和柳诒徵（字翼谋，1880—1956年）。《南雍骊珠》中，《国学师尊王伯沆先生》一文的作者是1946年毕业于国立中央大学文学院中文系的鲍明炜，后为南京大学教授。《魂依禾矫六朝松——记先父柳诒徵先生》一文作者署名柳定生，文末说明作者"1936年毕业于国立中央大学历史系，为柳诒徵先生之高足与爱女。本文据先生之孙柳曾符教授提供之材料整理而成"。

本人寡闻，更欠国学根基，是以先前未尝拜读"南雍双柱"的著作。

2008年,上海科学技术文献出版社以"馆藏拂尘"的名义出版了柳诒徵先生的《中国文化史》全三册,百余万字,卷首冠以"出版者的话"和柳诒徵写于1947年夏的"弁言"。承蒙责任编辑张树先生惠赠一部,披阅之余,颇感"出版者的话"确有深意。其词曰:

  他们,是大家,是名师,通古今之学,成一家之言,传播寰庐;它们,是经典,是名著,经岁月锤炼,尤显底蕴,让人仰止。

  本着弘扬经典、传播文化的理念,上海科学技术文献出版社凭据上海图书馆的资源优势,将近代以降的人文经典冠以"馆藏拂尘"的名义陆续整理出版,所谓"拂尘",顾名思义,就是去其"尘埃",使其清新,原汁原味地重新流播于读者的视野之内,这是我们的出发点,也是一以贯之的宗旨。

  20世纪初期的中国……在东西文化的碰撞中,一些史家开始对中国历史进行重新审视与思考,并提出新见解。通过认真评估中国的文化遗产,柳诒徵寻求重建中国人的群体认同理性。正如论家所言,《中国文化史》"每篇分章分段,紧接于段落后必附引经史、诸子百家语,以及现代中外学人的谠言伟论,藉供读者的彻底了解"。

同时还说到,吕思勉先生的《吕著中国通史》也已"馆藏拂尘",重新出版。

  关于南雍还应提到,在南京大学始建于1919年的北大楼二楼,悬挂着著名戏曲家、中文系教授吴白匋(1906—1992年)的一副楹联:

  北楼高耸南雍,容师生发扬中国文明,兼采东西长处;
  黄土显留青史,喜黎庶爱戴赤旗指引,分明白黑前途。

上下联分别嵌入"北南中东西"和"黄青赤白黑",以描述百年来这座学府的办学特色以及社会的沧桑巨变,委实身手非凡。

  前文谈到《"科学宣传"六议》时,曾提及孙本文先生和他的《社会心理学》一书。《南雍骊珠》中复有《中国社会学泰斗孙本文先生》一文,作者展新原名展耀祖,1948年毕业于国立中央大学法学院社会学系,为孙本文先生之高足。文章不长,言简意赅,读来至为感人。

  再说我那天拜访徐家福老师的初衷,是想商请他为《科学编年史》挑选、确定计算机和信息科学领域的大事,以便进而物色撰稿人。徐老师坚持还是请在北京的张效祥院士牵头,他本人可以配合。张效祥院士生于1918年,曾主持中国第一台仿苏电子计算机的制造,组织和直接参与

九、缅怀"南雍"岁月

中国自行设计的电子管、晶体管和大规模集成电路等几代大型计算机的研制,对中国计算机事业的开拓和发展起到了非常重要的作用。

徐老师随即同张效祥教授直接通电话,告知张教授同意把电话留给我,以供进一步联络。我很感激徐老师,但考虑到张教授已年近九旬,再请他如此劳神实在于心不忍,后来遂另找专家解决了问题。当时,徐家福老师本人也已经82岁。他告诉我,眼下大约有三分之一的时间用于编好《南雍骊珠》,其余三分之二的时间还在负责一个项目,研究国际上兴起未久的新课题。如此老当益壮,着实令人感佩。

转瞬间八九年过去了。2015年初,还是通过唐玉华知悉,《南雍骊珠》已出3本,主其事的徐家福老师身体依然康健硬朗。未久,唐又登府拜望徐老师,并随即函告我,老师面赠她全套《南雍骊珠》,同时让她转交我《南雍骊珠:中央大学名师传略续编》(南京大学出版社,2006年12月)和《南雍骊珠:中央大学名师传略再续》(南京大学出版社,2010年6月)各一册。其中,《续编》共记名师84位,《再续》共记名师78位。《再续》"序"有言:"我中大校友于今已届耄耋之年,为出是书,四处奔走,搜集资料,遍及中外,查阅档案,多方核实,句斟字酌,以善其稿。全书虽几经审改,然限于水平,史料短缺,欠妥错讹之处,尚祈不吝赐正",寥寥七八十字,说透了老人们的甘苦与心声。

徐老师在赠我的这两册书上,依然用钢笔行书题字,曰:"毓麟贤棣正之,徐家福敬赠 甲午冬月"。唐玉华来信中还说:"徐先生的书法也了得,他在书房里写的条幅很漂亮。他老伴2010年去世,现一个人生活,早上有个钟点工。他思维很清楚,讲了他目前还做四件事。91岁的老人真不简单。"斯言也,诚矣哉!

得徐家福老师惠赐《南雍骊珠》,实为喜出望外之大收获。我忆及自己就读南京大学时的点点滴滴,名之曰《缅怀"南雍"岁

《南雍骊珠:中央大学名师传略》及其《续篇》和《再续》(南京大学出版社)

月》，应该说也还顺理成章吧。

数学系黄正中老师

1960 年 8 月，我前往南京大学数学天文学系报到，开始了大学生活。

南京大学天文学系的历史沿革大致为：1926 年广州中山大学数学系扩充为数天系，于 1929 年建立天文台，1947 年成立天文学系。新中国成立后，1952 年全国高校院系大调整时，广州中山大学的天文系和济南齐鲁大学天算系中的天文部分，集中而成为南京大学天文学系。后来天文系和数学系一度合并为数学天文学系，再后来又重新分成数学、天文两个系，我就顺理成章地到了天文系。当时的天文系是 5 年学制，后来分专业时，我分在天体物理专业。这使我成了上海市卢湾中学第一位投身天文事业的校友。

在大学时代，我依然对数学深感兴趣。一、二年级时，与数学专业的同学一起上高等数学大课，由黄正中教授执教。黄老师从未出国留学，却熟练地掌握了英、法、德、俄四门外语。他在教学上竭尽全力，在科研上埋头苦干，那极端认真踏实的作风给学生们留下了非常深刻的印象。他似乎觉得我对数学颇有悟性，故屡次问及："你为什么不上数学系呢？"师生的情谊很深厚，1995 年，我班同学大学毕业 30 周年再度相聚母校，我们几位同学特地登府看望年已八旬的黄老师，他竟然不假思索地说起了我们当年上课和做习题的种种细节。

2009 年 2 月，我出差南京。农历己丑年正月初十（2 月 4 日）立春那天下午，与唐玉华、刘炎两位同龄同班同学再次登府谒见黄正中老师。事前电话联系，老师表示欢迎，但叮嘱切勿带任何礼物。黄老师年已九秩有三，依然神清气爽，思维敏捷，谈笑风生。但前一年长他一岁的老伴去世，不免有孤寂之感。老师以其个人诗集《荒芜集》相赠，更随手翻至《敬挽陈省身教授》一诗：

　　天纵英才德业优，登堂弟子布全球。
　　名扬史册膺高奖，迹遍神州授远猷。
　　拓扑功深开敞道，几何运转更风流。

九、缅怀"南雍"岁月

> 先生驾鹤西天去，化作明星照五洲。

并特地说明末句是指已有小行星命名为"陈省身星"。诗中"拓扑"与"几何"皆数学名词，陈省身教授对此作出的贡献可谓饮誉全球，"膺高奖"指陈先生于 1988 年荣膺有数学诺贝尔奖之美誉的"沃尔夫奖"。正巧，那一年与陈先生分享此奖者恰是前已提及的那位"数字情种"埃尔德什。

陈省身先生 1911 年生于浙江嘉兴，年长黄正中老师 5 岁。他是中国科学院外籍院士、南开数学研究所名誉所长。2004 年 12 月 3 日，陈省身教授因病医治无效，在天津医科大学总医院安详辞世，享年 93 岁。此前一个多月，国际天文学联合会下属的国际小行星中心发布第 52733 号《小行星公报》，将一颗小行星命名为"陈省身星"。《公报》中称，陈省身"在整体微分几何等领域上的卓越贡献，影响了整个数学学科的发展"。这颗小行星是中国科学院国家天文台施密特 CCD 小行星项目组于 1998 年 2 月 15 日发现的，编号为 1998CS2。2004 年 11 月 2 日，陈省身先生精神矍铄，面对前来祝贺的师生和宾客说道："把我的名字跟天上的星星联系在一起，我很荣幸。我是研究数学的，其实我对天文学也很有兴趣，早年在德国汉堡大学念数学的时候，我就选修天文学的课，读天文学的书，数学与天文学有着很多方面的联系。数学史上最伟大的数学家是高斯，而他最早的工作就是研究小行星。现在我有机会跟小行星有联系，觉得非常快乐。"

黄正中老师德高望重，在我国数学界颇受尊敬。大约在 2005 年，我为《科学编年史》一书数学领域的框架，到中国科学院数学研究所请教王元院士和数学史家李文林先生。1930 年出生的王元 25 岁时就使中国人对"哥德巴赫猜想"的研究首次在世界上领先。他师从华罗庚先生多年，他们共创的"华王方法"被国际数学界沿用至今。当我提到当年受教于黄正中老师时，王元先生不禁自语："噢，他还健在，现在恐怕得有 90 多岁了吧。你再见到他，请代我问好。"

从《荒芜集》之"作者自传"，我对老师的一生有了更多的了解。其传曰：

> 我 1916 年 7 月 24 日出生于江西都昌农村。不幸在襁褓中突患小儿麻痹症……直至两岁开始学习走路时才发现，为时已晚，遂成终身残疾。许多轻而易举的工作，我却不能胜任，果能温饱无虞，

便算万幸。承父母不予歧视，得从六岁上小学开蒙直至22岁在上海交通大学数学系毕业。

毕业后，抗战期间黄老师曾在江西几所中学和大学执教，抗战胜利后回母校交大任教。

  1952年暑期全国院系大调整，我被调入南京大学数学系任教授职，直至1987年3月以年迈退休……1995年起因目力不济，决心放弃数学钻研，改学诗词以自娱，陆续在国内诗刊上发表，到现在积有诗词约三百首。鉴于年逾九十，来日无多，子女促编印成书，以留纪念，取名为《荒芜集》。以上是个人经历和本书的由来。人生如作客，本书亦雪鸿爪印而已。

文字写得平淡轻巧，但耄耋之年"改学"，且能"陆续发表"，真是谈何容易！这与他毕生的认真、敬业是决然分不开的。在南京严冬的寒风中，黄老师一瘸一拐地来到学生宿舍为我们辅导答疑的情景，永远留在了我们的心田！

2009年2月那一次见到黄正中老师时，我告诉他，我到出版界工作已十年有余。这几年有一些很好的数学家传记和数学科普书，可以寄给先生看看。我报出书名后，老师戚然曰："眼睛不行啦，不麻烦你了。"没想到当我们告辞时，先生忽然又对我说："如果方便的话，还是寄给我吧。"老师一辈子与数学相伴，毕竟旧情难忘啊。

回到上海，我就给黄老师寄去5本书：《数字情种——埃尔德什传》(2000年)、《知无涯者——拉马努金传》(2002年)、《逻辑人生——哥德尔传》(2002年)、《千年难题——七个悬赏1000000美元的数学问题》(2006年)和《素数之恋——黎曼和数学中最大的未解之谜》(2008年)。上海科技教育出版社引进的这些著作品味高尚，它们都是知名品牌《哲人石丛书》的成员。其中《数字情种》和《知无涯者》的责任编辑是我本人，后文专介《哲人石丛书》时还会详述。

2011年8月，我应少年儿童出版社之请，为编撰《十万个为什么》(第六版)事宜与该社洪星范副总编辑同赴南京大学天文系拜访"天文卷"主编方成院士。回沪前，我又于8月11日和崔连竖、唐玉华、刘炎三位老同学一起看望黄老师，并合影留念。老师思维依然敏捷，但较诸前几年，老态毕竟愈益明显了，这使我心里很觉难受。然而无论如何，我却

九、缅怀"南雍"岁月

从未想到，这竟是同老师的最后一晤了。2012年10月29日，黄正中老师在南京逝世，享年97岁。噩耗传来，哀痛难抑。犹忆学生时代我曾一度担任数学课代表，每次收齐全班的作业本送到黄老师家中，临走时他都要亲自送到门口，躬身道别。这一代学者的嘉言懿行，真令我辈肃然起敬。

《荒芜集》之命名，映照出黄老师的自谦。其实，老师教书育人桃李天下，著述翻译科研攻关，又何尝有过须臾之荒芜呢？黄老师驾鹤西去，身后留下的是一片永不荒芜的沃土，试看他的学生们、学生的学生们、学生的学生的学生们……如何在这片沃土上生根、发芽、开花，结出了多少丰硕的果实啊！

中文系吴新雷老师

大学时代的生活很清苦，"三年困难时期"勉强吃饱已非易事。深受全校师生爱戴的郭影秋校长，不时前往学生食堂转悠，要亲眼看看学子们的伙食究竟如何。当好这个家，实在不容易。

我们上学时，几乎没有什么零花钱，穿着也经常补丁累累。不过，清苦归清苦，心情却相当愉快。南京大学不仅有许多遐迩闻名的系科和教师，而且有读之不尽的各门各类的藏书。天天有好书可读，经常有精彩的课外讲演可听，其乐趣很难用笔墨形容——这正是综合性大学的优势所在。

当初，我和刘炎都特别喜欢听中文系吴新雷老师讲宋词和元曲。吴老师生于1933年，长我10岁，当时刚30岁，瘦削的个儿，一副斯文相。讲演时或携笛或持箫，连奏带唱，情趣十足。他教唱姜夔的《疏影》、《暗香》，令来自全校各系的学子流连忘返；他边讲解边比画，把《长生殿》"定情"一出的"下金堂，笼灯就月细端详，庭花不及娇模样……"演绎得惟妙惟肖。

吴老师学业精深，视野开阔，为人忠厚。我毕业多年之后，方始有了更深的知晓。例如，程千帆、吴新雷著《两宋文学史》（上海古籍出版社，1991年）有一篇《后记》，是国学大师程千帆先生在1988年10月写就的。程先生1913年出生，《后记》中说自己1956年40多岁时在武汉大学讲授中国文学史，想依据讲课内容写一部较大的书。1957年春，写成宋元部分约 40 万字。但不久在"反右"中戴上了"帽子",一戴就是 19 年。1978 年,程先生受南京大学匡亚明校长聘请重上讲坛,又先后发表了不少作品。然而程千帆先生此时"已届暮年,加之责重事烦",这部未完成的文学史稿"不要说完成全书,即使充实修订已经完成的宋元部分,也感到力不从心了。"《后记》写道:

> 正是在这个时候,我找到了吴新雷教授。吴先生……对词曲、戏剧、小说具有很专门的知识,而这正是我所缺乏的。由于我的请托,吴先生慨然同意将我这部很粗糙的旧稿加以充实修订……经过他八年的辛勤耕耘,这部《两宋文学史》终于定稿,可以付印了。
> 我们的工作方式大体上是,他先改写我的第一稿,我再改他写的第二稿,如有异同之见,随时讨论解决……这部书的每一章节,应当说,都浸透了两个人的心思。它是一个整体,有别于那些多人分头执笔,写成后再由一二人加以编定的书。我们觉得这也是一种合作方式,可供学术界有志从事集体研究及合作撰写的同志们参考。

我尝见各种报道,对吴新雷老师以著名红学家相称。自己置身天文界,原先对此寡闻,不免深觉惭愧。倒是 2002 年,吴老师耗费 10 年心血主编的《中国昆剧大辞典》(南京大学出版社)付梓,我亦购得一册。此书 310 万字,装帧典雅,孙家正先生为封面题签。媒体对此多有报道,称吴老师为"昆曲修典第一人"。吴老师为《中国昆剧大辞典》写的"序言",开宗明义地写道:

> 这是一部生动有趣、资讯丰富的昆剧工具书。全书的整体架构展现了综合艺术的立体性和动态性,从源流史论到古今变革,从文学声律到艺术表演,从剧目唱腔到舞台妆扮,从专业的演员剧团到业余的曲友会社,多方位、多层面、多角度地反映了昆剧的总体面貌。内容充实,有根有据;按谱赏戏,可歌可读。既有知识性的认知价值,又有学术性的史料价值。

也正是从这篇序言,我才知道 1956 年南京大学中文系陈中凡教授招收吴新雷为研究生,就是希望把他培养成服务于昆剧事业的苗子。陈中凡教授本人就是一位昆曲迷,他早年毕业于北京大学哲学系,是蔡元培和陈独秀的高足。吴老师在"序言"中说:

> 奇妙的是陈先生指导我从事曲史研究的方针,却是要我首先从

九、缅怀"南雍"岁月

看戏唱戏入手。陈先生专门为我请来一位老曲师，花了两年时间教我演唱昆曲，举凡"生旦净末丑"的南曲和北曲都学了，还学了一些舞台身段，初步了解了戏曲程式和表演艺术的基本知识。然而，这种培养方式并不是一帆风顺的，曾经引起了争议……

及至1992年，《中国昆剧大辞典》项目在各方赞同下启动发轫。吴老师规划全书的基本框架，正副主编共同商定编辑方针，并分工组稿，"约请全国各地愿意执笔的同志共襄盛举。由于物力维艰，拿不出报酬给写稿人，我四出奔走，也往往是自掏腰包。幸得各地同志都理解我为昆剧作义务宣传员的苦心，给我以充分的信任，友情相向，无条件地提供有些古籍、书画、相片、剧照、戏单、报刊等可贵的参考资料，乐意捉笔助成，真是情义无价，诚挚感人"，云云。由此足证培养一名人才，做成一件事情，乃至编好一部书，都是何等的不易！

2012年2月，我赴宁参加"天体物理与相关物理前沿"研讨会，兼庆陆埮院士八十华诞。25日晚7点半，我同刘炎如约登府拜谒吴新雷老师。师母印世蓉因曾中风行走不便，但思维言谈均甚敏捷。她见到我们时便笑道："我记性不好，你们下午打电话来，我也想不起来是谁，还以为是骗子呢！"我们闻言不禁哈哈大笑。我拿出8年前买的那厚厚一大本《中国昆剧大辞典》，请吴老师写几句话。老师几乎不假思索地一挥而就：

路是人走出来的，

生命需要创造！

卞毓麟校友勉之

吴新雷签题

二〇一二、二、二十五

并解释道："本来这应该是你20岁时题写的，现在过了50年，虽然老了，但生命仍然需要创造。"

如今，我在吴老师那里总是自称"天文系的老学生"。遥想当年，作为一名大学生，求知欲真的很强烈。一次期末考试刚刚结束，有同学看我兴冲冲地不知要往哪儿跑，便问我去干什么。我说："到图书馆去。"原来，当年天体物理专业教学计划中没有设置广义相对论这门课，我想趁放假赶快抓紧自学。

还有一次，1963年党中央发出向雷锋同志学习的号召。我在南京市

甲申年正月初一(2004年1月22日)在吴新雷老师(右)家留影

中山东路新华书店见到贺敬之的新作长诗《雷锋之歌》单行本，觉得它既优美又感人，心中十分喜欢，但囊中却羞涩到没有两毛钱来买书。结果硬是站在书店里读完了它，营业员十分大度地容忍了我这位年轻的读者。

没钱买书，还可以到校图书馆去手抄。诸如任继愈先生的《老子今译》、闻一多先生的《怎样读九歌》，乃至《白香词谱》、《千家诗》、《胡笳十八拍》、《孙子兵法》等，应有尽有。图书馆阅览室一位工作人员偶见我桌上放着天文书、数学书，却在起劲儿地抄写上述这些东西，不禁问道："你是哪个系的？"当年这些"手抄本"，有不少一直保存到了今天。

天文系主任戴文赛

2002年5月19日上午，"戴文赛教授铜像揭幕式"在南京大学天文系举行，77岁的戴师母刘圣梅老师亲临会场并讲话。

此前约六七年，刘老师曾函嘱写点回忆戴先生的文字，一则寄托对先师的思念，二则也为写一部较完整的《戴文赛传》多积累一些素材。

这确是我的心愿。然而出于种种原因，夙愿却未及时付诸行动。铜

九、缅怀"南雍"岁月

像揭幕令我猛醒：而今既逢南京大学天文系建系50周年，又值中国天文学会成立80周年，此时不将感念恩师之情付诸笔端，则更待何时！所成文字以《缅怀戴文赛老师》为题，发表在《天文爱好者》杂志2002年第6期。现酌情修订转述之。

戴文赛老师生于1911年，1933年毕业于福州协和大学数理系，后留学英国剑桥大学，1940年获博士学位。回国后曾任中央研究院研究员，燕京大学教授。新中国成立后，先是在北大执教，1952年中山大学天文系和齐鲁大学天算系合并为南京大学天文系，戴先生也从北大到南大当了系主任。先生举止儒雅，待人和善，深受全系师生爱戴。50多年前先生亲自给我们授课的情景，如今依然历历在目。

"我的病不是癌症"

1979年4月30日，戴先生因患癌症与世长辞。此前，他曾于1977年8月至1978年3月在上海瑞金医院住院治疗。刘圣梅老师任职南京大学图书馆，有深厚的外语功底，这时只好放下工作，在医院日夜照料陪侍。那时，我从北京天文台借调到上海参与筹建拟议中的上海天文馆，遂得以常赴医院探望老师，帮他老人家做点买药、抄稿、找资料之类的工作。

老师身患绝症，大家都很谨慎地不向他本人详询病情。然而，令我惊奇的是，有一次先生居然认真地对我说，"我的病不是癌症"，并花了不少时间来详述作此判断的依据。戴先生的真实病情，当时对他本人绝对保密。医生编了一套说辞来让这位天文学家宽心，也许戴先生是信了。刘圣梅老师很令人钦佩，当着戴先生的面她始终保持着笑容，只是她的泪水在往肚里流。

入住瑞金医院后，戴先生于8月4日做了肠癌手术。由于发生肠梗阻，不久再次手术。8月29日，先生入住九病区高干病房。住院期间，他身体很虚弱，但仍然完成了大量工作，包括继续进行太阳系起源和演化的研究，定稿30余万的专著《太阳系演化学(上册)》，以及完成《天体的演化》一书的校订等。为此，先生在病房伏案工作的时间甚长。有一次，与他同住九病区的一位将军对我说："你们的老教授真好，一点儿都没有架子，还教我们打桥牌。但他有一个缺点，那就是每天工作的时间太久，这对身体很不利。你是他的学生，要劝说他注意好好休息。"

劝说是徒劳的。当时"十年动乱"结束未久，科学的春天重又到来，像戴先生这样的科学家是不可能"好好休息"的。我那时三十四五岁，和前去探视戴先生的其他学生一样，深深为他的工作热情所感染。先生的单人病房成了"会议室"，在那里，病人究竟同探视者们有过多少次学术讨论，就很难计数了。

《太阳系演化学》是戴先生长期研究太阳系演化问题的集大成之作，写书的主要助手是胡中为老师。在出书之前，为了让公众了解戴先生的研究成果，我应《科学画报》编辑陆正华先生之邀写了一篇约3000字的文章，题为《太阳系诞生的新学说》，并送先生本人过目。戴先生阅后告诉我，此文的写法和他本人正在为《自然杂志》写的一篇文章相似。于是我便请示先生如何改写，不料先生凝神片刻后竟答道："你这篇就不必改了，还是我来改写给《自然杂志》的那篇吧。"1978年3月号的《科学画报》刊出拙文，而先生正好于同月离沪返宁。

1977年临近岁末，戴先生的科普佳作《天体的演化》面世。就科学内容而言，这是一本中高端的科普读物，其中贯穿着作者对天体演化问题的哲学思考。戴先生赠我亲笔签名样书一册，嘱我多提意见，以利日后修订。我谨遵师命，很快就仔细读完全书，认真提出了上百条修改和勘误意见。先生非常高兴，对许多意见表示赞同，很多年后刘圣梅老师还记得当时的情景。

1978年3月，戴先生离开瑞金医院返回南京。临行前，他拿出一把漂亮的计算尺，告诉我这是一位美国天文学家送给他的，现在转送给我留个纪念，并表对探视、关切的感激之情。先生教我们读书做人，学生自当尽心相报。先生雅意，令我受之有愧，但计算尺我还是收下了。随着袖珍计算器的普及，计算尺本身已失去实用价值。然而30多年来，每当我望着这把计算尺，就仿佛又见到了在病房中奋笔疾书的戴先生。

"你认识文赛吗？"

1988年3月，我由北京天文台公派到英国爱丁堡皇家天文台做访问学者。那时，该台的台长是年富力强的第九任苏格兰皇家天文学家马尔科姆·朗盖尔教授，我在那里曾得到他的不少帮助。

朗盖尔台长的前任是雷迪什教授，雷迪什的前任是赫尔曼·布鲁克教授。我去爱丁堡的时候，年逾八旬的布鲁克已经退休在家多年。他学

九、缅怀"南雍"岁月

识渊博，对中国很友好。我和妻子曾应邀到他家做客。他的夫人玛丽·布鲁克也是天文学家，她还向我谈起几十年前与我国前辈女天文学家邹仪新先生交往的情景。

非常有趣的是，布鲁克教授特意问我："你认识文赛吗？"

这个问题出乎我的意料，也使我感到好奇。我正要回答，教授夫妇又补充道："他年轻的时候在英国学习天文，非常聪明。"

这时，我说："四分之一个世纪以前，我是南京大学天文系的学生，文赛是我的教授。"不料，布鲁克教授马上接着说："半个世纪以前，文赛是剑桥大学的学生，我是他的教授。"言罢，彼此相视大笑。

师生之间

戴先生待学生非常亲切。有一次在天文系办公楼附近路遇戴先生，他问我到哪里去，我说想找个教室去自修。先生不假思索，立即说道："我正好到系里去，你就跟我到系主任办公室去看书好了，那里没其他人，很安静。"当时我很感动，但又觉得很拘束。而今自己年纪老了，回首往事，有这样的老师真是幸运。

我在大学四年级时写过一篇黑板报文章，介绍戴先生如何阐述"宇观"概念。有一位青年老师问我从哪儿弄来的资料。我告诉他，《哲学研究》1962年第4期刊登了戴先生的论文《宇观的物质过程》，我仿佛是做了一篇读书笔记。后来，我对天文学哲学乃至科学哲学兴趣甚浓，多少也受了先生的影响。1984年2月，中国自然辩证法研究会天文学专业组编的《天文学和哲学》一书，由中国社会科学出版社出版，我为之撰写长文《"宇观"概念的发展——纪念著名天文学家戴文赛教授》。差不多同时，我与戴先生的研究生、比我高一届的张明昌和刘金沂两位师兄合作的论文《关于戴文赛天文哲学研究的初探》在《南京大学学报(自然科学)》1984年第1期发表，后来此文又收入《天文学哲学问题论集》(人民出版社，1986年11月)，可惜先生辞世已久，再也不能指点我们了。1987年，刘金沂英年早逝，师母刘圣梅甚是哀痛。又闻多年来张明昌兄在用心撰写《戴文赛传》，惟盼佳作早日问世。

"这两者都是人民的需要"

戴先生作为一代知名学者，殚精竭虑于科研、教学，累累硕果，桃李天下，自不待言。而尤其令我感佩的是，他数十年如一日，以科学大众化为己任，身体力行，笔耕不辍，为我国的科学普及事业作出了卓越的贡献。

戴先生作过许多有关宇宙知识、天体演化的科普报告。当年，他在大众天文社北京分社成立大会上作科普报告的开场白，至今仍为许多亲闻者津津乐道。他向听众提问："今天是1952年4月20日，现在是下午2点30分。这两句话里有多少天文学问题呢？"

深厚的学术功力，兼之良好的文学和艺术修养，使得先生写文章、作报告皆能举重若轻，化难为易。我非常佩服戴先生的许多科学散文充满诗情画意，读来令人心旷神怡。20世纪40年代，他从英伦归国未久所著的《星空巡礼》就很脍炙人口。全书8万多字，分为"月光"、"繁星"、"朝阳"、"长庚"、"北斗"、"银河"、"宇宙"7个部分，每一部分各由逐步深入的若干短篇接连而成，共计92篇，尽是科学美文。例如，《月光下的艺术家》一篇是这样开头的——

  清秀的月光是自然界的一种美景，是一般人欣赏的对象，也常使艺术家得到创作的灵感。李白可以说是我国最喜欢月亮的诗人。《唐诗三百首》里头有31首李白所做的诗，其中有17首提到月亮。常由月光得到灵感，怪不得他的诗做得那么好，而被称为诗仙。

文章介绍李白的《月下独酌》和苏东坡的《水调歌头》之后，又继而谈到：

  13世纪意大利大诗人但丁同时是一位天文家，空闲的时候常在观测天象。他的作品（如《神曲》和《新生》）里头充满天象的描写：月亮提到51次，称它为"永恒的珍珠"、"太阳的妹妹"和"正义的象征"。11世纪波斯诗人欧玛卡伊安也同时是一位天文家和数学家，在他那些有名的四行诗（我国有一译本名《鲁拜集》）里头也提到了月亮。英国大诗人弥尔顿在他那部伟大作品《失乐园》里头也讲到日月星辰。古今中外还有许多诗人和文学家在他们的作品里头描写天象，尤其是描写月光。大音乐家贝多芬的《月光曲》是很有名的钢琴曲。

我在大学时代尚未开始科普创作，但戴先生热心科普对我的潜在影响相当深刻。十多年后，1979年3月，戴先生病危之际，还为将要出版的《戴文赛科普创作选集》（科学普及出版社、江苏科学技术出版社，1980年4月）一书"前言"写下了这样的话语：

  我一直认为，科学工作者既要做好科研工作，又要做好科学普

九、缅怀"南雍"岁月

戴文赛先生（左三）在上海市瑞金医院住院病房同前来探望的学生讨论科研问题（1977年），左四为本书作者

及工作，这两者都是人民的需要，都是很重要的工作。党中央发出了"提高整个中华民族的科学文化水平"的号召，科普工作就有了更重要的意义。我们科学工作者，应该拿起笔来，勤奋写作，共同努力，使我们中华民族以一个高度科学文化水平的民族出现在世界上。一个多月后，戴先生与世长辞。

1965年，我大学毕业，也成了一名专业天文工作者。既是继承了戴先生的科普情怀，也是出于与日俱增的社会责任感，抑或是两者兼而有之，促使我几十年来创作和翻译了内容翔实、数量可观的科普读物。1998年春，我又加盟上海科技教育出版社，专心致力于科技出版事业。"这两者都是人民的需要"，先生这种强烈的使命感，今天依然是我做人做事的榜样。

南大校友通讯

2011年12月18日星期天，"戴文赛先生诞辰100周年纪念会"在南京大学鼓楼校区举行。9时30分，向坐落在天文与空间科学学院行政楼的戴先生铜像献花。10时，纪念会在南京大学科技馆二楼报告厅开始，由学院党委书记周济林教授主持，戴先生的高足、国际天文学联合会前副主席、南大天文系前主任、我的老师方成院士介绍戴文赛先生生平，副校长杨忠教授致词。承会议组织者安排，我作为与会个人代表致词《做人如水 做事如山——深切缅怀戴文赛老师》。在几分钟的致词中，我用电脑投影呈示了少年儿童出版社存档的1960年11月戴先生的函件，谈他对《十万个为什么·天文分册》题目的意见；转引了李珩先生当年悼戴先生的挽联：

    四十载春风化雨，英才遍海内，百世英明君不朽；
    百万言呕心沥血，宇宙探化育，七旬扼算我凄然。

还展示了戴先生当年赠予我的那把计算尺，谈了自己如何在先生鼓励下致力于科普创作等。

致词甫毕，在座的南京大学校友总会副秘书长、《南大校友通讯》执行主编赵国方先生即向我表示，将会安排有关人员来采访我，希望我能谈谈自己的经历和成就。我立刻表示：南大有真才实学的校友不计其数，我本人根本不值得一提，今天在座的院士们、老师们、校友们都值得采访，怎么说也轮不到我。赵国方先生说："大家情况不同，各人都有特色，今天算是先同您打个招呼。"后来，由常为南大校友会撰稿的胡永琦先生采访执笔，在《南大校友通讯》2012年7月秋季号上刊出《心行梦随"追星"人——记卞毓麟校友》一文。"追星"人，既指天文学家，又与拙著《追星》书名相呼应。此事说来惭愧，就此打住吧。

另有一篇文章，我倒颇愿提及，那就是《斗转星移四十秋 难忘母校培育情——天文系1965届毕业生团聚记》，此文由我执笔，载于2005年6月夏季号《中央大学校友通讯二〇〇五年总第15期、南大校友通讯二〇〇五年总第29期合刊》。文曰：

  2005年5月20日，南京大学103周年校庆纪念日，我们35名天文系1965届毕业生再次回母校欢聚一堂。下午，在天文系举行座谈会……会后留影，校园漫步，心潮澎湃，激情回荡，斯情斯景，委实难以言状。

  南京的变化日新月异。许多在外地工作的老同学，10年前都曾来宁参加毕业30周年聚会；有些同学3年前还来参加过南大百年校

九、缅怀"南雍"岁月

庆,而这次一下火车,从南京站乘出租车前往鼓楼,须经过玄武湖隧道仍使大家感到新奇。5月21日上午,登狮子山,游阅江楼;下午前往雨花台凭吊革命先烈,兼赏雨花传统文化。旧地重游,温故知新,无时无刻不在感受"与时俱进"这四个字的分量与涵义。当晚在南园用餐,对面八舍依然是女生宿舍,只是又"长高"了几层;当年曾在十二舍同处一室的七位同学,很想与40多年后的今天住在这同一寝室的学生一起谈谈今昔大学生活之异同;不料事出意外,那间寝室已经成了家属宿舍。

5月22日星期日,白天前往安徽滁州,访醉翁亭,登琅琊山。晚上在夫子庙观赏秦淮夜景,惟见游人如织。遥想45年前入学时,正值"三年自然灾害"的困难时期。当时有的来自贫困地区的同学,曾因家境困难而多次辍学。是以参加这次聚会的同学,最年轻者虽仅62周岁,最年长者却已届虚岁七旬。但是,无论少长,个个壮心不已,决计认真锻炼身体,保持良好心态,5年之后的2010年是我们入学50周年,定要精神振奋再相聚。

情深心齐,是聚会圆满成功的根本原因。南京当地的许多同学,为落实此次团聚殚精竭虑,令外地同学至为感动。凝视着40年前的合影,有人情不自禁地哼起了天体物理专业一位同学在毕业前夕作曲填词的那首歌:"像山鹰飞向长空,像小河奔向海洋,我们告别亲爱的母校……"

新街口夜色迷人,霓虹灯流光溢彩。置身这青春焕发的南京城中,我们记忆犹新,欢乐如故。今后每过5年,我们都会相聚;无论选择怎样的旅游线路,大家总会再来看看母校,看看风景如画的南京,看看"望吴楚天低"的石城,看看如此多娇的秦淮河、紫金山……

上述种种回忆,不过是"南雍"岁月的只鳞片羽。但毋庸多言,所有这些,对于成为一名合格的编辑,特别是科技编辑,又该有何等的裨益。

十、《大师系列》的故事

旅游,素有来去匆匆的走马看花,也有寻胜探幽的深度游。编辑路上的风景,亦宜择其精华,从容观之赏之。《科学大师佳作系列》就是一个精彩的案例。我在其中担任的角色,可算是一位尽力辅助编辑出版的热心作者——更确切地说是译者。

三封来信"剪彩"

1993年11月初,我在京收到时任上海科学技术出版社科学编辑部主任、老友潘友星来信。信中主要谈两件事,一是关于调整充实《科学》杂志特邀编辑,办好有关栏目,争取逐步形成专栏作家队伍等事宜;二是告知上海科学技术出版社买了一套《科学大师系列》科普丛书的版权,由张跃进负责此事,其中《宇宙的起源》和《宇宙的最后三分钟》两书英文稿已到,拟请我翻译其一,并推荐他人执译另一本,信末特嘱即复。

我回信后,旋即收到张跃进11月15日来函。跃进出生于"大跃进"年代——1958年,这时35岁,工作勤奋,劲头十足。十来年以后,他先后任上海科技出版社副社长、远东出版社社长、上海教育出版社社长等职。那次来函,好像是他第一次给我写信。信中说:

>卞毓麟先生:您好!
>
>曾在上海赵君亮处与你见过一面,不知是否还记得我。我原来是《科学》杂志的编辑(潘友星是我的老师),现调去我社国际部主事

十、《大师系列》的故事

对外及国际出版业务。

"Science Master Series"是我社 1994 年的重点书目，这事主要由我负责在搞。在拿到此系列丛书书目时，我首先想到了你。因为我曾经加工过你的稿件，对你的文字能力有非常好的印象。再则，我所认识的天文界的作者都对你推崇备至。由于当时怕你记不起我，所以请潘友星写信给你。你写给潘先生的信我已看了，非常感谢你能承担 The Origin of the Universe 一书的翻译工作。

此系列十二种书的篇幅都不大，每本约 8 万—10 万字，但翻译的水准和时间要求很高。由于 1994 年 10 月我们要与世界 24 国同时推出 12 种书中的 4 种（我社与美国 John Brockman 公司签约时有这一要求），因此译稿最迟要在 1994 年 2 月份交来我处。时间虽然紧了些，但好在原稿的字数不算多，不知卞先生是否能接受这一要求……

上面提及的 John Brockman，即后文一再谈到的约翰·布罗克曼。跃进信中告知，他本人目前正忙于为此系列组一个编委会，打算请中国科协主席朱光亚先生出任主编。不久又接跃进 11 月 24 日函，告知"两封来信都已收到"，并表示：

此套丛书的翻译时间是比较紧，这可能会给你增加难度，但这也是不得已而为之。因为明年 10 月份，全球 25 个国家商定好用十几种文字同时推出这套丛书中的 4 本，因此中文版不能在全球已形成热点之后再问世。这点还得请你谅解。我与我社总编商量之后，为了保证质量，决定再给一个月的时间，即 3 月份交稿（1994 年 3 月），这样的话，等译稿完成后，余下的工作就变得异常紧张，但为了保证译稿的质量，不得不这样做。

翻译《宇宙的起源》，就这样基本说定了。至于《宇宙的最后三分钟》，我原本推荐北京天文台的老学长李竞先生执译，但因时间太紧未果。出版社遂请时任上海天文台台长的赵君亮先生救场。但赵正要去加拿大做半年访问学者，故爱莫能助。与此同时，赵台长又力荐该台傅承启先生执译此书。傅是我的大学同窗，日后的事实证明，《宇宙的最后三分钟》的确译得很好，再加上赵君亮做此书的校者，真可谓上了双保险。几年之后，我自己到上海科技教育出版社做编辑时，又几次请傅出山，与何妙福先生合译了几本难度很大的书,如《星云世界的水手:哈勃传》、《孤独的科学之路:钱德拉塞卡传》、《无之书:万物由何而生》等,亦均获佳评。

我历来认为,引进外国优秀科普作品的价值不亚于引进外国先进技术。不过,在20世纪八九十年代之交,中国的科普出版事业一度不甚景气,就连阿西莫夫这样的科普大家也遭到了冷落。因此,当《科学大师系列》(后更名为《科学大师佳作系列》)的书目及其作者阵容展现在眼前时,我不禁为之一振:为国人提供此系列之中文版,善莫大焉!

然而,善亦善兮,难则难矣!欲于百忙之中赶在4个月之内译完《宇宙的起源》,真是谈何容易。翻译实在是"精工细作"的活计,若一味图快,势必忙中有错,在编辑加工过程中更会遇到许多麻烦,结果势将欲速而不达。凡此种种,唯有深入此道,方知其中甘苦。译作之优劣,固然取决于译者的外语、汉语和专业知识功底,但更重要的是译者所花的力气。功夫下够了,就不容易出现"门修斯"(有人将 Mencius 误译为"门修斯",其实应为孟子)或"常凯申"(有人将 Chiang Kai-shek 误译为"常凯申",其实是蒋介石)之类的荒唐事了。我向来钦佩傅雷的译作,很艰难的原著——请想想罗曼·罗兰的那些作品吧,在傅雷译来仿佛还游刃有余。即便如此,傅雷本人却往往对自己不甚满意。这有杨绛先生《傅译传记五种》代序为证:"傅雷对于翻译工作无限认真,不懈地虚心求进","他从没有自以为达到了他所悬的翻译标准。他曾自苦译笔呆滞,问我们(卞按:指钱锺书先生和杨绛本人)怎样使译文生动活泼。他说熟读了老舍的小说,还是未能解决问题。我们以为熟读一家还不够,建议再多读几家。傅雷怅然,叹恨没有许多时间看书"云云。这种态度,实在是今人应该努力学习的。

不管怎么说吧,潘、张的上述三封来信,于我而言,宛如为《科学大师系列》之奠基仪式剪彩,接下来就是施工干活了。

十、《大师系列》的故事

《宇宙的起源》译趣

《宇宙的起源》是一本十分精彩的高端科普读物,以非常简洁、生动的语言,介绍了人类对宇宙起源问题的探索和认识过程,并着重介绍了目前在这一领域内存在的不同学术观点,以及已取得的研究成果。作者约翰·巴罗1952年生于伦敦,1977年在牛津大学获天体物理学博士学位,导师是丹尼斯·西阿玛(Dannis Sciama)。很值得一提的是,不可思议的"轮椅天才"斯蒂芬·霍金和历任英国皇家天文学家、剑桥大学三一学院院长、英国皇家学会会长的马丁·里斯(《科学大师系列》之一《六个数——塑造宇宙的深层力》的作者),做博士生时的导师也都是西阿玛。也就是说,巴罗乃是霍金和里斯的同门小师弟。巴罗曾

《宇宙的起源》(上海科学技术出版社,1995年)书影

先后在牛津大学、加州大学伯克利分校、萨塞克斯大学、剑桥大学执教。他非常博学,不仅是一位著名的理论物理学家和宇宙学家,而且是一位极擅写作的科普大家。他清晰地阐述复杂思想的能力,鲜有人可与之比肩。巴罗在《宇宙的起源》之前的著作《创世的左手》(*The Left Hand of Creation*,与约翰·西尔克合著)、《天空中的 π》(*Pi in the Sky*)、《万物至理》(*Theories of Everything*)、《人择宇宙学原理》(*The Anthropic Cosmological Principle*,与弗兰克·蒂普勒合著)等皆享盛誉。其后的《无之书》(*The Book of Nothing*)题献为"纪念丹尼斯·西阿玛",论述对象则是"无"。"无"是人类思想中一个非常重要的概念。在哲学家那里,它是虚空,是万物的起源;在文学家那里,它产生了许多语带双关的俏

皮话；在科学家那里，它的地位同样显赫：从数学中的零到空集、物理学中的以太到量子真空、宇宙学中的大爆炸到暴胀，"无"都是无法回避的核心话题。《无之书》广征博引，回顾了"无"这一概念的丰富内涵和历史沿革，从玛雅文明到伊斯兰艺术，从文艺复兴到莎士比亚，从牛顿到霍金……

《宇宙的起源》卷首和章首均有言简意赅的引语。例如，其卷首引语为：

> 我们所见的固然美好
> 我们明了的愈加美妙
> 我们尚未悟彻的更是
> 不胜其美，美不可言

此语出自17世纪的丹麦解剖学家和地质学家尼尔斯·斯坦森（Neils Steensen）。斯坦森1638年1月11日出生于哥本哈根，1686年12月5日卒于德国什未林。世人更熟悉他的拉丁化名字尼古拉·斯旦诺（Nicolaus Steno）。他认识到肌肉由纤维组成，描述了腮腺的导管（即斯旦诺管），证实了动物也有松果体，指出化石由古代动物死后石化而成，描述了各种岩层，还提出了如今所称的"结晶学第一定律"。

翻译过程对于读者也许是乏味的，但于译者却苦中有乐，不少事情似乎皆可一提。《宇宙的起源》全书共11章，那些简短的章首引语既未注明作者，更未交代版本。在一无上下文可揣摩，二无背景材料可资参考的情况下，仅凭所引的片言只语，是极易造成误译的。幸好，作者毕竟留下了引语所出之原著篇名。第一章引语"'我真的感谢您，'歇洛克·福尔摩斯说，'能引起我对这件饶有兴味的案件的注意'"，第二章引语"'很有趣，但是很简单'，他在回到长沙发上他所喜欢的那一角时说"，均出自《巴斯克维尔的猎犬》，第十一章引语"我不是已经对你说过多少次了吗，当你把绝不可能的情况都排除以后，剩下的——不管它是多么难以置信——就必定是真情了"则出自《四签名》，这些都是我熟悉的福尔摩斯探案故事。我猜想其余8章的引语亦源自福尔摩斯探案。果不其然，取来《福尔摩斯探案全集》按图索骥，《布鲁斯—帕廷顿计划》、《身份案》、《博斯科姆比溪谷秘案》、《诺伍德的建筑师》、《红发会》、《银色马》诸篇遂一一"就范"。"案情"既明，我便结合福尔摩斯故事本身的情节和约翰·巴罗引用的意图，为每段引语作了简明扼要的译注。我为这件事花费了一个周末，很开心。

例如，我为上述第一章引语写的译注为："《巴斯克维尔的猎犬》，福尔摩斯探案之一。这段引文为故事中福尔摩斯对摩梯末医生所言。此处寓意是本章提出了宇宙起源问题，它犹如一宗'饶有兴味的案件'。"第二章引文译注为："'他'是指福尔摩斯，叙述者是福尔摩斯的挚友兼助手华生医生。'有趣'和'简单'指福尔摩斯刚从一位客人遗忘的手杖上发现了有助于推理的线索。"

又如，第三章引语"别人都是专家，而他的专长却是无所不知"出自《布鲁斯—帕廷顿计划》，译注为："《布鲁斯—帕廷顿计划》，福尔摩斯探案之一。此处引文是福尔摩斯与华生交谈时，对其兄长迈克罗夫特·福尔摩斯——英国政府中一名才智超群的职员的评语。"再如，上述第十一章引语的译注为："《四签名》，福尔摩斯探案之一。引文系福尔摩斯在现场作出种种分析判断时，对困惑不解的华生所言。引文在此的寓意甚为明显，读者可细细品味。"

1994年8月3日，作为责任编辑的张跃进来函相告，这个夏天上海酷暑异乎寻常，他整日关在家里，从早到晚一直在编辑加工我的译稿，至今终于大致完成了。信中说：

> 我还是边对原文边看你的译文，应该说这对我的帮助也很大，我也学到了不少翻译技巧。
>
> 此书的译注我觉得非常好，尤其是每章开始时对引言的注释真是起到了画龙点睛的作用。此外，我觉得此书的翻译难度极大，卞先生基本上是紧扣原文来译，自己发挥的成分很少，给我的印象是卞先生极其认真，而且对原文的意思"吃"得很透。我遇到许多人，在翻译时尽其所能进行发挥，究其原因，是对原文的理解含混，只得靠发挥来弥补。以上是我对此书（指译稿）的总体印象。
>
> 下面是一些在加工中遇到的具体问题，想跟卞先生商量。我的一些想法可能不对，或对原文的意思曲解了，如果这样的话，请卞先生指正。

跃进在信中用6页纸的篇幅，表达了他的想法，我以为颇有可取之处。例如，首章标题"Starry, Starry Night"，我先是追求简洁，译成"多星之夜"。虽自觉有些别扭，但又不愿凭空添入过多的"不实之词"，结果就这样交了卷。跃进来信则问，可否改成"繁星闪烁之夜"？且告曰："Starry, Starry Night"乃当代极著名的流行歌手麦克利安（Don Mclean）的传世之作《文森特》(Vincent)的开头两句，而这首歌是描写著名画家凡·高的。跃进认为《宇宙的起源》首章讲人类对宇宙的认识过程，用"繁星闪烁之夜"似乎更富于文学气息，而且还隐含着人类智慧的"闪烁"之意。

我虽知 Vincent 乃凡·高之 first name，却对麦克利安的《文森特》一无所知——十足的"流行歌盲"。跃进的这番解说，我觉得很有趣味，也赞成他的改译方案。但为慎重起见，我又检阅了第一章的全部正文，发觉整章全无"闪烁"字样，但出现了一次"Starry Night"，据上下文看宜译为"繁星密布的夜空"。于是又致函跃进商讨，本章标题译为"繁星密布的夜空"是否更好？后来，就这样定稿了。

当然，也有我未采纳的意见，但这仍有助于改善译文。例如有一句话，原译"人们实际上所能编织的创世故事却只有相当少的几类"，跃进问能否译成"人们实际上所能编织的创世故事相对说来都大同小异"。我认为这与原文已稍有差异，因为原文确实是举出了"几类"的——接下去的几段说的就是并不很相同的几类。结果，这句话改定为"人们实际上所能编织的创世故事却不过区区几类而已"。

整个《科学大师系列》的进度，其实是推迟了。《宇宙的起源》实际上是 1994 年 6 月译毕、誊清，7 月初交稿，1995 年 1 月收到校样，仍是整个《系列》的头一本。

编委会主任德高望重

1993 年 12 月，朱光亚先生同意担任丛书主编，令上海科学技术出版社深受鼓舞。张跃进不久即初拟一个编译委员会名单，得到社领导首肯，供光亚先生参考、定夺。至 1994 年 3 月，经光亚先生和有关各方认同，名单无大变化。最后于 1995 年见书的编译委员会名单如下：

主任　　朱光亚
顾问　　龚心瀚
副主任　谢希德　叶叔华

十、《大师系列》的故事

委员（以姓氏笔画为序）

文有仁　卞毓麟　陈念贻　杨沛霆　杨雄里　吴汝康　何成武

郑　度　洪国藩　胡大卫　谈祥柏　戴汝为

这份名单中的列位领导和知名学者，自然毋庸赘述。我是名单中既无任何领导职务、当时又刚申报正高级职称的唯一特例。张跃进后来向我谈及，当初向光亚先生汇报编委会名单中为何有这么一个人时，朱老很快就插话："不用细说了，我知道卞毓麟，看过他写的不少科普作品。"

1994年9月，上海科学技术出版社拟请光亚先生为丛书作序，置于每本书的卷首。经请示，朱老的意思是，可否请人提供一个素材稿。跃进与社领导商量后，又要我帮忙，写2000字左右，并说已知会朱老秘书袁克伦，他也认可。跃进来信说："由于时间较紧（因为你的译作这几天就要发稿，前言必须附上），所以烦请卞老师这些天拨冗相助，完成我社、朱老以及作为责编的我的请求"，随后还寄来一些参考资料。盛情难却，我勉为其难完稿后，随即寄给跃进；同时致函朱老，附上"序言"，请袁克伦秘书转呈。信的主要内容如下：

朱老：您好！

我是您主编的《科学大师系列》（上海科学技术出版社）中文版编译委员会的一名成员，也是该《系列》中《宇宙的起源》一书的译者。目前该书编辑工作已完成，即将发稿。

国庆节前，上海科技出版社告诉我，您已慨允为《科学大师系列》作中文版序。出版社嘱我为您提供一份素材稿，近日方写就，不知有无参考价值。谨呈上，敬请您老审阅、指示。

（以下从略）

　　　　　　　　　　　　　　　　　　　　　卞毓麟　敬上

　　　　　　　　　　　　　　　　　　　　　1994年10月9日

11月下旬，又接跃进来函，言及曾向袁秘书询问"序"的情况。袁说他感觉不错，待朱老定稿后再通知我们。跃进来信中还谈及，《科学大师系列》这一名称，易被误解为是"科学大师"的传记丛书，故想改称为《科学大师讲座系列》，并征求我的意见。我觉得不改也无妨，否则或宜改为《科学大师佳作系列》，因为这些书确实是地地道道的佳作。况且，在图书市场上，"佳作"两字显然也比"讲座"更有吸引力。出版社颇以为然。

1995年1月下旬，我收到了朱光亚先生的亲笔信：

卞毓麟同志：

  为《科学大师系列》中文版作序事，收到来函和您代拟的序稿已三个多月，今天才回复，我甚感不安。序稿很好，只是我想在前面加上一些话，而近来工作头绪又繁多，以至迟到95年首又过了20多天才写成。现送上，不当之处，请您修改、更正。

  另我建议，将此系列两辑共20余本书名和作者，以附录形式登出，使读者了解全貌。当否，亦请酌定。

  顺致

春节问候。

朱光亚
1995年1月24日

  我由衷地佩服光亚先生对序的修改、定稿。其内容之精要自不待言，他亲自用铅笔书写的字迹竟然如此工整、如此一丝不苟，也着实出乎我的始料。1995年1月31日是农历乙亥年正月初一，春节期间我给光亚先生复信：

朱老：您好！

  春节前夕收到您的亲笔信和"《科学大师系列》中文版序"。您老一丝不苟的工作作风委实令我感动不已。前几天我将您改定的"中文版序"打印出来，并在打印件上注明了建议酌改的唯一的一处文字，敬请朱老裁决。

  上海科技出版社的张跃进同志曾告诉我：《科学大师系列》这个名称，似乎有可能使人误解为一系列科学大师的人物传记，故拟酌改丛书中译名。我虽认为问题不大，但又觉得不妨改称为《科学大师佳作系列》，即加上"佳作"二字。出版社认为似可照此办理。未知朱老意下如何？敬请您老指示。

  谨此汇报。并致

敬礼！

卞毓麟 敬上
1995年2月6日

十、《大师系列》的故事

信中所说"建议酌改"的文字，涉及宇宙起源的大爆炸理论。我建议将那一句改为："按照这一理论，人类迄今观测所及的整个宇宙，起源于大约 150 亿年以前的'大爆炸'。起初，整个宇宙都处于极端高温高密的状态。嗣后，随着它的不断膨胀、冷却，宇宙中的物质逐渐形成了众多的星系、恒星、行星，直至出现生命。"

2月9日上午，袁克伦秘书来电相告，朱老已在我给他的信上批示："完全同意信中所说的意见和所提的一处修改。"很多年以后，我偶然发现，在正式出版的成品书上，朱老赞同的这处修改却并未落实，而其原因不详。

后来，又有一件完全出乎意料的事。有一天，袁克伦秘书邀我到他办公室，告知上海科技出版社给朱老寄来《科学大师佳作系列》中文版序"的稿费，但朱老坚决不要，并指示务请转交卞毓麟同志收下。我说，我只是提供了一个草稿，好些重要内容都是朱老亲自写的，我学到很多东西收获就很大了。再说，上海科技出版社也会给我劳务费的，朱老的稿费我可不能拿。最后，袁克伦说："作为秘书，朱老的指示我必须坚决执行；你不拿走，是我没有完成任务。这事朱老是不会改变主意的，我们就这么办，你不要再推让了。"最终，我还是从命了。

光亚先生的高风懿德，真是令人肃然起敬啊！

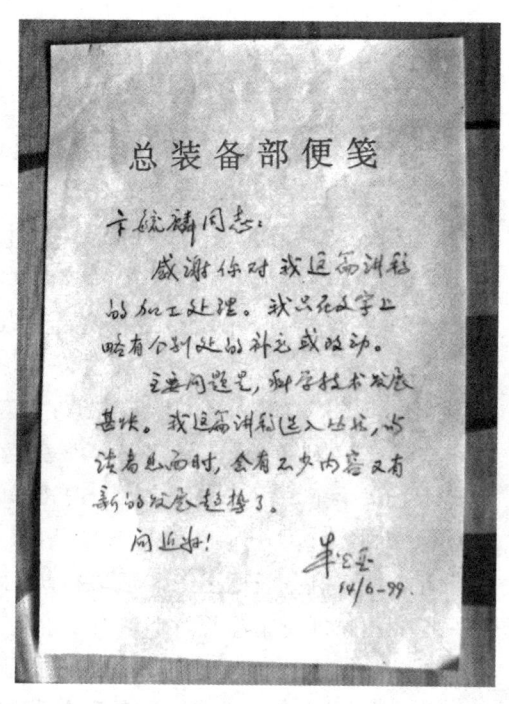

朱光亚先生 1999 年 6 月 14 日致本书作者函手迹。信中所说"我这篇讲稿"，指朱光亚著《跨世纪科学技术发展趋势概述》，系《名家讲演录》丛书（上海科技教育出版社出版，共 24 种，由本书作者策划并任责编）之一种

第三本书及其译者

《科学大师系列》是美国约翰·布罗克曼公司从 1992 年开始策划，组织一批知名科学家分头撰写，以 20 多种文字在许多国家和地区共同推出的一套高级科普读物。它以简练而富于哲理的笔触，反映世纪之交的科学前沿问题，在国际上影响甚广。

1994 年 1 月 19 日跃进来函，相告前几天通过台湾天下文化出版社得知，今年约翰·布罗克曼定的第三本书为《人类的起源》，系世界著名人类学家理查德·利基所著。跃进说道："这一学科我不太熟悉，卞老师你是否能在北京物色一下能译此书的译者（字数也在 8 万—10 万），由于原稿还未到我手上，但要今年 9 月出书时间恐怕很紧，我想先联系起来，等稿件一到，就可进入工作状态，这事麻烦你了。"

理查德·利基长期在东非从事科研工作，写作《人类的起源》时，仍为肯尼亚国家博物馆馆长。1984 年，他在东非发现一具掩埋了近 160 万年的男孩骨骼，是 20 世纪古人类学最重要的发现之一。理查德·利基的双亲路易斯·利基和玛丽·利基都是英国卓越的考古学家和人类学家。1959 年路易斯和玛丽在坦桑尼亚奥杜瓦伊峡谷发现一具粗壮的南方古猿头骨——世称"东非人"头骨，是那时发现的最早人类化石，引起了全世界的广泛注意。

翻译《人类的起源》，我立即想到了吴汝康院士。吴先生 1916 年出生，1940 年毕业于中央大学，1949 年获美国圣路易斯华盛顿大学博士学位，后为中国科学院古脊椎动物与古人类研究所研究员。对巨猿、禄丰古猿、蓝田猿人、北京猿人、和县猿人、金牛山人、马坝人、柳江人、资阳人等化石进行系统的研究，开创了中国人自己深入研究人类化石的时期。

跃进屡次叮嘱："吴汝康先生之事，还有劳你联系。"所谓"之事"，实有两件，一是请吴先生当编委，二是译书。1994 年 3 月 27 日，星期天，我为此事造访年已 78 岁的吴先生。说明来意、介绍情况后，吴先生欣然同意，并提出因时间紧迫，故拟请两位合作者，由他亲自确定。虽然这是第一次面谒吴先生，但我以前曾怀着很大的兴趣阅读吴先生的许多科

十、《大师系列》的故事

普作品，因此谈得很投缘。这次他还给我谈起不少往事，使我更明白了他如此钟情《人类的起源》之缘故。

吴先生告诉我，1965年1月，在坦桑尼亚首都达累斯萨拉姆隆重举行"东非人"头骨化石移交仪式。路易斯和玛丽夫妇根据坦桑尼亚政府古物保管条例的规定，把头骨移交给坦桑尼亚政府。中、英、美、法、苏5国的科学院应邀派代表参加移交仪式，吴汝康先生代表中国科学院前往。1977年7月，吴汝康受中国科学院委派，带队再访东非，在肯尼亚受到理查德·利基的热情接待。在荒无人烟的营地，理查德告诉吴汝康等中国科学家，夜里从简易房出去上厕所，一定要提着马灯，用木棍在前面开路，以防被毒蛇咬着；起身穿衣着鞋，要注意衣服里是否藏有蝎子。吴先生对此深有感触："肯尼亚的同行们就在这种艰苦的环境里取得了很大的成绩。"

那天临别时，吴先生送我一本他的著作《人类的由来》，题签曰："卞毓麟先生存 吴汝康 1994年3月于北京"。《人类的由来》是科学技术文献出版社于1992年6月出版的，系该社的《名家科普丛书》之一种，责任编辑是汤振华(特邀)。汤是中国少年儿童出版社的一位老编辑，年长我好几岁。1983年她让我和隋竹梅合作编译的《找星星》(美国 H·A·雷原著)一书，后于1990年12月纳入《小学生丛书》重版，又于1997年纳入《特价版少年精品书库》。此书童趣盎然，估计会重印多次，但具体情况不详。1990年岁末，汤振华曾赠我《名家科普丛书》的另外两种，即钱三强著《重原子核三分裂和四分裂的发现》(1989年7月)和严济慈著《居里和居里夫人》(1989年9月)。前者印了5000册，后者仅印了3000册，吴汝康先生的《人类的由来》印数亦为3000册。从这些数字可见，当时的科普出版已远不如80年代初那么兴旺了。上述钱、严二书的责任编辑施桂芬(特邀)，是上海教育出版社的一位老编辑。科学技术文献出版社能这样借力做书，也委实不易。

两天以后，1994年3月29日，我再访吴汝康先生，又蒙赐赠《今人类学》(安徽科学技术出版社，1991年)一册。"今人类学"是吴先生基于多年的人类学科研和教学工作，而于20世纪80年代中期提出的一种新想法，或一门新学科。"今"与"古"相对，古人类学研究人类的起源和发展，在英语中称为 pal(a)eoanthropology，今人类学则可称为 neoanthropology。前缀 pal(a)eo-意为"古、早、原始",neo-则为"新、晚、今"。今人类学着眼于人的群体和人的整体,研究人类在自然界的位置,人体与环境的关系,人与动物(特别是灵长类)的联系和区别,各人群的特征和分类,人体的生物变异,人体与疾病的关系,年龄和性别的差异,身体各部的大小、形式和比例关系等。因此,今人类学与着眼于人的个体或人体局部的人体解剖学、组织学、胚胎学、生理学、病理学等既有联系,又互不相同。我对吴先生说,就此而言,宇宙学和天文学的关系倒有点与此相仿:宇宙学从整体上研究宇宙的结构、起源和演化,天文学则更多地关注宇宙中各类或各个天体的特征与变化。当然,更广义地,宇宙学亦可视为天文学的一个分支。

始料未及的是,由于美国布罗克曼公司方面一再拖延,上海科技出版社直到1994年夏末才收到英文版《人类的起源》。此时,《宇宙的起源》业已译讫,编辑加工正在推进。《宇宙的最后三分钟》紧随其后。考虑到如果只推出两本书影响不会很大,故上海科技出版社决定推迟到1995年上半年同时推出几本,效果应该更好些。后来,《人类的起源》由吴汝康、吴新智和林圣龙三位先生共同译就。

上海首发式和北京座谈会

1995年2月7日,张跃进来函,嘱《宇宙的起源》校样一俟读毕请速寄回,并告知约翰·布罗克曼又寄来了4种英文书稿。3月25日,跃进又来函谈及:

> 最近 John Brockman 寄来的三本书已找到了译者:《人类智能的探索》[下按:书名最后确定为《大脑如何思维》]由杨雄里院士翻译,《自然之数》由潘涛翻译(我曾向你提起过的年轻人),《周期王国》由张瑚(地质出版社,也是你间接介绍的)翻译,另一本《伊甸园之河》还没有找到合适的译者。
>
> 《宇宙的最后三分钟》一书刚刚完成编辑加工工作,我还得再仔细过目一遍。《人类的起源》一书吴汝康已译完,我粗看了一下,译得很好。

信中提及的几本新书,后文还会谈及。这里先说《科学大师佳作系

十、《大师系列》的故事

列》的首批 3 种图书《宇宙的起源》、《人类的起源》和《宇宙的最后三分钟》于 1995 年 9 月初版首印,迅即销售一空,此后屡次再印,似仍供不应求。1997 年 10 月第 1 版第 6 次印刷,《宇宙的起源》和《人类的起源》的印数均为 43001—58000 册,《宇宙的最后三分钟》则为 43001—53000 册。对高端科普读物而言,此种盛况多年来在国内殊属罕见。

1995 年 11 月 14 日,上海科技出版社、《文汇报》、上海市科普创作协会(今上海市科普作家协会)在上海市科学会堂联合举行"《科学大师佳作系列》丛书首发式暨专题讲座"。会议由上海市科普作协理事长陈念贻主持,编译委员会副主任谢希德、叶叔华二位院士出席并讲话。我本人适逢 11 月初自京赴宁接连参加几个会议,11 月 12 日结束,13 日赶往上海,14 日应邀在首发式上作题为《宇宙学的历程》的专题讲座。另一个专题讲座由《宇宙的最后三分钟》的译者傅承启担任,题目同书名。其时,座无虚席,气氛热烈感人。会前,上海东方电台一位记者小姐采访我时问道:"您是否知道买这套书的中文版权要花多少钱?"我答了个约数,记者又问:"那么,您认为值得吗?"我说明了认为值得的种种理由——其实从光亚先生的"中文版序"就可以清楚地看出这一点。末了,我又添上一句:"我们付出了金钱,但是,我们买来的是知识。知识是无价之宝,这难道还不值得吗?"于是,记者小姐道谢后满意地离去了。

就在这次会上,我获悉上海蓝天投资公司提出愿为《系列》的每一种中译本提供 1 万元的赞助。该公司未要求为它做具体的广告,而只要在书末印上"本系列图书承蒙深圳蓝天基金管理公司暨上海蓝天投资公司资助出版"字样。后来,我又得到一份该公司"资助科普工作的基本设想"的复印件,其中写道:"当科技成为热点,当科普成为时尚,天空会更蓝。"这充满诗意的话语,真使我心里热乎乎的。然而,此事还是好景不长,从第四本书开始,上述书末字样便不复存在了,只知其缘故是"蓝天"不再资助,更深层的原因不得而知。

有人说,拿 1 万元钱就让"蓝天"做如此高档次的广告,上海科技出版社真是好傻哦!有人说,这么划算的买卖,"蓝天"居然说不干就不干了,莫非脑子出问题了……我只是觉得,原本一段难得的佳话,到头来还是昙花一现,真是可惜了。不过,"当科普成为时尚,天空会更蓝"这句话,倒是在我脑子里永久地留了下来。我衷心希望,有朝一日,成功的企业家对科普事业的资助能蔚然成风。

一年多之后,1997年1月21日下午,"《科学大师佳作系列》丛书暨科普创作座谈会"在京召开。方方面面的与会者济济一堂。会上,朱光亚、龚心瀚、惠永正等领导讲话,上海市新闻出版局徐福生局长、上海科技出版社徐荣生社长作汇报发言。我代表《科学大师佳作系列》丛书编译委员会简介《系列》和我们的工作情况,王直华作为译者代表介绍《伊甸园之河》的翻译情况,然后是自由发言。那天,我在会上的开场白是,《科学大师佳作系列》"这套书,我们的编译委员会主任朱老光亚先生在'中文版序'中已经做了言简意赅的介绍。我本人作为编译委员会委员和《系列》第一本书的译者,比较深入地参与了该《系列》的出版事宜。"然后,我谈到:

这里请大家注意,当时上海科技出版社收到的是"英文稿",而不是"英文书",而我们也是照着英文的隔行打字稿翻译的。也就是说,最初上海科技出版社与布罗克曼公司签约的时候,对方还只是策划了《科学大师系列》这组选题,书还有待于陆续写作。这种操作方式,我在国内还没有见过先例。事实上,它是引进国外作品的一种新的模式,那就是"买选题",而不是简单的"买版权"。

上海科技出版社的领导敢于这么做,我认为是很有进取精神的。敢于这样做,首先大概不在于这家出版社是穷还是富,而是至少具备了3个条件:第一,识货,看出了《宇宙的起源》、《周期王国》、《大脑如何思维》、《自然之数》等等,这一系列选题究竟意味着什么;第二,能判断《系列》的作者们驾驭这些题材的实力,即对作者有充分的信心,对这些著名科学家兼科普作家有一个基本的了解;第三,勇于在深化改革的过程中,用新的思路认真探索我国图书市场的结构和潜力。说实在的,这套书的潜在的读者群究竟有多大,中文版上市后销路究竟如何,当时上海科技出版社并不是十分有把握的。但是,他们看准了这是好书,感到应该把这个《系列》介绍给我国的读者,从而认定值得一试,于是就做起来了。

《科学大师佳作系列》出自大家之手,作者们在各自的科学活动领域内,都是国际知名的学术带头人,而且都很擅长科普创作。例如,《粒子物理学》一书的作者、著名美国物理学家莫雷·盖尔曼就

是其中的典型代表。他 15 岁生日那天进入耶鲁大学，22 岁获得麻省理工学院博士学位，1956 年成为加州理工学院正教授的时候还不到 27 岁。他在粒子物理学中取得了一系列开创性成果，并因"对基本粒子的相互作用及其分类方面的贡献和发现"而荣获 1969 年的诺贝尔物理学奖。他的科普书在世界各国受欢迎的程度，不由得使人想起了乔治·伽莫夫。我想，诸位只要浏览一下《大师系列》每本书末列出的书名和作者目录，看一下每本书封底上的作者简介，就很容易对作者的阵容作出自己的判断。水准如此之高的《系列》或丛书，目前无论是在国内还是在国外，恐怕都还是比较少见的。

　　《科学大师佳作系列》所覆盖的知识面、学科的布局相当合理。从传统的基础科学的简要历史和前沿进展——例如《宇宙的起源》、《周期王国》、《粒子物理学》等，到新兴的"人工智能"、"认知科学"等都有恰当的反映。诸位也可以参见《系列》的书目，我就不多谈了。

　　在创作技法上，如科学与人文的交融；抓主流，重逻辑，而不依赖于公式等等。今后是否还可以专门做一些研讨，对于我们的科普创作而言，也可从中获得一些有用的借鉴。

　　……朱老、谢希德先生、叶叔华先生担任编译委员会正副主任，龚心瀚副部长担任编译委员会顾问，都清楚地表明了老一辈科学家和有关部门领导对引进优秀科普作品的关怀和支持。

　　这次发言的结束语是："我相信，这套《佳作系列》将会被越来越多的读者所赏识。与此同时，正如朱老'中文版序'指出的那样，我也衷心期望：'我们的科学家、科普作家、出版家们能并肩奋斗，不懈努力，写作和出版一批足以雄视世界科普之林的传世佳作，为我国科学事业的长足进步作出更大的贡献。'"

更多的品种

　　《科学大师佳作系列》中文版的第二批 4 种图书问世后同样大受读者青睐。不断有读者询问：该《系列》的其余品种为何如此姗姗来迟？其实，这是因为英文原著的脱稿时间太不确定。翻译过程倒是相当紧凑的：译者收到英文打字稿，便随即进行翻译。

中文版《科学大师佳作系列》的 18 种书

第二批 4 种书中,《周期王国》的译者张瑚,是郭正谊先生举荐、而由我向出版社转荐的。其实,我本人就是张瑚的老作者。1984 年,地质出版社先后分两辑推出中文版阿西莫夫著《我们怎样发现了——》系列的图书 21 种,我是其中《我们怎样发现了——黑洞》一书的译者。主此事者正是时任编辑室主任的张瑚老师,我还应她之邀为《我们怎样发现了——》系列写了"中译本前言"。

《大脑如何思维》的译者杨雄里院士,后来还承担了《大师系列》的另一品种《人脑之谜》的翻译工作,并特撰"译者后记"曰:"《人脑之谜》是《科学大师佳作系列》中《大脑如何思维》的姐妹篇。在《大脑如何思维》一书中,理论神经科学家从宏观的角度来阐述脑这一专题,而本书则是一名实验神经生物学家从脑的结构、脑的发育、神经细胞活动的基本过程以及脑的正常、异常活动等几个侧面,对脑作比较全面的介绍。""由于本书是在作者几次公开讲演的基础上整理成文的,因此语言浅显明快,尤以深入浅出的方式准确地表达科学内容而见特色。令人一旦上手,难以

十、《大师系列》的故事

释卷。"事实上,正是《人脑之谜》的作者、牛津大学药理学教授苏珊·格林菲尔德,在 1994 年成了 165 年来首次登上英国皇家学会圣诞讲演台的女性。杨雄里先生对于科学普及具有很强烈的社会责任感。后来,我正式投身科技出版事业,杨先生对我的科普和编辑出版工作都给予了有力的支持。

《自然之数》的译者潘涛,正是张跃进所说"我曾向你提起过的年轻人"。此前潘友星先生也曾向我言及,潘涛投给《科学》杂志的文章相当不错。因此我觉得,如有机缘,当与潘涛一晤。当时,潘涛是北京大学科学与社会研究中心的在读博士生,虽然方届而立之年,却已经出版几部译著。想必友星和跃进也曾向潘涛提起过我,因此潘涛于 1995 年 2 月 25 日,带着他正在翻译的库尔茨《反科学思潮的增长》一文,到尚未迁离中关村的北京天文台来同我探讨翻译问题了。这是我们首次晤面,从上午到下午,相谈甚洽。后来,我们于 1998 年相继加盟上海科技教育出版社,共事将近十年,直至 2008 年潘涛奉调履任上海辞书出版社总编辑。再说《自然之数》的作者伊恩·斯图尔特,亦如约翰·巴罗那样博学,因此翻译他的书难度就很大。我想,这大概就是潘涛译竣后,不仅请刘华杰校,更请了谈祥柏审的原由吧。

跃进希望我为《伊甸园之河》物色译者。我向他推荐了时任《科技日报》副总编辑的老友王直华。直华是一位优秀的科普作家,著译均佳,多年前我就经常听鲍建成、吴伯泽等学长称赞他的译作。最后,《伊甸园之河》在直华笔下从英文变成了中文。

及至 2003 年 7 月,《科学大师佳作系列》中文版共出书 18 种,以《系列》后期编号为序依次为《宇宙的起源》(1995 年 9 月)、《宇宙的最后三分钟》(1995 年 9 月)、《人类的起源》(1995 年 9 月)、《周期王国》(1996 年 12 月)、《大脑如何思维——智力演化的今昔》(1996 年 12 月)、《自然之数——数学想象的虚幻实景》(1996 年 11 月)、《伊甸园之河》(1997 年 1 月)、《谁是造物主——自然界计划和目的新识》(1998 年 10 月)、《心灵种种——对意识的探索》(1998 年 9 月)、《性趣探秘——人类性的进化》(1998 年 9 月)、《人脑之谜》(1998 年 8 月)、《地球——我们输不起的实验室》(1998 年 9 月)、《细胞叛逆者——癌症的起源》(1999 年 12 月)、《生物共生的行星——进化的新景观》(1999 年 12 月)、《通灵芯片——计算机运作的简单原理》(1999年12月)、《六个数——塑造宇宙的深层力》(2001年11月)、《进化是什么》(2003年2月)和《通向量子引力的三条途径》(2003年3月)。

在约翰·布罗克曼预告的书目中，原本尚有7个待出品种，即莫雷·盖尔曼著《粒子物理学》、史蒂文·平克著《语言与心智》、玛丽·凯瑟琳·贝特森著《社会变化与适应》、斯蒂芬·杰伊·古尔德著《生物进化的模式与方向》、马文·明斯基著《思维机器》、乔治·斯穆特著《时间的起源》和史蒂夫·琼斯著《蜗牛、苍蝇与蝴蝶》。但直到2006年夏，我从上海科技出版社获悉，除前述18个品种外，《大师系列》并未再出新书。原因未闻其详，惟觉可惜而已。

再后来，2007年，上海世纪出版集团的《世纪人文系列丛书》"收编"了《科学大师佳作系列》的不少品种。《宇宙的起源》、《人类的起源》、《宇宙的最后三分钟》、《大脑如何思维》、《周期王国》、《自然之数》等，都放到这个庞大的《人文系列丛书》的《开放人文》子系列下的《科学人文》孙系列中去了。译者署名一仍其旧，但以朱光亚先生为首的编译委员会名单和光亚先生的"中文版序"却不复存在了，可惜！

【追记两则】(2017年1月25日增补)

(1)惊悉张跃进于2016年11月12日病逝，年仅58岁，不胜哀痛之至。半个多月后，11月30日的《中华读书报》第14版"文化周刊·出版史"刊出拙文《从朱光亚先生的一封短信说起——忆〈科学大师佳作系列〉兼怀张跃进君》。此文约3400字，所述事迹在本书此章中均有所记叙。

(2)陈纪宁先生读了上述拙文，随即发来微信，回顾了一些我早先不太熟悉的情况，对此我谨表衷心感谢。纪宁的微信说道：

这篇缅怀散文至少有四大看点：朱光亚先生的懿德高风、跃进的敬业求精，《科学大师佳作系列》引进版权、翻译出版过程中的几件大事，卞老师的有心和细心。由此不胜感佩，并引起我的一些零星回忆。该《系列》的中文简体字大陆出版权是1992年9月上旬在第四届北京国际图书博览会期间通过"博达"版权代理公司向美国约翰·布洛克曼公司购买的，一套12册(后逐渐增加到20多册)。签约时，没有样书，没有书稿，只有选题设想和各册作者名单；而且对方要求，

十、《大师系列》的故事

一旦哪本书稿写成,签约的十几个国家和地区的出版机构必须翻译成约定的文字同步出版。上海科技出版社参加那次图书博览会的有胡大卫、叶路、史领空和我,胡大卫是国际部主任,我分管国际部(下按:陈纪宁当时是上海科技出版社副社长),故由我代表科技社签约,但前期及以后的工作都是国际部同事做的。1994年春节后我调至上海市新闻出版局图书处工作,虽然对《系列》具体进展细节不很清楚,但知道第一本《宇宙的起源》由卞老师翻译,首发式会议我也参加了,会后还请谢希德院士和叶叔华院士在书上签了名。

十一、品牌《哲人石》

高端科普读物

"哲人石"又称"点金石",是中世纪人们假想具有点铁成金之功、祛病延年之效的魔法石。对它的追求,促进了现代化学诞生。

《哲人石丛书》是上海科技教育出版社策划引进的中高端科普丛书,已连续被列为国家"九五"、"十五"、"十一五"、"十二五"、"十三五"重点图书。在学术界、出版界、科普界和传媒界,人们常将它作为中高端科普读物的典型案例,有时它甚至被誉为引领了科学文化出版的方向。

高端科普读物,简言之,常指作品的科学内涵较为深厚,故需读者具备一定的科学背景。有时人们也会说这类书的起点较高,或门槛较高。当然,这高、中、低的分界线究竟应该划在哪里,实在是一言难尽的。大体上不妨认为,高端科普的读者,都已具备中等文化程度。或者说,往下可达较优秀的高中生,往上则不封顶。本书前文介绍的《科学大师佳作系列》,亦是高端科普的典型案例。

言及这些年来国内影响力最大的高端科普品牌,人们通常都忘不了湖南科学技术出版社的《第一推动丛书》和上海科技教育出版社的《哲人石丛书》,它们列选的品种都是引进版的外国科普名著。《第一推动丛书》自1992年开始推出,首批图书包括斯蒂芬·霍金著《时间简史——从大爆炸到黑洞》、托马斯·刘易斯著《细胞生命的礼赞——一个生物学观察者

十一、品牌《哲人石》

的手记》等大家名作，引起了人们的强烈关注。《哲人石丛书》之诞生，要比《第一推动》晚六七年。它自1998年末以诺贝尔化学奖得主普利高津著《确定性的终结——时间、混沌与新自然法则》打头阵亮相，迄2015年年底已推出119个品种，丛书体量已远超《第一推动》。

容易想见，高端科普读物因其本性和社会环境所限，是不容易十分大众化的。人们经常会问：它们的效益究竟如何？有的品种发行量可观，例如《第一推动》中"轮椅天才"霍金的名著《时间简史》，显然有作者的特殊身份帮了大忙。再如《哲人石》的早期品种《确定性的终结》和纽约市立大学著名理论物理学教授加来道雄的杰作《超越时空——通过平行宇宙、时间卷曲和第十维度的科学之旅》均重印再三、销量骄人，但这毕竟不是普遍情况。在当下以经济账而论，《哲人石丛书》这类高端科普读物却是赚不到多少银子的。另一方面，此类读物的社会效益却不容小觑。因此，出版优秀中高端科普读物乃是一项需要坚守而且值得坚守的工程。

2010年1月9日，上海科技教育出版社在京举办了一次稍许有点"迟到"的"《哲人石丛书》十周年座谈会"。会议在湖北大厦举行，多家媒体对此早有报道，此处毋庸赘述。此前，《中华读书报》已于2009年8月12日刊出记者王洪波先生的文章《〈哲人石丛书〉10岁了》。此文起首就介绍《哲人石丛书》："10年间，它出版了85个品种，其中不乏《确定性的终结》、《美丽心灵》、《迷人的科学风采：费恩曼传》等一印再印的畅销书、常销书。在'谷歌'上输入'哲人石丛书'5个字，可得到269000余条检索结果，其影响力可见一斑。"

下节全文转录我在"《哲人石丛书》十周年座谈会"上的发言。

相伴哲人石　回首十年路

今天，《哲人石丛书》10岁生日，高朋满座。我作为这套丛书的主要策划人之一，可谓百感交集。那么多的话，从何说起呢？思之再三，还是从9年前尹传红对我的一次访谈开始吧。

前期策划的回顾

当时，传红问道："您到上海科教社后的第一大事是什么呢？是策划《哲人石丛书》吗？"

我对他说："《哲人石丛书》是科教出版社'九五'和'十五'期间的重点选题，近年来颇有社会影响，这是和译者、读者们的大力支持分不开的。《哲人石丛书》开始策划、启动时，我本人和潘涛都还未进科教社，翁经义总编辑多次出差北京，总要找我和潘涛一起商讨谋划。事实上，《哲人石丛书》正是在翁社长直接主持下策划成功的，但他硬是不肯在书上留名。"

结果，《哲人石》的每一本书上都印上了"策划 潘涛、卞毓麟"。有人曾经对策划者的署名先后有过一些猜测甚至议论。其实，我作为当事人，可以告诉大家，应该说这里面还有一段佳话。在《哲人石丛书》的第一种书《确定性的终结》付印之前，负责装帧设计的汤世梁先生给我们看打样。他很自然地写上了"策划 卞毓麟、潘涛"，我的名字在先。我当即明确告诉汤先生，请把我和潘涛的名字次序换过来。潘涛很客气，还是希望让长者的名字居先。可是，我毕竟距离退休不过5年了，而潘涛却任重而道远，他应该而且可以担当更重要的角色。况且，他为这套书出的力也绝不比我少，书上印的策划人潘涛在先可以说顺理成章。如果还有什么欠缺的话，那就是缺了翁经义的名字。

1997年是《哲人石丛书》前期策划的关键性一年。那时候，我还在中科院北京天文台（今国家天文台）从事科研工作。我翻了一下当年的工作记事本，这一年翁经义社长在北京同我面对面一起商讨选题计划，竟有八九次之多。绝大多数情况下，当时正在北大读博士学位的潘涛也在场。

在《哲人石丛书》这个名称最终确定下来之前，曾经有一段时间，我们暂时把它叫做"世界科普名著"。这一设想得到了方方面面许多朋友的关注和支持。例如，1997年4月，翁社长来京，嘱咐我邀请几位朋友一起谈谈"世界科普名著"事宜。4月13日那天，翁社长做东，在北大南门的全聚德小聚，到场的有李元、郭正谊，林自新先生另外有事未能光临，我和潘涛也来了，谈论的重点是酝酿出版"阿西莫夫选集"。后来，虽然没有用上"选集"这个名目，科教社却先后出版了8部阿西莫夫的重要作品，成为在新世纪中推出中文版阿西莫夫科普作品力度最大的出版社。那时，为"世界科普名著"或者说

十一、品牌《哲人石》

《哲人石丛书》出谋划策的，还有刘华杰、田松、李大光等许多朋友。其实，在座诸位全都是《哲人石丛书》的坚强支柱，我在此向大家表示衷心的感谢，衷心感谢大家对我们的支持！

策划的理念——《哲人石丛书》的宗旨

接着，我同潘涛两人趁还在北京之便，频繁地出入大苹果、伊林/博达等版权代理公司，尽可能为科教社取得相关图书的中文版权创造条件。1998年3月26日我告别工作了33年的中科院北京天文台，乘上K13次列车，南下加盟上海科技教育出版社。临行前两天，还专程到上述几家版权代理公司全面复核科教社委托购买中文版权的进展情况。三个半月以后，潘涛也来科教社报到。同我一样，他也在临行前的两天，再次去了那几家版权代理公司，查核《哲人石丛书》诸选题的版权贸易进展。

《哲人石丛书》是针对广大读者渴求时代感强、感染力深的科普精品而策划引进的。"哲人石"是中世纪想象中有点铁成金之功、祛病延年之效的"魔石"。这套书以"哲人石"冠名，既象征着科学技术对人类社会的推动作用，也隐喻着科普图书对科学文化的促进效应。因此，我们为丛书确立的主旨是："立足当代科学前沿，彰显当代科技名家，绍介当代科学思潮，激扬科技创新精神"。相应地，整套丛书又包括三个系列，即"当代科普名著系列"、"当代科技名家传记系列"和"当代科学思潮系列"。几年后，还增加了"科学史与科学文化系列"。

众所周知，追求完美的"双效"（社会效益和经济效益），是出版人永远的"梦"。出版，作为一种产业，就经济效益而言，要追求"利润最大化"。至于社会效益，其出发点在于社会责任感。相对于"利润最大化"而言，这也许可以称之为"责任最大化"。

当初，《哲人石丛书》究竟是否能够取得良好的"双效"，说实在的，谁也不敢打包票。像《哲人石丛书》这种属于科学文化"基本建设"类的大型出版物，倘若要赔钱，赔不少的钱，上海科教出版社究竟是"出"，还是"不出"？

出于对社会责任感的追求，也是对历史责任感的追求，上海科教出版社的领导对这些问题的回答令人鼓舞。具体情况，我想翁经义总编还会向大家汇报，我就不多说了。

2012年4月《哲人石丛书》百种"全家福"

团队在流动 品牌在巩固

我刚到上海科教出版社,就被任命为版权部主任。编辑出版《哲人石丛书》,正是版权部工作的重头戏。我见证了这套书的诞生和成长,也自始至终见证了"哲人石"团队成员的演变。

1998年,《哲人石丛书》刚开张时,骨干编辑其实就是我和潘涛两个人。1999年是重要的一年,我们的团队增加了匡志强和王世平两员既年轻又有实力的大将。后来,人员陆陆续续曾有不少变化。2002年,我社在机构调整中,原先的版权部一分为二,成为版权部和科普编辑室两个独立部门。再后来,这些部门的负责人也不止一次有所变动。我曾经担心,变化如此之大,我们早先那种严谨得有些苛求的工作作风还能不能延续下去?《哲人石丛书》这个来之不易的品牌能不能保持不倒?

结果令我非常欣慰,"哲人石"的团队在流动,"哲人石"的品牌在巩固。这些年来,卞毓麟退休了,潘涛奉命另有高就了,翁总也要退出领导岗位了。每次变化,都会有人问:"那么,《哲人石丛书》还出下去吗?"而我们的回答总是:"不但要继续出下去,而且要出得

十一、品牌《哲人石》

更好,使精品变得更精!"

我非常高兴地看到,科教社的科普编辑室先后在匡志强、侯慧菊、叶剑几位室主任主持下所取得的突出成绩。在他们的带领下,团队成员共同努力,使《哲人石丛书》的规模从我当初主事时的40多个品种增加到了90种!更为可喜的是,我们的"哲人石"团队中还涌现出不少优秀的青年编辑,今天在场的殷晓岚、章静、刘丽曼等就都是好手。我希望他们多多向各位前辈、学长学习,再接再厉,在科技出版工作中取得更优异的成绩。

回顾10年前最初的《哲人石丛书》团队成员,如今只有我的老战友王世平还在这块前沿阵地上打拼了。作为科教社指日可待的副总编辑,目前王世平正在分管《哲人石丛书》的全面工作。作为一名老科学工作者和老出版人,我对她寄予莫大的希望,相信她一定会兢兢业业,谦虚谨慎,一丝不苟地带好整个团队,认真总结过去10年中《哲人石丛书》的经验和教训,把这个品牌打造得更坚实、更漂亮。

再次感谢各位前辈、学长、专家、朋友的一贯支持,感谢大家光临。谢谢!

【2015年国庆节追记】"《哲人石丛书》十周年座谈会"之后,数年间科普编辑室的人员又陆续有所变动。叶剑雄心勃勃地去闯一片新天地——研发3D科普影视产品,且初见成效。科普编辑室的工作遂由殷晓岚主持,室内其他成员也在正常地流动。《哲人石丛书》依然在稳步前进,自1998年至2014年逐年出书的品种数如下:1998年3种,1999年12种,2000年15种,2001年10种,2002年10种,2003年5种,2004年8种,2005年4种,2006年5种,2007年3种,2008年10种,2009年5种,2010年5种,2011年4种,2012年5种,2013年6种,2014年6种,累计116种。它们以先后次序分属4辑,其中第一辑40种,第二辑32种,第三辑28种,从第101种开始为第四辑。

2012年4月14日,由上海科技教育出版社和中国科普研究所主办、《科普研究》杂志协办的"架设科学与人文的桥梁——《哲人石丛书》100种回顾与展望科普座谈会",在科普所召开,科教社由张莉琴社长率队出席。王世平副总编的报告题为《点化人心的〈哲人石丛书〉》,其最后一张PPT是一幅画面:"远在乌鲁木齐天文台的卞毓麟老师向各位朋友致以最诚挚的感谢!"那天,我正在访问位于乌鲁木齐县甘沟乡的新疆天文台南山站。

王绶琯先生赐文

"《哲人石丛书》十周年座谈会"嘉宾云集。德高望重的王绶琯先生已届米寿,因行动不方便,未能亲临,却特地给我写了一封短信,并附文一篇。信中述及他为《哲人石丛书》十周年撰文曰:"文思不畅,写了很长时间(见附件)。如果赶不上用,就当是写给你的一封信,留作纪念吧。"王先生的文章,言辞恳切感人,谨照录如下。

《哲人石》出版已及十年。回顾这十年里频频"点石"之情,愿在此一吐心中珍藏的一些感受。

这是"被点之石"的感受,未必能够真正体会到"炼石者"的匠心和"点石者"的辛劳和技巧。加以我这块石虽然有幸受点,却尚未见成金,所以只是报告一下自我感觉,以表心意。

在《哲人石丛书》的策划与出版团队中,我最熟悉的自然是曾在中国科学院北京天文台(今国家天文台)工作30余年的卞毓麟。多年以来,每当与卞毓麟相见,他总会带来一些惊喜。十年前的一次,他带来的是一本普利高津新著的新译。这是他到上海后参加策划的《哲人石丛书》的第一本。普利高津是当代一位科学思想猛烈冲击科学传统的名家。丛书把他亲笔作序、充满挑战意识的新作取为开卷首选,令我这样一个久经文化荒漠忍饥忧渴的归客怦然心动。

科学,包括以认识自然为旨的自然科学,和以运用由此得来的知识以扩展人类自身能力的技术科学。前者以其理性与思辨汇入人类精神文明的发展,往往被归入"科学文化",后者常被笼统地称作"科技",主宰了人类历史上物质文明的进步。在我国文化大饥馑期间,前者遭到了致命摧残,后者遭到了全面歪曲。灾后的"拨乱反正"虽然扭转了大局,但有些高层次上的问题至今余波未息。"科学文化"属其中之一。近来谈论甚多的"钱学森问题"就反映了这种情况。

在科普的拨乱反正中,着力开拓国际名著的引进显然是必由之道。(当今文明世界中科学知识的共献共享已成共识。但是第一流的

十一、品牌《哲人石》

科学家往往并非就是最好的科普作者。所以任何国家出现的名家科普佳作就必然为普世珍惜,争相出版。)对于我们的初期开拓者,面对嗷嗷待哺的读者和尚待摸索的市场,选题和翻译无疑是最关键的要素。对于我,前面所说的《哲人石》所做的选择确实带给了我意外的惊喜。其中策划者的眼力,编者的胆识,还有翻译者的理解和表达的能力,曾久久地在心中留下了回响。

本书作者在"十月天文论坛:中国天文的过去、现在和未来暨庆贺王绶琯先生九十华诞典礼"上与寿星(右)合影(2012年10月15日)

弹指十年,今日的卞毓麟鬓染微霜。这回带给我的是一本阿西莫夫随笔的自选集,也是《哲人石丛书》中最新的一本。我一直是阿西莫夫的一个忠实读者。读他的著作本应有喜无惊。但这一回却出乎意料,不无惊喜地在他那三十一篇"小品"中时而品味出了一位科普大师思想中一道道"源头活水",俨然一派"科学文化"风光!

十年里这一前一后的惊喜当属偶然。但发生的概率却有一定的必然性。这十年里卞毓麟和他的同事"炼"出的"哲人石"多达八十五块,琳琅满目。我浏览过的虽然十不满一,精读过的更少,但仍不失为全豹的一斑。原先忖测一时未必得到青睐的"科学文化"竟然触手可及。这足以使人窥见《哲人石》作为出版事业的格调和作为出版业的多元化。多元化是明智的。因为学术见解需要宽容。包容尽可能多的不同观点、照顾尽可能多的不同需求,"有容乃大"!

《哲人石》的文章种类也是多元的。除了名家佳作之外,还设置了传记系列、思潮系列等等。人们可以各取所好。我读了其中几册,同样觉得受益良多。我认为自己还算是一个"好读书"的人。但是大多数是"困而读之",每年里能够从吾所好,坐下来好好读一两本的时候其实不多。这样,对于图书,就既希望其多样任我选择,又希望其精选适我要求。同样重要地还希望译者的学养和笔力能有充分的保证。这些显然苛刻的要求在我接触过的几块"哲人石"中都得到了满意的答复。

有的历史学家认为,是古代"哲人之石"的"炼金士们"炼石点金,年复一年,代复一代,终于造就了今日化学科学的成长。我欣遇今日"哲人石"的操持者,自己虽是泥沙之质,难以变出几两黄金。但是沙中碎石一旦被"点"到了,"欣于所遇,暂得于己",碎金也许只是一二毫克,但也就"快然自足"了!我相信世上"读书人"芸芸如我者一定很多,搞得好聚起来就会成为一种"资源"。所见及此,事实上,自古以来就一直有人把沙里淘金当做是一方致富之源!

至于"炼金者""点"出"金块金砖"的宏愿,相当于人们想望中的学术大成就。对此王国维在他脍炙人口的名篇里曾经以三则宋词形容三个必要条件,即:学识(或天赋)、勤奋和机遇。对于任何一个人,"三事俱备"的概率一般不高。而如果以每一百万人为一群,那么不管是哪一群,人的天赋情况和勤奋程度的分布都应当基本上相同,各群人做出成就的概率就完全取决于他们为自己创造的机遇。科普图书看来平常,但却正是在为自己社会的科学成就创造机遇。这是概率问题,主要看数量,但质量赋有权重。今日《哲人石》的"炼金士们"保持现在的势头"炼而不厌,点而不倦",总有一天会点到玉石之质,灿然成金。打那时以后将经常会有几个自己的普利高津或阿西莫夫来谈论我们今天的故事……想到这里,精神为之一振。就写下以上这一席话,寄给卞毓麟。

王绶琯　二零一零年一月

十一、品牌《哲人石》

巴特·博克缘

我为《哲人石丛书》的好些品种写过书评、书介或书话。在此酌选三项，以见一斑。本节先说《推销银河系的人——博克传》(戴维·H·利维著，何妙福译，1999年9月)，按出版时间先后这是《哲人石丛书》的第10个品种，责任编辑卞毓麟、王波；下节介绍有关卡尔·萨根的几本书，即《暗淡蓝点》(卡尔·萨根著，叶式辉、黄一勤译，2000年10月，《哲人石丛书》的第12个品种，责任编辑卞毓麟、何妙福)，《卡尔·萨根的宇宙》(耶范特·特奇安、伊丽莎白·比尔森主编，周惠民、周玖译，2000年12月，《哲人石丛书》的第16个品种，责任编辑卞毓麟、尹传红)和《展演科学的艺术家——萨根传》(凯伊·戴维森著，暴永宁译，2003年12月，《哲人石丛书》的第55个品种，责任编辑卞毓麟。2014年6月此书推出新版本，纳入《科学大师传记精选》系列，责任编辑卞毓麟、伍慧玲)；最后再谈《希格斯："上帝粒子"的发明与发现》(吉姆·巴戈特著，邢志忠译，2013年8月)，是为《哲人石丛书》的第106个品种，责任编辑郑华秀、傅勇。

巴特·博克是一位富有鲜明色彩的天文学家。他将一生贡献给对银河系结构孜孜不倦的探索，并为使人们了解我们生活于其中的这个宇宙而竭尽心力。他还极大地促成了把科学纳入联合国教科文组织，并担任其科学委员会的首任主席。博克还是一个优秀的天文演说家和一位为反对占星术等伪科学而不懈奋战的斗士。《推销银河系的人——博克传》生动地描绘了传主如何从一个因不会认星而受人取笑的童子军小队长成长为蜚声世界的大天文学家，描绘了他如何从与比他年长10岁的夫人在一次会议上偶遇到此后近半个世纪生死相依的感情，描绘了他如何因能在有生之年踏上中国大地而激动不已，描绘了他如何为宣传天文学而不辞辛劳，甚至多次因囚犯的要求到监狱里讲述天文学！

我曾在《中国科技月报》2000年10月号上发表书话一篇，漫谈我与博克和这部传记的"缘分"，故名之曰《巴特·博克缘》，全文如下。

和世界上的许多人一样，我很敬仰巴特·博克教授。

1982年，当我作为中国科学院北京天文台的一名青年天文学家为巴特·博克教授的学术报告作现场口译时，做梦也不会想到，17年后的今天自己竟成了这部妙趣横生的《博克传》中译本的责任编辑。

事情的原委是这样的——

1997年秋冬之交，我和潘涛正在为《哲人石丛书·当代科技名家传记系列》物色优秀的传记。忽然，一个醒目的书名《The Man Who Sold the Milky Way: A Biography of Bart Bok》(《推销银河系的人——博克传》)赫然映入了我们的眼帘，作者是因苏梅克—利维9号彗星撞击木星而名闻全球的一流业余天文学家戴维·H·利维。

"很好，"我对潘涛说，"博克是很著名的天文学家，1982年访华时，我参加了对他的接待，并为他的学术报告作过现场口译。"

1998年，我和潘涛到上海科技教育出版社工作，《博克传》已列入出版计划。为物色优秀的译者，我找了中国科学院上海天文台原副台长何妙福研究员。

"老何，您还记得80年代初来华访问、以银河系研究著称的博克教授吗？"

"记得。他来上海时是我陪同、接待的。"何先生答道。

真是无巧不成书，这又是一段博克缘。面对何先生的厚厚一摞译稿，我情不自禁地再次拿起自己在16年前写下的悼念博克的文章《忆巴特·博克老人》(原载《天文爱好者》1983年12月号)。现转摘如下——

忆巴特·博克老人

(一)

在麒麟座玫瑰星云那美丽的照片上，你可以辨认出若干圆状的小暗斑。它们是一些暗星云——暗得只有用大望远镜才能观测到。研究这类天体最有权威的学者之一——它的发现人巴特·博克教授深信，它们是正在诞生着的恒星。在天文学中，它们就称为博克球状体。

博克于1906年4月28日诞生在荷兰的霍恩。和恒星的一生相比，人的一生只是须臾刹那而已。当我突然获悉巴特·博克教授已于1983年8月5日晨仙逝时，惊愕与痛惜的感情不由得压倒了一切。

我们喜欢博克老人，首先是因为他爱我们的文明古国。1977年，美国首次派出天文代表团来华访问。就资历和学术造诣而言，这样的代表团没有理由缺少巴特·博克教授。可他当时已经71岁，早已退休，为此他未能成为代表团的成员。老博克对此颇有些愤慨而伤心，他下定决心，一定要在有生之年到中国来！

（二）

1982年9月2日下午，这位76.5岁的老科学家怀着异常兴奋的心情踏上了中华人民共和国的大地。认真而细致的访华准备工作足足用去他两个月的时间。

老博克访问了中国科学院下属的北京、南京和上海三个天文台。北京天文台王绶琯台长委托李竞先生主持接待博克教授。李竞先生要我协助接待，如口译部分学术报告之类。这使我与博克有了较多的接触。

博克教授的科学精神深深感动了我们。这里仅举一个小小的例子。他是研究银河系的权威，但他却屡屡提及不要迷信权威。他强调科学研究最需要的是独立思考与锲而不舍的精神，一旦认准了研究方向，就应该勇往直前地干下去。他以自己早年的经历为例。当初，有的大权威规劝他："博克，天文学家应该研究能用望远镜看到的天体，而你却专门寻找不发光的东西，这样你就很难取得成功。"但是，他坚持干下去，最后，"我发现了如今人们称之为'博克球状体'的一类新天体"。说到这里，他带着狡黠的神情"劝告"满屋子的听众："不要听你们台长的话，要相信自己，研究自己觉得应该研究的东西。"这时，王绶琯台长在听众席上会心地发出了赞许的微笑。

（三）

博克曾任第十四届国际天文学联合会副主席、美国天文学会主席，来华访问时仍是美国科学院院士、亚利桑那大学退休教授。他以毕生精力对银河系作了深入研究：银河系结构、星际物质、星团稳定性、星系动力学等。晚年又热衷于探讨恒星的诞生过程，并对天文学的未来深感兴趣。

博克老人极善于作深入浅出的讲演。他不喜欢投影仪和透明片——"I hate it"（"我讨厌它"，这是老博克的原话）；每次报告他都提前半个多小时到场，先用他那因脊髓灰质炎而致残的右手颤抖着写满两块黑板的提纲，李竞见状不忍想为之代劳，这位老学者却认真地答道："我是教授，是我讲演，当然得由我自己写……"

他和夫人普里西拉·博克合著的《银河》一书洋洋数十万言，如果分类的话，大概可以列为高级科普，其学术意义则足可抵上一部同领域的专著。我以为，若将它与爱因斯坦和英费尔德合著的《物理学的进化》相比拟，那倒是很贴切的。

（四）

巴特的夫人普里西拉也是一位知名的银河系天文学家。她较巴特年长10岁。1975年11月19日因心脏病发作去世。许多朋友要求巴特写一份传略，概述普里西拉的一生。为此，年近古稀的巴特于同年12月8日写出《普里西拉·费尔菲尔德·博克生平与事业备考》。此文感染力极强，全文末句"I miss her terribly"（我多么怀念她啊）令人浑若目睹这位皓首长者正在悲戚地痛悼自己的终生伴侣和事业的合作者。

1928年，普里西拉往欧洲参加国际天文学联合会莱顿大会。大会安排22岁的巴特在莱顿火车站迎接来自各国的代表，于是与普里西拉相识。在十天的会期中他深深爱上了她。1929年初巴特受命于沙普利前往哈佛天文台。当年9月7日星期六，巴特抵达纽约；9月9日星期一，他和普里西拉完婚于后者的一位兄弟家中。

普里西拉是76岁那年（1972年）中风的。先前，她颇具活力地为完成《银河》一书的第4版而工作着。中风以后，她单独为这第4版准备那冗长的索引。但是，她的脑子越来越不听使唤，越来越难记住各种事件和人物了，而且，日常事务也成了问题。"然而，她和我在一起的岁月是美妙的，我可以诚实地说，在她一生的最后几年里，我们比以往任何时候都爱得更深。"

普里西拉正好是80岁时寿终正寝。1981年，《银河》第5版问世，由于银河系研究的新进展层出不穷，修订的工作量很大。这一次，年逾古稀的巴特独立完成了再版任务。

（五）

在游览长城的归途中，这位老人对我们说："我终于到中国来了。这儿的一切都那么好：长城、中国红葡萄酒、天文学家、汽车司机……可惜我太老了，怕不能再来了。"

在十三陵通往地宫的楼梯口，博克老人止步了，他向下看看，台阶至少有一百级。"医生叮嘱千万别太累，我大概不能下去了。"老人遗憾地说，并且幽默地打趣道："我要是下去，大概就会躺在那儿再也上不来啦。"致他夫人于死命的心脏病又同样纠缠和威胁着老博克，看来他确实应以节劳为宜了。

然而，博克的精神状态似乎永远是年轻的。在1983年年初，有一则观赏同年6月11日日全食的旅游广告，三条旅行路线中最长的一条将由巴特·博克导游；日期是5月26日至6月14日，从洛杉矶出发，至新西兰、澳大利亚、新加坡、雅加达，然后回美国。

这次日食之后56天，老博克便溘然长睡了。在悼念这位受人敬重的前辈时，我很想复述老人亲自讲过的一则故事——

普里西拉饶有兴味地与我一起研究恒星是如何诞生的。我们认为有许多迹象表明，在船底座 η 星云中，新的恒星正在不断地诞生着。因此，她在最后的岁月里曾对我说："巴特，你死后到这个星云来找我吧，那时，我们就可以搞清楚恒星究竟是怎样诞生的了。"

是啊，恒星究竟是怎样诞生的呢？后代天文学家迟早会揭开这个谜底的。安息吧，博克老人，我们怀念您。

1999年9月4日，《博克传》的原作者戴维·H·利维在中译本付印前夜，特地发来了喜悦之情溢于言表的"中文版序"。他说：

在1982年秋天，巴特·博克刚刚从中国访问归来。这是一次愉快的旅行。他的声音在电话里听起来兴高采烈，那会儿他正向我描述他在中国时的东道主和他遇到的当地人对他的礼遇。在巴特·博克生命中的最后一年里，中国使他焕发了活力。

博克在上海时访问了那儿的天文台。何妙福（后来的上海天文台副台长）在博克的访问过程中一直陪着他。何教授正是这本《推销银河系的人》的中文译者。我十分高兴这本书能由一位对博克了解甚深，而博克也对他评价颇高的人来进行翻译。

卞毓麟是博克在北京讲学时的翻译，并在博克参观这座古老而伟大的城市时充当导游。他不但是一名天文学家，而且是一位知名的科普作家,曾出版了20多部著作,并发表了400多篇文章。他对博克的访问印象极深,一直未能忘怀。

正因如此,当我从卞毓麟那儿知道,著名的上海科技教育出版社正在做着细致认真而又协调一致的努力,以期将一本优美的《推销银河系的人》中文版奉献给中国的广大读者时,我感到非常高兴。我相信,巴特·博克在他的安息之处船底座η星云里也会为此而激动的。他给他的新读者们的建议应该是不要迷失于科学的细节中,而是力图掌握从而欣赏到整个图景。我们的银河系是一个迷人的地方,它值得我们注意,并付出努力去了解它的奥秘。

《推销银河系的人——博克传》书影

巴特·博克也看到了他的天文学、他所热爱的银河系,成为联结世界各地不同的人民和不同的文化的纽带。他坚信科学不应受政治的影响。从太空中看来,地球并不是一张由涂着蓝色的国家和涂着绿色的国家组成的地图,而是由陆地和海洋构成的一个完整的世界。了解天空及其迷人之处是我们每个人的权利。通过这本巴特·博克的传记,我希望我们会逐渐接近这个目标,直至它最后实现。

关乎卡尔·萨根的三本书

对我来说,这种情况几乎绝无仅有:前后只相差5天,竟在两家不同的报纸上发表了两篇同名的文章——两家报纸的编辑都要留住这个题目:《三只眼睛的卡尔·萨根》。这两篇短文约有三成文字无大异,但全文的主题各有侧重:2001年3月9日《科技日报》第12版"阅读"所刊拙文着重于介绍《暗淡蓝点》一书，同年 3 月 14 日《中华读书报》第 23 版"科技视野·阅读"所载一文则着重于介绍《卡尔·萨根的宇宙》，现将两者整合为一，谨录于此。

三只眼睛的卡尔·萨根

大人物往往会犯一些有趣的小错误，卡尔·萨根也不例外。他给我的第一封信的第一句话是"非常感谢 4 月 22 日惠函"，而落款日期竟是 1984 年 3 月 9 日（实为 5 月 9 日）！

其实，萨根是极其认真的——认真得简直有些出人意料。当年，我正担任于光远主持编纂的《自然辩证法百科全书》天文学哲学编写组副主编，并承担"宇宙中的生命"、"平庸原理"诸条目的撰写任务。为了对"平庸原理"一语的历史沿革作较为详尽的考察，我以为最直截了当的途径莫过于向卡尔·萨根求教。他在给我这个素不相识的同行回信时写道：

我很高兴收到您的来信并获悉您有志于在中国致力科学普及。谨寄上什克洛夫斯基和我本人所著《宇宙中的智慧生命》(1966)一书第 25 章的复印件。该章题为"平庸假设"；我相信将它提升为一种"原理"也许为时尚早。另附一篇新近发表在《发现》杂志上的文章《我们并无特别之处》的复印件。我希望这将对您有所帮助。请向您在中国天文界的同事们转达我热烈的良好祝愿。

您真诚的卡尔·萨根

萨根 1934 年 11 月 9 日生于纽约，毕业于芝加哥大学，长期任康内尔大学天文学与空间科学教授和行星研究室主任。他深深介入美国的太空探测计划，并在行星物理学领域取得了许多重要成果，第 2709 号小行星以其姓氏被命名为"萨根"。他在科普方面的成就极为引人注目：20 世纪 80 年代，他主持拍摄的 13 集电视系列片《宇宙》，被译成 10 多种语言在 60 多个国家上映；与之配套的《宇宙》一书则在 80 多个国家发行了 500 多万册！此外，他还撰写了数十部品位很高的科普读物。1994 年，他被授予第一届阿西莫夫科普奖。他还获得过美国天文学会的"突出贡献奖"和美国国家科学院的"公共福利奖"。1996 年 12 月 20 日，萨根因患骨髓癌并发肺炎去世，终年 62 岁；12 月 23 日，卡尔·萨根安葬于康内尔大学的所在地纽约州的伊萨卡。

2000年12月，卡尔·萨根4周年忌辰前后，两部与他密切相关的新书相继由上海科技教育出版社出版，这真是对他的极好纪念。这两本书中，先出版的是萨根本人的力作《暗淡蓝点》之中译本，它于当年10月面世未久，即被评为"牛顿杯科普图书奖"2000年度的十大科普好书之一。后出版的是一部引人入胜、插图精美的纪念文集《卡尔·萨根的宇宙》，它由美国科学界多位一流人物撰写，涵盖了萨根为之献身的科学、教育、政策制定以及相关的许多领域。

萨根首创的名语——"暗淡蓝点"，指的是从太空中遥望的地球。《暗淡蓝点》一书是萨根60岁那年出版的，其主题关系到人类生存与文明进步的长远前景——在未来的岁月中，人类如何在太空中寻觅与建设新的家园。该书的叙述风格宛如一部纵贯往昔与未来的史诗，于宏伟缜密间交织着大量扣人心弦的精彩故事。

全书首先回顾了历史上有关人类在宇宙中地位的种种观念，接着，根据20世纪中叶以来空间探测的成就对太阳系作了全方位的考察，然后评估了将人送入太空的种种理由，最后是作者本人对未来太空家园的长远展望。该书布局大气磅礴，章法井然有序，淋漓酣畅而又丝丝入扣地阐明了当今的科学技术正在为人类移居太空创造最基本的条件。从年轻时代起，萨根便对此种前景持乐观的积极态度，《暗淡蓝点》则用诗一般的语言道出了此种心境："我们是在宁静的海洋上航行的水手，我们感受到了微风的吹拂。"

《暗淡蓝点》全书的最后两段意境尤为迷人：

在过了一段短暂的定居生活后，我们又在恢复古代的游牧生活方式。我们遥远的后代们，安全地布列在太阳系或更远的许多世界上……

他们将抬头凝视，在他们的天空中竭力寻找那个蓝色的光点……他们会感到惊奇，这个贮藏我们全部潜力的地方曾经是何等容易受伤害，我们的婴儿时代是多么危险……我们要跨越多少条河流，才能找到我们要走的道路。

这不由得令人联想起著名的奥地利传记作家斯蒂芬·茨威格对罗曼·罗兰的评论："他的目光总是注视着远方，盯着无形的未来。"

十一、品牌《哲人石》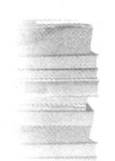

卡尔·萨根正是这样的人，因此，人们自然而然地对他充满着崇敬之情。1994年10月，为了庆祝萨根的60岁生日，康内尔大学专门组织了一个与其工作相关的讨论会，会议就在校园内举行，世界上300多位科学家、教育家，以及萨根的朋友和家属应邀参加。《卡尔·萨根的宇宙》一书收录的文章，即来自此次荣誉讨论会。会上的四大论题是：1. 行星探索；2. 宇宙中的生命；3. 科学教育；4. 科学、环境和公共政策。这些话题充分显示了萨根数十年间的兴趣、工作内容和成就之所在。

《卡尔·萨根的宇宙》全书共24章，每一章的作者，都是相应领域中无可争议的"大腕"。例如，"寻找地外文明的意义"一章的作者是弗兰克·D·德雷克，"物理学容许有星际旅行虫洞和时间旅行机器吗？"一章的作者是基普·S·索恩，"科学与伪科学"的作者是詹姆斯·兰迪，"用视觉图像展示科学"的作者是乔恩·隆贝格，等等。此外，书中另有"幕间插文"一篇，是卡尔·萨根本人在这次祝寿讨论会上的公开演讲，主持人是康内尔大学的退休校长科森。

《卡尔·萨根的宇宙》的最后两章——华盛顿卡内基研究所的高级研究员弗兰克·普雷斯的"向萨根致敬的演讲"和康内尔大学荣誉校长弗兰克·H·T·罗兹的会议闭幕词"60岁的卡尔·萨根"，皆可谓妙语连珠。例如，致敬演讲的首句便是："赫胥黎曾经说过：'过了60岁还从事科学工作的人，他的作用会是弊大于利。'这对我们一些人是适用的，但卡尔却是少数的例外！"致敬词的结尾则引证了当年年初萨根的一段名言：

（科学）使得国家的经济和世界的文化向前运行。其他国家都很懂得这个道理。这就是为什么美国大学里有这么多来自其他国家的科学和工程学研究生的缘故。科学是发展中国家走出贫困和落后的金光大道。同样的道理，美国如果不能抓住这个要领而放弃科学，那就必然会回到贫困和落后的道路。

美国的《每日新闻》曾作评论："萨根是天文学家，他有三只眼睛。一只眼睛探索星空，一只眼睛探索历史，第三只眼睛，也就是他的思维，探索现实社会……。"诚哉斯言，人类文明的进步需要更多像萨根那样的有三只眼睛的科学家！

罗兹在上述讨论会闭幕词中讲到："卡尔讲的题目是宇宙，而他的课堂是世界。"全世界所有受到他的写作、讲课、演说和电视节目感染的人，都会长久地深深地怀念他。

关乎卡尔·萨根的第三本书，就是《展演科学的艺术家——萨根传》，我在2004年6月11日《中国图书商报》"书评周刊"第14版曾以《他的目光总是注视远方》为题予以介绍，兹转录于此。为避免与本书其他部分过多重复，文章已酌情删节，标题则如上文所述，源自斯蒂芬·茨威格对罗曼·罗兰的评论："他的目光总是注视着远方，盯着无形的未来。"

他的目光总是注视远方

常言道："小说是窗口，而不是景点。"

我愿说："传记既是窗口，又是景点。"屡读洋洋60余万言的《展演科学的艺术家——萨根传》（以下简称《萨根传》），我更坚定了这一信念。

美国著名天文学家、饮誉全球的科普大师卡尔·萨根1934年11月9日生于纽约市布鲁克林区。1996年12月20日0点32分（当地时间）在西雅图逝世，直接的死亡原因是骨髓增生异常引起肺炎并发症，终年62岁……他博学多才，机敏执著，英俊潇洒，富有表演天赋，是电视专栏《今晚节目》的明星，也是美国无数年轻人崇拜的偶像。

萨根去世后，美国国家航空航天局局长戈尔丁发表了谈话："卡尔·萨根使天文学走进了美国的千家万户，这使科学界以外的人们第一次知道了什么是太空，它为什么重要，并对它关心起来，了解起来。我本人也在受到他影响的公众之中……我们所得悉的有关火星的所有情况，都有他的梦想之花结出的果实。"1997年7月，美国的"火星探路者号"成功地登上了火星。后来，戈尔丁在悼念萨根的仪式上宣布：将"火星探路者号"着陆器重新命名为"卡尔·萨根纪念站"。

萨根擅长用生动、形象、简明的语言向公众讲解科学知识，赢得了人们的广泛尊敬。与此同时，他也有不少麻烦。例如，1992年4月美国科学院增选院士，支持推举萨根者固然不少，反对者也使出了浑身解数。最后，萨根落选了。美国享有盛名的进化生物学家

十一、品牌《哲人石》

兼作家古尔德素以耿直著称,他称美国科学院否决接纳萨根为院士是"可耻事件"。萨根去世后,古尔德在《科学》杂志上载文道:

索尔王恨大卫,是因为大卫得到了别人的一万次欢呼,而自己得到的只有一千次。我们这些搞科学的,对于同事们为了人类共同利益做出的出色成就,也往往会出于同样的嫉妒心理去泼脏水……对于能够将科学的力与美传递给公众的人,为什么要破坏其学术声誉呢?……卡尔·萨根去世了,我们失去了一位杰出的科学家,也失去了20世纪、也许是历史上最出色的普及家。

萨根认识到,科学激发了人们探求神秘的好奇心,但伪科学似乎也有同样的作用。因此,他在《魔鬼出没的世界》这部力作中真诚地倾诉了自己的理念:"我们的任务不仅是训练出更多的科学家,而且还要加深公众对科学的理解。"1994年,美国科学院对萨根未当选院士一事亡羊补牢,向他颁发了"公共福利奖章",并评论曰:"就反映科学的奇妙、振奋与快乐而论,从不曾有任何人像萨根这样广博,也很少有人像萨根这样出色……他能紧紧抓住千百万人的想像,并能以通俗的语言解释艰深的概念。这是了不起的成就。"

萨根向往人类文明的进步,反对核军备的态度十分明朗。他大力宣传"核冬天"理论,迫使执政的里根当局和军界人物在他们企图复活冷战的行动中处于守势。"核冬天"理论的要义是:由于核交火,城市地区会出现巨大火灾,导致大气中烟雾弥漫达数星期甚至数月之久。阳光会被阻隔,地球严重降温,造成冰封或接近冰封的状态。于是,经受了核攻击而幸存下来的人——少则几百万,多则上亿,将会无法重建家园。所以,如果核战争本身未能彻底夷毁文明的话,"核冬天"也会使它终结。打核战争可不是下象棋,可以输了重来。无论哪一方挑起核战争,自己都将在劫难逃,"以胜利结束"的核战争是无法想像的事情。里根总统对萨根十分恼火,却又无法将其制服,于是便使出了圆滑的一招:请萨根夫妇去白宫赴宴。这种邀请,先后三次,都被萨根及其夫人安·德鲁扬拒绝了。

卡尔·萨根曾结婚三次。第一任夫人琳因·马古利斯后来成了声望卓著的生物学家、美国科学院院士;第二任夫人林达·萨尔兹曼是一位富有魅力的艺术家;第三任夫人安·德鲁扬才貌出众,无论在事业上还是在生活上,都是卡尔的完美搭档。德鲁扬原是萨根的好友蒂莫西·费里斯的恋人,但于订婚后尚未成亲之际又移情萨根。费里斯在20世纪90年代中期成了世上最出众的科学小品作家之一。他在萨根去世后写了一篇悼词,通篇是肯定的,只有一句含义模棱两可的话:"我对卡尔·萨根了解甚深,因此不把他当英雄对待。"

1996年,费里斯与萨根差不多最后一晤时,只见后者"一副马上要咽气的模样"。这一次,他们谈论了:属于不同领域的观念,是否可以统一到一起。费里斯提到,有位学者曾对李约瑟说:"存在着五个学科领域:科学、哲学、宗教、艺术、历史。如果你对这五门都通晓,你受的教育就是出色的,就能去从事好多其他工作。缺了任何一样或者两样的教育是不充分的。"李约瑟的回答是:"我看不出有统一它们的必要。"萨根马上接口:"不过,这五门中倒有三门可以归结为科学,此外还有一门属于幻觉(意指宗教)。"

萨根是一个充满着矛盾的人物,他心地善良,成就卓著,同时又有不少令人啼笑皆非的缺点和奇思异想。所有这一切,在《萨根传》中均有入木三分的刻画。《萨根传》的作者凯伊·戴维森是美国《旧金山督察报》的科学作家,曾荣获美国科学记者的两项最高褒奖:美国科学促进会——威斯汀豪斯奖,以及美国科学作家协会的社会中的科学奖。

萨根之死在世界上引起了很大震动。2001年12月,萨根逝世5周年之际,我国几家重要的科普单位共同在京主办了共分三场的"科学与公众"论坛,由中央电视台全程录制与播出。《萨根传》中的重要人物,卡尔的长子多里昂·萨根和天文学家唐纳德·戈德史密斯应邀专程前来,并在会上演讲。凡此种种,在《萨根传》一书的附录中均有记叙。

《萨根传》是一个奇特的窗口,它让你仰望群星、环视世界、理解生命、感悟人生;《萨根传》中的景点比比皆是:有的令人驻足、惊奇、赞叹、神往,也有的令人惋惜、悲凉、凝思、遐想……

十一、品牌《哲人石》

"上帝粒子"不再是传说

拙作《"上帝粒子"不再是传说》(原载《解放日报》2013年10月11日《周末·读书》版),谈的是《希格斯:"上帝粒子"的发明与发现》一书,全文如下:

不出所料,当地时间10月8日晚消息从斯德哥尔摩传来:比利时理论物理学家弗朗索瓦·昂格勒和英国理论物理学家彼得·希格斯因成功预言希格斯玻色子而荣获2013年诺贝尔物理学奖。

昂格勒生于1932年11月6日,现年81岁;希格斯生于1929年5月29日,现年84岁。1964年,他们各自独立地提出了希格斯玻色子理论。其实,昂格勒的合作者、1928年出生于美国的比利时理论物理学家罗伯特·布劳特,也对此作出了同等的贡献。然而,他已于2011年以83岁高龄谢世,按诺贝尔奖不得授予逝者的规定,布劳特只好永久地缺席了。

早在20年前,鉴于希格斯玻色子之奇特与重要,美国著名粒子物理学家、1988年诺贝尔物理学奖得主利昂·莱德曼就给它起了一个优雅的诨名——上帝粒子,并写了一本备受称道的科普杰作《上帝粒子:假如宇宙是答案,究竟什么是问题?》,其中文版已于2003年由上海科技教育出版社出版。"玻色子"是以印度物理学家玻色的姓氏命名的一大类微观粒子,它们的共同特点是"自旋量子数"为整数。例如光子的自旋为1,就是一种玻色子,希格斯玻色子的自旋则为0。

追根溯源,寻找希格斯玻色子之旅,始于一个十分古老的问题:"世界是由什么构成的?"古希腊哲学家德谟克利特主张世间万物皆由不可分割的"原子"组成,不同物体的"原子"各有不同的几何形状。虽然他的具体构想并不正确,但"原子"这一概念和名称却永久地流传下来了。19世纪初,英国化学家道尔顿创建了近代的原子学说。到20世纪30年代中期,人们已经知晓:每个原子中央各有一个原子核,原子核由带正电荷的质子和不带电的中子组成;不同化学元素的原子,其核内的质子数和中子数各不相同。带负电荷的电子则由电磁力的作用而束缚在原子核周围。及至20世纪后期，物理学家已相当肯定：质子和中子其实亦非"基本"粒子，它们皆由"夸克"组成。不同的夸克由所谓"味"和"色"之不同以作区分。例如，质子由不同"味"的3个夸克构成——2个上夸克和1个下夸克，它们具有完全不同的"色"，所产生的组合便呈现为"白色"……

当代物理学如此这般的绘景，堪称神奇而美妙。但是，有一个根本问题依然是个谜，即：基本粒子的质量从何而来？这个问题曾经难住了无数科学家。当今的粒子物理学有一个"标准模型"，是人类理解物质世界微观结构及其相互作用力的集大成之作，而其点睛之笔便是"希格斯机制"。这种机制，预言了"上帝粒子"的存在，它是各种基本粒子获得质量的根源。自从希格斯、昂格勒以及其他一些物理学家各自独立地提出这种机制之后，人们一直在苦苦寻找希格斯玻色子的踪影，却一无建树。直到2012年7月4日，事情才有了转机：那天，一个酷似希格斯玻色子的新粒子终于在欧洲核子研究中心的大型强子对撞机上现身……

正好，这就为英国科普作家吉姆·巴戈特笔下的《希格斯："上帝粒子"的发明与发现》一书提供了绝妙的结尾。两天之后，巴戈特的这部新作杀青，并由牛津大学出版社迅速推出。《希格斯》一书以洗练生动的语言，钩玄提要地回顾了百年来的基本粒子物理学史，讲述了寻找"上帝粒子"的酸甜苦辣，字里行间充盈着人类不懈探索的精神、科学家的人文情怀和鲜明个性。对于关注外国科普作品的读者，本书作者巴戈特是一个熟悉的名字。他擅长写作科学前沿题材，14年前他的另一部佳作《完美的对称——富勒烯的意外发现》中文版面世，迅即好评如潮。

巴戈特这部《希格斯》的中文版权，最终为上海科技教育出版社取得。该社旋即邀请中国科学院高能物理研究所的著名粒子物理学家邢志忠执译。2013年1月，邢志忠教授快速浏览全书之后，顿觉确乎值得一译。接下来的3个月便是译者夜以继日的魔鬼式劳作，直至4月译事告竣。5月份，《欧洲核子研究中心快报》刊出题为《希格斯玻色子的诞生》一文，宣称"来自ATLAS和CMS的结果现在提供足够的证据，确定了2012年发现的新粒子就是希格斯玻色子"。

十一、品牌《哲人石》

ATLAS 和 CMS 是大型强子对撞机上与寻找希格斯玻色子有关的两个探测设备，来自世界各国的数千名科学家正使用它们进行合作研究。

2013年8月中旬，中文版的《希格斯》面世。8月18日那天，邢志忠应邀专程赴沪亲临上海书展作科学讲座"'上帝粒子'的发明与发现"，紧接着的签名售书场面感人。不能不提的是，中文版高水准的翻译给读者带来了很多便利和愉悦。书中加了不少言简意赅的译注，还纠正了原著的若干差错。这既体现了译者的学养，更凸显了一种工作态度。译事无止境，只可惜当下如此认真的译者委实太少。

《希格斯》一书把对"上帝粒子"的理论预言和寻找过程展示得一清二楚。对于科学家来说，成为诺奖得主无疑是人生中非常精彩的一幕。然而，更精彩的还是莱德曼在《上帝粒子》一书中谈及当年获奖时的那种感受："获得诺贝尔奖当然令人非常激动，但这种激动实在不能与我们意识到实验成功那一刻那种难以名状的激动相比。"

十二、《嫦娥书系》纪实

中国的探月计划——"嫦娥工程",是《国家中长期科学和技术发展规划纲要(2006—2020年)》确定的16个重大专项之一。绕月探测——即嫦娥一期工程,作为探月工程的重要组成部分,是继人造地球卫星和载人航天之后,我国航天事业发展的又一座里程碑。探月计划的实施,对于巩固我国航天大国地位、提高国家科技和经济实力、增强核心竞争力和民族凝聚力,具有重大意义。在"嫦娥一号"探月卫星升空前夕,由"嫦娥工程"首席科学家欧阳自远院士任主编、上海科技教育出版社出版的6卷本科普读物《嫦娥书系》适时面世,很受读者欢迎。《嫦娥书系》是"2006—2010年国家重点图书出版规划"(即"十一五"重点)项目,是一线专家和出版社密切合作,配合重大科技项目,创作出版相关科普读物的一次成功的尝试。下文是对其历史背景、策划过程、实施状况、社会效果的纪实性回顾。

历史背景

月球是离地球最近的星球。千百年来,"嫦娥奔月"的故事脍炙人口。21世纪初,中国的"嫦娥号"探测器奔赴月球已经成为现实。

月球探测是人类迈向浩瀚宇宙的第一步。世界各国探测月球的目的大同小异:一是更深入地开展科学研究,例如追索月球、地球乃至整个太阳系的起源与演化;二是调查和开发月球资源,例如利用月球上的

十二、《嫦娥书系》纪实

氦 3 作为核聚变原料，可满足全人类上万年的能源需求。

在探月领域，起初苏联曾一度领先。但美国的"阿波罗计划"率先实现了载人登月，于 1969—1972 年先后将 6 批共 12 名宇航员成功送上月球并安全返回地球，成为人类探月的第一个高峰。20 世纪 90 年代，日本和欧洲相继加入新一轮的月球探测，并各有成就。21 世纪来临之际，美国、欧盟、中国、日本、印度等国家或组织相继提出新的计划，人类探月进入新的高潮。

中国在发展人造地球卫星和实施载人航天工程之后，适时开展月球探测，乃是科技发展和航天活动的必然选择，也是航天事业有所创新的重大举措。2003 年 2 月 28 日，在国防科学技术工业委员会召开的"月球探测工程预发展"会议上，正式宣布"月球探测工程进入预发展阶段"，宣布任命栾恩杰、孙家栋和欧阳自远成立三人领导机构，负责月球探测工程预发展阶段的相关事务。2004 年年初，中央批准月球探测一期工程——绕月探测工程立项实施。2004 年 2 月，经国务院批准成立工程领导小组，正式命名"嫦娥工程"，任命栾恩杰为工程总指挥，任命孙家栋院士为总设计师，并任命欧阳自远院士为工程应用科学首席科学家。

"嫦娥工程"将分"绕、落、回"三步进行。绕，是发射探月卫星，让它在绕月轨道上对月球表面进行探测。落，是让着陆器在月球表面软着陆，并释放月球车进行局部活动。回，是指着陆器完成月面样品采集后，从月球表面发射返回舱，将样品安全送回地球，以便在地球实验室中详细分析研究。

2007 年 10 月 24 日"嫦娥一号"探月卫星发射成功，2010 年 10 月 1 日"嫦娥二号"升空，它们出色地实现了"绕"的预定目标。2013 年 12 月 14 日，"嫦娥三号"携带"玉兔号"月球车成功地"落"到月面上。如今，"回"也提到了议事日程上。

中国的"绕、落、回"三部曲是不载人的"探"月，这还只是整个探测的第一阶段。第二阶段将是载人"登"月，再往后则是第三阶段"驻"，即建立可供人长期驻守的月球基地。

"嫦娥工程"的实施，真是机遇与挑战并存。如何以实施"嫦娥工程"为契机和核心，及时出版相应的精品科普图书，向社会公众宣传航天和天文知识，介绍我国探月计划的相关情况，宣传我国取得的重要成就，弘扬科学探索精神，激励人们、特别是青年人奋发图强，为科教兴国进取不息，同样也是一件机遇与挑战并存的要事。

酝酿中的《嫦娥书系》

正当中国探月计划开始提上议事日程之际，"中国天文学会成立80周年庆祝大会"于2002年10月30日在南京召开。会议期间，我昔时在中国科学院国家天文台的老同事、向来热心科普事业的蔡贤德先生向我提议，应考虑抓紧编著出版一些有关探月的科普读物。我觉得此事很有意义，遂向所在单位上海科技教育出版社时任社长兼总编辑的翁经义建议策划、出版一套相关的中级科普读物。翁社长随即表示原则赞同，具体做法可待进一步细化商定。

在随后的大半年时间里，我们确定了丛书名《嫦娥书系》。这既体现了书系的核心是"嫦娥工程"，又有中国传统文化色彩。2003年8月15日，我到中国科学院国家天文台拜访欧阳自远院士，向他介绍了编撰、出版《嫦娥书系》的意向。欧阳院士认为，为了使广大公众比较系统地了解当今空间探测的进展态势和月球探测的历程，人类对月球世界的认识和月球的开发利用前景，中国"嫦娥工程"的背景、目标和重大意义，确有必要出版这样一套书，这事应该认真做好。李春来、邹永廖、蔡贤德、孙静兰等也参加了情况交流。

2003年11月11日，"《嫦娥书系》选题概况"形成书面材料，呈送欧阳院士并邹永廖、李春来二位教授。"选题概况"明确《嫦娥书系》为中级科普读物，7卷书各司其职，每卷版面字数18万—22万，总共约140万字。11月13日，翁经义社长带队前往国家天文台拜访欧阳院士等专家，国家天文台邹永廖和蔡贤德、空间科学学会的陈文康和王占群参加座谈。经过热烈讨论，基本达成意向：2003年年底前确定主编和编委会成员，物色撰稿人；2004年第四季度，各卷陆续交稿；2005年10月出书。不过，日后的实践表明，当初对进度的估计是过于乐观了。

2004年是嫦娥一期工程的启动年，也是《嫦娥书系》真正的启动年。这年1月8日，翁社长再次拜访欧阳自远，表达了把工作尽快落到实处的意愿。这次我另有他事，未赴京。此后，随着有关人员对书系的认识不断深化，方案也在逐步调整和改进。半年后，7月21日，翁经义和我再往国家天文台拜访欧阳自远，会商书系事宜，邹永廖、刘建忠、孙静兰参加。会上确定书系由原先拟议的7卷精简为6卷，每卷15万—18万字，总字数约100万，共含彩图约150幅，黑白图约300幅。各卷暂定名和主要内容为：《太空逐鹿》介绍各国航天史话与现状，阐述我国探月的宏观背景；《蟾宫胜景》介绍人类已掌握的月球知识，阐述探月的"对象"；《新的长征》介绍火箭的种类与功能，展现"长征号"系列火箭的风采，阐述我国探月的运载工具；《华夏之星》介绍各类航天器，一系列的"中华牌"卫星，阐述"嫦娥工程"探月设备的载体；《当代嫦娥》介绍中国探月计划主要内容，阐述"嫦娥工程"的科学目标和相关技术；《开发月球》介绍对航天事业的科学预见，中国探月的远景设想以及月球开发的未来前景。

2004年7月本书作者同欧阳自远院士（右）为策划编著出版《嫦娥书系》事宜在中国科学院国家天文台留影

欧阳自远是"嫦娥工程"的首席科学家，又历来重视科普工作。这次会上在大家的一致请求下，他同意亲自担任《嫦娥书系》主编，并表示既然答应做了，那就一定切实尽到责任。事实证明，欧阳自远确实说到做到。他不仅有力地组织、指导书系的作者们高质量地完成撰写任务,而且亲自审阅了全部书稿,对书系的出版给予实质性的指导,确保《嫦娥书系》在"嫦娥一号"探月卫星发射前夕顺利面世。会上还确定邹永廖任《嫦娥书系》副主编,配合欧阳主编工作。欧阳主编希望出版社方面也出一名副主编,我们答应回去再议。

在会上,我还向欧阳主编提出一个带有"挑衅性"的问题:"随着'嫦娥工程'的推进,必然会有更多的出版社策划推出有关探月的书,大家都来请您当主编,您可真要忙不过来了。"他答道:"我既然做了《嫦娥书系》的主编,肯定就不再做其他同类书的主编了,我最不赞成到处挂名了。"这一点,他同样说到做到了。

这6卷书中,《当代嫦娥》卷是整个架构的核心,《新的长征》卷和《华夏之星》卷是它的两大支柱,《太空逐鹿》、《蟾宫胜景》和《开发月球》三卷则形成整个架构的宏伟背景。这样的架构在有关中国探月的科普图书中可称别具一格,由此也决定了《嫦娥书系》作者队伍的构建。《当代嫦娥》、《新的长征》和《华夏之星》三卷一定要由"嫦娥工程"本身的一线骨干亲自撰写;《太空逐鹿》、《蟾宫胜景》和《开发月球》这三卷的作者不一定非得是工程本身的一线骨干,但必须兼备宽广的知识面和丰富的科普写作经验。

最初的组稿情况是:邹永廖先前已同意撰写《当代嫦娥》卷,并已提交写作提纲和章节目录;《华夏之星》拟请张熇撰写;《蟾宫胜景》拟请王世杰撰写,郑永春配合;《新的长征》由邹永廖找人写,《太空逐鹿》和《开发月球》则由我在上海找作者。

构建作者队伍

2005年是嫦娥一期工程的攻坚年,也是《嫦娥书系》的攻坚年。书系要攻克的目标,是进一步落实作者队伍和明确交稿时间。

2005年1月17日,我到国家天文台会见欧阳自远和邹永廖,商定当年6月30日王世杰交《蟾宫胜景》稿,9月30日张熇交《华夏之星》稿,10月30日邹永廖交《当代嫦娥》稿。第二天,孙静兰电告陈闽慷同意撰写《新的长征》一卷。2月初,陈闽慷看到邹永廖的提纲后,亦传来了《新的长征》编写提纲。5月25日，我赴中国科学院上海天文台约请王家骥撰写《开发月球》，获原则同意。6月7日，我约请李必光撰写《太空逐鹿》，李先生同意一两个月内拿出提纲，2006年3月交稿。至此，作者队伍大局已定，但后来又有始料未及的变化。原先暂定的书名，在嗣后的两年中反复斟酌，也作了相当的改动。最后正式确定的各卷书名和核心内容为：

《逐鹿太空——航天技术的崛起与今日态势》，系统讲述人类航天的艰难征途与发展，航天先驱们可歌可泣的感人故事；

《蟾宫览胜——人类认识的月球世界》，系统描述人类认识月球的艰辛历程，由表及里揭示月球的真实面目，追索月球的诞生过程；

《神箭凌霄——长征系列火箭的发展历程》，系统追忆中国长征系列火箭的成长过程并展示未来的美好前景，是一首中国"神箭"的赞歌；

《翱翔九天——从人造卫星到月球探测器》，系统叙述中国各种功能航天器和月球探测器的发展沿革，展望未来月球探测、载人登月与月球基地建设的科学蓝图；

《嫦娥奔月——中国的探月方略及其实施》，系统分析当代国际"重返月球"的形势，论述中国月球探测的意义、背景、方略、目标、特色和进程，是当代中国"嫦娥奔月"的真实史诗；

《超越广寒——月球开发的迷人前景》，是一支开发利用月球的科学畅想曲，展现了人类和平利用空间的雄心壮志与迷人前景。

《嫦娥书系》的作者中，好几位都是"嫦娥工程"相关领域的骨干专家，他们科学基础坚实，工程经验丰富，亲身体验真切，文字表述清晰。他们在繁忙紧张的工程任务中，怀着强烈的责任感，挤出时间，严肃认真地撰写书稿，确是非常感人的。现对各卷作者简介如下：

《逐鹿太空》卷作者李必光，1960年毕业于北京大学地球物理系。上海航天局高级工程师，曾参与我国防空导弹和运载火箭的研制。他热心青少年航天科普工作，当时已发表有关航天和宇宙探测的科普文章约400篇，参与编写出版图书10册。先后获"全国先进科普工作者"和"上海首届优秀科普志愿者"称号。

《蟾宫览胜》卷作者王世杰，1992年获理学博士学位。长期从事天体化学、比较行星学领域的基础研究。时任中国科学院地球化学研究所副所长、研究员，《地球与环境》副主编和多种学术刊物编委。当时已发表学术论文270余篇，主编及参与编写学术和科普著作6部。

《神箭凌霄》卷作者陈闽慷，1995年毕业于北京航空航天大学运载火箭及导弹总体设计专业，2000年获工学硕士学位。时任中国运载火箭技术研究院总体设计部运载火箭总体设计室副主任、高级工程师、"长征三号甲"系列运载火箭总体主任设计师。

《翱翔九天》卷作者张熇，女，1993年毕业于北京航空航天大学空间飞行器总体设计专业，1996年获工学硕士学位。时任中国空间技术研究院总体部高级工程师、空间科学与深空探测总体室主任。主要从事月球探测器的总体方案设计、工程研制以及深空探测器总体技术领域的研究。

《嫦娥奔月》卷作者邹永廖，1987年毕业于中山大学，1990年获理学硕士学位。中国科学院国家天文台研究员，时任中国科学院探月工程应用系统总体部办公室主任、绕月探测工程地面应用系统副总指挥。主要从事天体化学、月球科学的研究工作。当时已发表学术论文50余篇、合作专著和科普图书共9部。

《超越广寒》卷作者王家骥，1970年毕业于南京大学天文系，1982年获硕士学位。中国科学院上海天文台研究员，长期从事照相天体测量、恒星天文学、恒星物理学等研究、教学工作。当时已发表学术论文60余篇，科普文章约70篇，出版《宇宙中的星光》等图书多部。

2005年6月13日，我在国家天文台会见邹永廖、张熇、陈闽慷三位专家，再次确认各卷作者的交稿时间：王世杰10月底，陈闽慷11月底，邹永廖12月底，张熇12月底或2006年1月，王家骥2006年2月底，李必光2006年3月底。同年8月31日，翁经义社长和我再赴国家天文台向欧阳主编汇报书系进展情况。

2005年12月8日，王世杰寄来了整个《嫦娥书系》的第一部书稿《月球简史》——《蟾宫览胜》的前身。

关键的一年

2006年是嫦娥一期工程的决战年，它也应该是《嫦娥书系》的决战年。但是，问题却一个接一个地出现了。

十二、《嫦娥书系》纪实

首先是随着"嫦娥工程"的进展，身处工程第一线的几位作者也越来越忙了。毕竟，他们的首要目标是完成自己所承担的科学和工程任务。相比之下，写书只能排在次要的地位。然而，对于一个出版社来说，出书却是自己最基本的任务。因此，必须抓紧时间，加强同主编和作者的联系。

2006年1月10日，翁社长和我到国家天文台，与欧阳主编、邹永廖以及正好出差在京的王世杰讨论书系进度问题。王世杰关于月球起源理论叙述偏深，他同意尽快修改。但邹永廖和张熇却要推迟半年，分别到2006年6月底和7月底方可望完稿。

另一方面，上海的两位作者李必光和王家骥基本上按原计划，于2006年四五月间相继交稿。5月25日，我将李必光、王家骥的两部书稿刻盘，特快专递呈欧阳主编阅。王世杰的修改稿也通过电子邮件呈送主编。

3月24日，陈闽慷寄来经过保密审查的头三章书稿。5月28日，陈闽慷传来《新的长征》（《神箭凌霄》的前身）一书已完成的全部内容。但是，他的书稿字数明显太少，许多地方皆未展开。此后，由于多方面的原因，他一时很难集中力量在较短的时间内完成全书的写作了。这对出版社来说，实在是一件十分棘手的事情。

欧阳主编向龙乐豪先生求助了。龙乐豪是中国工程院院士，战略导弹与运载火箭技术专家。曾任中国运载火箭技术研究院副院长、科技委主任、"长征三号甲"系列火箭总设计师兼总指挥，时任中国运载火箭技术研究院研究员、运载火箭系列总设计师、中国月球探测工程副总设计师。龙院士不仅为陈闽慷排解了一些具体困难，而且还向我们推荐了一位可以帮助写好这卷书的老专家——茹家欣先生。

茹家欣生于1938年，1964年毕业于哈尔滨军事工程学院。战略导弹与运载火箭技术专家，中国运载火箭技术研究院总体设计部研究员。40年来从事多种型号战略导弹和运载火箭的研制和发射。茹先生参加了我们的一次工作会议，恰似"救场如救火"，立即挺身而出，毅然接过了写作任务。事实证明，《神箭凌霄》能以今天的面貌出现在读者面前，茹先生确实功不可没。对于茹先生的专业造诣、写作水平、道德风范，我都由衷地钦佩。

年轻的陈闽慷很是感激，几次向我提出，作品署名要将茹老师放在前面。但是，茹老师坚决谢绝了。我和欧阳主编商量的结果是，陈闽慷仍作为第一作者，这样既是尊重历史和合同，又是尊重茹老师扶持年轻人的意愿，岂非两全其美？这确实是一段佳话。

接下来，随着2006年第四季度的来临，一向很忙的张熇临产了。她确实尽了努力，但是《翱翔九天》的书稿还没有定型。接着，孩子出生了，很健康，大家都很高兴。可是，这未完成的书怎么办呢？

"嫦娥一号"探月卫星是2007年10月24日发射的。但这是推迟以后的时间，起先的计划是2007年4月发射，《嫦娥书系》则应该在发射之前面世。眼看2006年年底快要到了，出版社只好在上海先请一名科普作家、一位资深编辑，在张熇未完成稿的基础上尽可能地拾遗补阙、润饰加工，使之渐趋完善。当然，这只是一种"没有办法的办法"的应急措施。毕竟，外人是代替不了工作在"嫦娥工程"第一线的张熇的。此事的最终解决，尚有待2007年。

王世杰的《蟾宫览胜》，有些科学内容确实比较复杂。修改后，欧阳主编和我仍觉得尚有较大的改善余地。协助他完成书稿的郑永春为此花了不少工夫，力图继续改进，也遇到不少障碍。后来，主编和作者本人都向我表示，能不能找到一位既有良好的专业背景，又有科普写作经验的高手，将原稿较艰涩的地方统一改写一遍，以提高可读性。

这样的高手，不是那么好找的。幸运的是，我本人40多年前在南京大学天文系上学时的老师宣焕灿先生，在天文知识、科普创作和翻译，乃至编辑工作等好几方面确实都是高手。宣老师曾出版《天文学史》等学术和科普著作10余部，还是12卷本《中国大百科全书(简明版)》的学科顾问。我向宣老师说明原委，请他大力支持。就这样，又一位老同志挺身而出了。《蟾宫览胜》原先参与撰稿者有5人之多，现在经宣老师增写、改写的部分要占到全书一半以上，最后他还对全书仔细统稿，增配插图，书稿质量以及通俗化的效果皆显而易见。改写后的书稿，全部经过郑永春，最后还经过王世杰认可，有时也还会有反复，这正是典型的科学家风格。

为此，欧阳主编、原来的几位作者以及出版社都对宣老师表示由衷的感谢。另一方面，还是基于对历史和合同的尊重，王世杰仍然作为《蟾宫览胜》的第一作者，宣焕灿名列第二，郑永春为三，朱丹、黎廷宇和陈敬安为第四至第六。

十二、《嫦娥书系》纪实

邹永廖是最早交写作提纲的,但他是一个"性情中人",写作风格率性而为,与其他诸卷明显有异。他承担的工程本身,在很大程度上是做方方面面的、各种各样协调工作,这当然极其耗费时间。因此,他写书的时间变得相当有限。况且,他又总想写得很完美,不断对自己提出更新的要求。于是,下面这句话几乎成了他的口头禅:"只要再有几天的时间,我就可以写完了,但就是挤不出这几天的时间来。"

到了 2006 年 12 月中旬,我还是不知道邹永廖究竟何时能交稿。于是只好请教主编:怎么办?欧阳自远说,他考虑一下。非常富有戏剧性的是,12 月 31 日下午要放假了,欧阳院士对邹永廖说:"这几天我不回家,你也别回家了,我们一起到一个地方去住几天。我要写一点东西,你就接着写你的书。任务完成了再回家。"欧阳院士还问:"要不要把你夫人、孩子也一起接过去?"邹永廖"无奈"地答道:"就我们去吧,他们去了恐怕就没法干活儿了。"就这样,元旦三天过后,《嫦娥奔月》这部书稿又进了一步。

日夜奋战

2007 年春节逐渐临近,我们的时间变得越来越紧迫。在这种情况下,《嫦娥书系》仍力求内容充实、论述系统、图文并茂、通俗易懂,融知识性、可读性、趣味性与观赏性为一体。这不但对作者是很高的要求,而且对文字编辑和美术编辑也都是一种考验。

《嫦娥书系》最终决定全彩印,为此,作者们必须增补大批质量较高的彩照和彩图。出版社方面要做的事情非常多。文字方面,有些内容在好几卷中都有可能谈到,例如对冷战时期美苏两国月球争霸的评论、对阿姆斯特朗首先登上月球的描述等。这在 6 卷之间必须协调和统一,但在书稿未齐的情况下却很难办到。插图也有类似的情况。例如人类在月球上的第一个脚印、中国的第一颗人造卫星等,几卷书中都有,必须考虑如何兼顾而又力免重复。随着"嫦娥一号"发射日期的临近,留给我们的时间越来越少了。版式和封面设计,必须精益求精,美编汤世梁先生数易其稿,主编和作者们对封面的创意均感满意。

春节过后,张焰产假未满,就又在家里接着写《翱翔九天》了。"嫦娥一号"的发射时间虽然推迟到下半年,我们却丝毫不敢松一口气。6 部书稿进度不齐,《逐鹿太空》遥遥领先,《超越广寒》和《神箭凌霄》紧随其后。早先书系是我一人做责任编辑,现在由我的同事吴昀女士分担了《蟾宫览胜》。

《嫦娥奔月》和《翱翔九天》交稿最晚,必须夜以继日地"连轴转",才能不窝工,不影响进度。2007年8月中旬,我提着几本校样最后一次到北京住上几天,尽可能同张熇和邹永廖一道,当面把遗留问题消灭掉。

进入9月份,离"嫦娥一号"上天的日子已屈指可数,几位作者为此频频出差。我本人忙得连刮胡子的时间都没有了,那就干脆"蓄须明志",等书印出来再说。

《嫦娥书系》行将付梓之际,"主编的话"最终定

《嫦娥书系》书影

稿了。欧阳自远在文末写道:"《嫦娥书系》无论在事件的描述上还是在人物的刻画上,都力求真实而丰满地再现当代'嫦娥'科技工作者为发展我国航天事业而奋斗、拼搏、奉献的精神和事迹,书中还援引了他们用智慧和汗水凝练的研究成果、学术观点和图片资料。特别值得一提的是,书系在写作过程中还得到了他们的指导、帮助、支持与关心。虽然《嫦娥书系》作为科普读物,难以专辟章节一一列举他们的名字,书写他们的贡献,我还是要在此代表编辑委员会和全体作者对他们表示衷心的感谢和深深的敬意。"现在,我正好借此机会,同样也对欧阳自远和上面提及的所有人员深表谢忱。

2007年10月17日,"嫦娥一号"发射之前整一个星期,《嫦娥书系》终于与读者见面了。看到这套与嫦娥工程几乎同步完成的书,欧阳主编

十二、《嫦娥书系》纪实

和邹永廖等主创人员都喜不自禁。他们把书带到了西昌卫星发射现场，让更多的人士分享这种快乐。

新的起点

2007年11月13日，在中国科学院国家天文台隆重举行《嫦娥书系》首发式。既是"书系"主创人员又是"嫦娥工程"一线科研人员的欧阳自远、邹永廖和张熇等成为首发式的亮点。与会者有天文界和科普界的专家，他们给予这套书以高度评价。一线科研人员参与创作、精心策划、同步出版，成为这套书与当时其他同类主题图书的最大区别。时任中国天文学会理事长、国家天文台副台长赵刚说："《嫦娥书系》由奋战在探月工程一线的科研人员精心创作，通过朴实而准确的语言，借以图文并茂的形式，系统地概述了世界空间探测的历史和现状，描绘了人类探测月球的历程和收获，完整而清晰地介绍了我国嫦娥工程的设计和实施过程，也畅想了人类探索月球的美好愿望和勃勃雄心，是一套值得推荐的中国空间科普佳作。"

中国科学院院士、中国科学院空间中心研究员姜景山先生，在评价《嫦娥书系》的意义时说：

"像我国探月工程这样里程碑意义的科研项目，没有科普宣传，公众就不知道它的意义和价值所在，就不知道科技内涵是什么。所以，从这个角度看，这套丛书非常有意义，总的框架设计和策划很好，语言也通俗易懂，老百姓基本都能看明白。

"所以，我很敬佩欧阳自远先生这样一流的一线的专家所做的科普工作，这是值得发扬和提倡的做法。符合了我们时代的需求。"

《嫦娥书系》出版后，新华网等十余家媒体迅速报道或刊载书评，科技界人士纷纷予以佳评。例如，中国科学院资深院士、上海天文台前台长叶叔华评价："《嫦娥书系》是一线专家和出版社密切合作，配合重大科技项目，创作出版相关科普读物的一次成功的尝试，其经验值得认真总结。"

中国科普作家协会副理事长王直华评价："阅读《嫦娥书系》……不仅欣赏到它的细节美，而且感受到它的宏观美、整体美；不仅欣赏到它的内质美，而且读出了它的外在美。就在这细节与整体的观照中，我们也获得了道德的体验，欣赏到科学家与编辑的职业道德美感，感受到他们的事业、人格魅力。"

  对于用图书的形式及时而完整地向公众普及国家重大科技项目来说，《嫦娥书系》称得上是改革开放30年来非常成功的一例。书系问世当年，即被《中华读书报》评选为"2007年图书之100佳"。2008年又相继获得"2007年上海图书奖一等奖"、"上海市科技进步奖二等奖"、新闻出版总署的"第二届'三个一百'原创出版工程"、第二届中华优秀出版物（图书）奖；2010年获"第二届中国出版政府奖提名奖"。自2007年10月至2010年年底，《嫦娥书系》两次印刷共7200套全部售罄。

  曾有好几位媒体朋友问我："你是怎么做成这么一套好书的?"我想，首先是来自方方面面的大力支持，此外也许是我正好用上了自身的一些有利条件。这套书的内容和我自己的专业——天文学相当接近，我本人曾在中国科学院北京天文台（今国家天文台）从事科研工作30余年，对科技界比较熟悉，从事科普创作也有三十来年，又担任科普编辑多年，所以机遇一旦来临也许就比较容易抓住。

  《嫦娥书系》的经验教训，今天依然值得进一步总结。这将有助于我们站到新的起跑线上，以更新的姿态继续前进。

十三、《追星》的前前后后

2011年12月,"中国科普作家协会优秀科普作品奖获奖优秀科普作品评介丛书"之《首届获奖优秀科普作品评介》(姚义贤、陈晓红主编,科学普及出版社,下文简称《首届评介》)问世,共评介了26部作品。平心而论,这个丛书名实在太长了,宜代之以某个简洁而更富韵味的名称,其实质性内涵则可另说明。全书的内容颇有价值,诚如"主编寄语"所言,它"既是对获奖作品的宣传,也是对优秀科普作品的研究"。中国科学院院士、中国科普作家协会理事长刘嘉麒在"序言"中写道:"这套评介丛书的特点也很鲜明,不仅从评论者的角度分析作品的特色,还从作者的角度阐述创作的心得和体会,更别出心裁地从编辑的角度进行创作过程的解析",可资日后的科普创作和编辑出版借鉴。

《追星——关于天文、历史、艺术与宗教的传奇》作为获得2010年度国家科技进步奖的作品而纳入《首届评介》。其中对《追星》的介绍,由4篇文章组成。它们是:我本人从作者的角度撰写的《〈追星〉的创作理念与实践》、匡志强从策划者的角度撰写的《回眸〈追星〉——从策划到获奖》、李正伟从《首届评介》编委的角度撰写的《约稿〈追星〉之印象》、尹传红从记者和书评人的角度撰写的《他也是一颗闪亮的星——〈追星〉及其制造者卞毓麟侧记》。其中,匡志强的《回眸》对《追星》的策划和出版过程叙述尤详。

策划人回眸《追星》

匡志强1999年7月从中山大学物理系获博士学位后，出于对科普的热爱，来到上海科技教育出版社，在我主持的版权部做编辑。12年后，他在《回眸〈追星〉——从策划到获奖》一文中说：

> 2004年，为了追寻自己的出版理想，我和同样受卞先生亲炙数载的洪星范相继离开科教社，共同创立了一家文化公司。虽然除了一腔热忱几乎一无所有，我们还是决心在科学文化图书领域闯出一条路子。

翌年初，匡、洪的公司与上海文化出版社合作推出《人文书房》丛书，由文化出版社社长陈鸣华和匡志强共任总策划。《人文书房》的首部作品《力量——改变人类文明的50大科学定理》上市后好评不断，销量达2万册以上，可算一个小小的奇迹。但《力量》等选题的基本写法仍比较传统，"如何才能别出机杼，推出令人耳目一新的科普作品？我们寻找着突破的契机"，匡志强继续写道：

> 要推出好作品，首先是要有好作者。于是，我们自然想到了我们的老领导、国内知名科普作家卞先生。卞先生的成名之作是1980年发表的作品《星星离我们多远》，我们想，如果25年后他能以"星星"为对象，写一部《星星离我们多远》的"升级版"，岂不是一段难得的佳话？对我们的这一想法，卞先生原则上表示同意。可是，如何才能让这本新作"青出于蓝"呢？为了打开思路，2005年元旦后不久，卞先生给我们带来了厚厚一叠他历年来发表的作品复印件。我们一同在公司办公室里，一篇一篇地看，一遍一遍地想。突然，一个灵感跃然而出：卞先生的这些文章虽然长短不一，题材多变，但无不是围绕某个天文主题，既阐释相关的科学知识，又蕴含丰富的文化内涵，从而给读者以全方位的精神享受。如果卞先生的这部新作，能够有意识地从这方面入手，以科学与文化交融作为着力点，岂不妙哉？

此话虽说是过誉了，但要点很明确：这本书应着重体现科学与人类文明其他要素之间的联系和交融。因此，书中纯科学内容所占的比重要

十三、《追星》的前前后后

减少，同时大幅增加文学、历史、艺术等其他文化领域的素材，它"将是一部'不似科普，胜似科普'的创新性作品'"。

书名《追星》确定后，志强和星范又确定了两个同类选题，一个由尹传红创作，以人类探索未知世界的奇妙旅程为主题，书名最后定为《幻想》；一个由吴燕执笔，回顾反思中华文明落后于西方的若干瞬间，后定名为《落霞》。"我们为这几部书稿取了个名称'大文化书系'，并与一家已经与我们有着良好合作关系的出版机构达成了出版协议"，志强写道：

> 令我们有些喜出望外的是，卞先生在繁忙的本职工作之余，几乎放弃了一切休闲，把所有的节假日都用上了，11月初便陆续开始交稿。至2006年2月，全书的初稿完成。在书稿的开头，卞先生写下了一段文情并茂的"小引"：［卞按：见下节"'小引'全文"，此处从略］
>
> 看着这晓畅如话而又引人入胜的文字，我和洪星范忍不住心里的激动，我们都预感到，一部难得的科普佳作就要诞生了。
>
> 不过，要想让书稿更加成熟，我们首先做的不是别的，而是"挑刺"。初稿只分了章、节两级标题，每节的内容容量偏大，不利于读者阅读。于是我们向卞先生提出，能否改为篇、章、节三级，使结构更加清晰，篇幅分配更加合理。另外，原稿字数有16万字，如果加上配图，全书的总篇幅将相当可观，势必要在文字上做一些删减；再者，初稿中有些部分科学内容叙述过细，也以精简为宜。这些意见得到了卞先生的首肯。4月初，他寄来了经过修改后的书稿。在精心加工后，我们将书稿交给了早前确定好的那家出版机构，准备正式出版。
>
> 然而这时，一个意想不到的变故发生了。原定的出版方在审读了书稿之后，却发出了"这怎么是科普书"的疑问。在他们看来，这部涉及了太多历史、文学、艺术等内容的图书，与传统的科普书实在相去太远，完全超过了他们的认识。该机构的负责人在电话里对我说，这本"拉拉杂杂的书"好像根本没有一个明确的中心，"不知道想写些什么"。他向我们提出了解约的请求。
>
> "强扭的瓜不甜"。经过协商之后，我们与这家机构解除了出版协议，转而将这套"大文化书系"推荐给了正在和我们合作出版《人文书房》系列图书的上海文化出版社。

《追星》书影：上海文化出版社 2007 年版（左），湖北科学技术出版社 2013 年版（右）

《人文书房》原先已有"科学人文"和"社会人文"两个子系列。陈鸣华社长在审读书稿之后，提议自《追星》开始新建一个"综合人文"子系列，《幻想》和《落霞》亦在其中。

2007 年 1 月，《追星》一书在经过一波三折后正式问世。不出我们所料，这部图书很快引起了国内科普界的广泛关注。李元、陈芳烈、金涛、王直华、刘华杰等专家学者，都对该书在科普创作理念上的突破和创作手法上的探索给予了高度评价。4 月 19 日，《科学时报》用整版篇幅，刊登了该报记者李芸的长文《科学在哪里终了，人文在哪里开始》，称《追星》和稍后推出的《幻想》二书"可以称之为科学与人文融合的范本"；4 月 24 日，中国科普研究所研究员李大光在《光明日报》上向全国读者推荐《追星》……

最后，志强回顾《追星》的市场反响：

在科普图书销量日渐下滑的大背景下，《追星》首印的 8500 册书却在较短的时间内就几乎售罄，出版社也获得了不错的经济效益。

十三、《追星》的前前后后

"小引"全文

　　追星是一种时尚。
　　人们喜欢把优秀的歌手称为"歌星"，把杰出的球员称为"球星"，把当红的电影演员称为"电影明星"，而这些"星"的崇拜者就构成了"追星一族"。
　　为什么是"星"，而不是别的什么——比如说"花"呢？为什么不称呼他们和她们为"歌花"、"球花"和"影花"呢？难道"星"比"花"更可爱，也更招人喜欢吗？
　　或许是，或许又不是。但是，不管怎样，有一点却是肯定的：人类天生就是"追星族"。如若不信，那就请您想象，在1万年前——不，在10万年前——或许，在50万年前——或者，在更早的时代——
　　太阳早已落山，大地一片寂静。这是一个无月的晴夜，远处，近处，没有一丝灯光——那时根本就没有灯，没有任何种类、任何形式的灯。在漆黑的天幕上，群星璀璨；原始人惊讶地注视着它们：星星为什么如此明亮，为什么高悬天际，为什么不会熄灭，为什么不会落下……啊，是啊，再也没有什么比星星更能吸引我们远古时代的祖先了。
　　有时，我想，也许一只猴子，一头牛，或者一条小毛虫，在万籁俱寂的黑夜，仰望奇妙的星空，也会有某种本能的冲动。我不知道这是不是真的。但是，我敢肯定，星星必定从一开始就强烈地吸引了早期人类的注意力，引起了他们的好奇心和求知欲。天长日久，斗转星移，这种好奇心和求知欲，渐渐发展成了一门科学，它就是研究天体运动、探索宇宙奥秘的天文学。
　　就这样，人类成了天生的"追星族"——追那天上的星。其实，天上的星星也是千差万别的。它们的明暗、颜色——有时甚至外形——都各不相同。对于上古的初民来说，还有什么比天空中突然出现"一把闪闪发光的大扫帚"更令人惊骇的呢？
　　这种外形酷似扫帚的星，就是彗星。人类对于彗星的惊骇，一直持续到近代。我们的追星之旅，也就从这里开始，它构成了本书的第一篇。关于彗星，有着许许多多奇妙的故事。在东西方文化加速交融的今天，过个快乐的圣诞节在我国也渐渐成了一种时尚。我们有关彗星的第一个故事，恰好就是"圣诞之星"。

我们的先辈很聪明，他们的"追星"很成功。他们认识的星星，远远不只是彗星而已。其实，更重要的是行星。本书的第二篇，谈论的就是古代天文学家对行星的认识，他们犯了不少错误，然而他们的智慧依然令人惊叹。

古人只是用肉眼观天，那时根本就没有望远镜。俗话说得好：见多识广。自从意大利科学家伽利略于1609年发明天文望远镜以来，人们看见的星星——更准确地说，是人们看见的各类天体——就越来越多了，天文学也随之发生了难以言状的巨大变化。向往探索宇宙奥秘的人，自然会想了解天文望远镜的历史：那可真是一部波澜壮阔的历史呢。本书的第三篇，谈论的正是"追星"的利器——天文望远镜以及望远镜制造家们的故事。

有了望远镜，天文学前进的步伐就更坚定有力了。本书第四篇谈的是天文望远镜问世以后，人类是如何追逐越来越遥远的行星的；也就是说，人类所知的太阳王国——太阳系的疆界，是如何一而再、再而三地向外扩展的。这是近代科学的伟大胜利，而且处处充满着诗意。

"追星族"从来不会满足于只是远远地朝明星们看上一眼。他们总想走到明星跟前，同他（她）说话，向他（她）致意。其实，科学家们又何尝不是如此呢？他们想让人类亲自到其他星球上去考察，就像踏上一块遥远的新大陆。1969年，人类终于成功地登上了月球。如今，人类的机器人使者正在火星大地上勤勉地工作着……本书的第五篇，讲的就是人类"追星"如何从地球故乡一直追到了火星上的旷野。

所有这些，都很有趣。可是，这究竟又有什么意义呢？请放心，只要你读下去，很快就会明白的。

好了，现在就让我们从头开始吧。

十三、《追星》的前前后后

创作理念与实践

拙作《〈追星〉的创作理念与实践》，全文 7000 余字，共 10 节。它是对《追星》较为全面的叙述，虽然少量文字可能与本书的其他篇章有所重复，但为完整起见，此处仍照录全文。

一、概述

《追星——关于天文、历史、艺术与宗教的传奇》是一部科学与人文"联姻"的作品。全书以天文学发展为主线，在广阔的历史背景中引出古今中外大量与之相关的人文要素，展现了一种相当新颖的创作风格。身为该书作者，我将它的读者对象定为广义的社会公众。在创作手法上，我努力追求科学性与文学性的有机统一，追求历史感与画面感的圆满呈现，追求准确及时地反映最新科学进展，追求平易朴实的语言风格，并尽力顾及中西文化的观照与比较。

《追星》自 2007 年初问世以来，获得了广泛的社会关注。新华社发了通稿，有近 30 家媒体发表书评或报道。4 年来，《追星》获得的主要褒奖，按时间先后依次有："2007 年度上海市优秀科普作品"、"2007 年度科学文化与科学普及优秀图书奖"、"新闻出版总署第五次向全国青少年推荐百种优秀图书"（2008 年）、"第四届吴大猷科学普及著作奖创作类佳作奖"（2008 年）、中国科协成立 50 周年"10 部公众喜爱的科普作品"之 30 个入围项目之一（2008 年）、"第四届国家图书馆文津图书奖"（2008 年）和"2010 年度国家科学技术进步奖二等奖"。上海市科协和山东电视台专门以此书内容为基础，录制了电视系列节目《科普新说》的《"追星"系列》（共 10 集），并制作了相应的多媒体光盘。

《追星》的创作有其偶然性，更有其必然性。说其偶然，在于匡志强和洪星范二位昔日同事向我约稿，几经商议之后，决定立即动手撰写书稿。其详情见匡志强先生在本书中《回眸〈追星〉》一文。言其必然，在于我早就想写一本此种类型的读物，但因事冗未曾动笔，匡志强和洪星范二位的约稿实际上促成了它的落实。

下面先从写作的初衷谈起。

二、写作初衷

1959年,英国著名作家查尔斯·珀西·斯诺在剑桥大学作了"两种文化和科学革命"的重要演讲,提出了科学文化和人文文化的分歧与冲突。他说:

事实上,在年轻人中间科学家与非科学家之间的隔阂比起30年前是更难沟通了。30年前这两种文化早已不再相互对话了。然而他们至少还可以通过一种不太自然的微笑来越过这道鸿沟。现在这种斯文已荡然无存,他们只是在做鬼脸而已。

斯诺的看法是,两种文化的隔阂,都是由于狂热推崇专业化教育引起的,解除这种局面"只有一条出路:这当然就是重新考虑我们的教育"。

斯诺的见解是有道理的。又是半个世纪过去了,他提出的问题在许许多多国家——包括中国——非但未见明显改善,反倒有更现恶化的趋势。这令各国的有识之士深感担忧,并发表了许多精辟的论述。例如,关于科学家和非科学家之间的隔阂,美国科普泰斗艾萨克·阿西莫夫在其百万言巨著《最新科学指南》的序言中写道:

有关科学家学术成果的出版物从来没有像现在这么丰富过,但外行人也越来越看不懂了。这是阻碍科学进步的一大障碍,因为科学知识的基本进展通常是来自不同专业知识的融合。更严重的是,如今科学家已经越来越远离非科学家……科学是不可理解的魔术,只有少数与众不同的人才能成为科学家,这种错觉使许多年轻人对科学敬而远之。

但是现代科学不需要对非科学家如此神秘,只要科学家担负起交流的责任,把自己那一行的东西尽可能简明并尽可能多地加以解释,而非科学家也乐于洗耳恭听,那么两者之间的鸿沟或许可以就此消除。要能满意地欣赏一门科学的进展,并不非得对科学有完全的了解。

没有人认为,要欣赏莎士比亚,自己必须能够写一部伟大的作品;要欣赏贝多芬的交响乐,自己必须能够作一部同等的交响曲。同样地,要欣赏或享受科学的成果,也不一定要具备科学创造的能力。

那么我们能做什么呢？处于现代社会的人，如果一点也不知道科学发展的情形，一定会感觉不安，感到没有能力判断问题的性质和解决问题的途径。而且对于宏伟的科学有初步的了解，可以使人们获得巨大的美的满足，使年轻人受到鼓舞，实现求知的欲望，并对人类智慧的潜力及所取得的成就有更深一层的理解。

阿西莫夫坦言："我之所以写这本书，就是想借此提供一个良好的开端。"

我创作《追星》，同样是希望能在沟通科学文化和人文文化方面做一点新的尝试。幸运的是，它取得了一定的成功。我感谢读者对它的肯定，也期待着人们对它的批评。

三、读者的定位

《追星》出版后，多家媒体的好几位记者曾问我："这本书的读者对象究竟是谁？是青少年？还是天文爱好者？"我的回答是：这本书的主要读者对象并非青少年。而且，这本书也不是特地为科学爱好者们写的。我的本意是，它仿佛是为浩瀚的书林增添一道别致的景观，希望游人碰巧看它一眼时，会产生一种"嗨，还真有趣"的感觉。这本书，是为一般社会公众写的，是为乐意看《新民晚报》、《南方周末》等的所有读者写的。如果一位原本未必对科学感兴趣的人，偶尔翻翻这本书，竟产生了一种"科学，科学人文，确实还蛮有意思"的感觉，那么本书的初衷也就算兑现了。我们不必计较读者究竟记住了多少具体内容。

简而言之，本书把读者对象设定为具备中等文化程度的广义的社会公众。我们非常希望有更多的读者通过这次愉快的追星之旅，体会到科学非但不神秘，还相当有趣，它就存在于我们每个人身边。当然，科学爱好者们也会从本书中获得充分的乐趣和收益。

我相信，就我国科普的现状而言，如此定位当不失为一种可取的选择。

四、科文交融的追求

时下人们经常谈论"科学人文"，其实这并非始于晚近。例如在四分之一个世纪以前，1986年《中国科技报》（《科技日报》的前身）创办《文化》副刊时，包括我本人在内的一些通讯编委就曾共同倡议，将"把科学注入我们的文化"作为办刊要旨之一。为什么要这样考虑？因为大家觉得，在我们的文化中，科学的东西显得太单薄了。因此，应该有意识地把科学渗透到文化的方方面面中去。后来，又有了实质上相同的另一种提法，即"在大文化的框架里融进科学的精华"。1986年1月8日，《中国科技报》的《文化》副刊发表了赵之先生起草的发刊词《我们为什么办文化副刊》，明确提出要"用科学来审视过去的文化、用科学来武装现在的文化、用科学来探索未来的文化"。

时任中国科协主席的钱学森先生读到了这个发刊词，曾致函表示赞同这一办刊宗旨，指出文化副刊要讲科技对社会文化的贡献，也要讲社会文化对科学技术的贡献。他建议，说科学技术是文化，特别要指出基础科学。此信后来收入了人民文学出版社出版的钱学森著《科学的艺术与艺术的科学》（1994年），题为《有必要办文化副刊》。

确实，整个社会文化环境是科学技术赖以生存和发展的条件，人们应当了解它；科学技术又是现代社会文化的脊梁，社会文化的进步需要人们的关心和推动。科学与历史、文学、艺术等，都是人类文明的重要组成部分。《追星》力求从文化的高度，将天文学、历史、文学、艺术等多方面内容熔于一炉，以利开阔读者的视野，多方位地领略科学之美。因此，它不是简单地罗列有关的天文知识，而是把描述对象从星星本身扩展到人类"追星"的历程，将几千年来人类对宇宙的不断探索和思考与当时的社会背景融为一体，并贯穿始终。

我写过不少科普书，但创作像《追星》这样的长篇科学文化类作品却还是第一次。关于科学与人文之交融，我在《追星》一书的"尾声"中表达了这样的理念："林语堂曾经说过：'最好的建筑是这样的：我们居住其中，却感觉不到自然在哪里终了，艺术在哪里开始。'我想，最好的科普作品和科学人文读物，也应该令人'感觉不到科学在哪里终了，人文在哪里开始'。如何达到这种境界？很值得我们多多尝试。"

中国科普作家协会副理事长王直华先生曾对我说："这本《追星》，主要不是讲星星的故事，而是谈人类'追星'的历程。倘若它只

《追星》获国家科技进步奖二等奖后作者在获奖项目展示厅留影(2011年1月14日)

是介绍星星的知识,那就应该放到'科学书房'里。而事实上,它讲的是人类如何'追星'的历史,所以应该在'人文书房'里占据应有的一席。"所以,《追星》是一部科学与人文联姻的作品。

好几位记者在采访时都问及:"这本书讲天文,却时而谈到历史,时而谈到艺术,时而又谈到宗教。您是怎么把这么多东西捏到一块儿的?"科学界也有一南一北两位老友,不约而同地打趣道:"你居然把这么多杂七杂八的东西全都弄到了一起,好本事!"我说:"并不是我把它们捏到一块或者弄到一起,而是它们本来就是一个整体,我只是努力地反映事情的本来面貌而已。"

科文交融,这是一种追求。

五、科学性和文学性

什么是好的科普作品?历来有种种判据和说法。有人说,好的科普作品应该充分展示其和谐与美,应该是真与美的完美结合;有人说,好的科普作品应该做到知识性、可读性、趣味性、哲理性兼而备之,浑然一体;如此等等,不一而足。

其实，每一位科普作家都会有自己的偏爱。我本人在少年时代最喜欢伊林；三十来岁开始，又迷上了阿西莫夫。当然，房龙、伽莫夫、萨根、马丁·加德纳、保罗·戴维斯、斯蒂芬·霍金等，也都是我心仪的大家。我国也有不少优秀的科普作家，从老一辈、甚至老两辈的学长直到今天的新锐，此处就不一一列举了。

科普作品要具有良好的传播效果，就要力求兼备科学性与文学性。为此，科普作家就必须加强文学修养。但是，我们在创作中又切忌刻意地舞文弄墨、炫耀所谓的文采。巴金曾经说过："文学的最高境界是无技巧"。这大概就应该相当于武林高手的"无招胜有招"吧。这是一种炉火纯青的表现，也应该是科普作家们共同追求的目标。

《追星》全书之首是一篇"小引"，旨在提示全书的意蕴和脉络。匡志强在《回眸〈追星〉》一文中称其"文情并茂"，并特意转引了四百来字，说他和洪星范如何"初见这篇引人入胜的文字，忍不住心里的激动"。这篇"小引"确实起到了它应有的作用，能从一开始就吸引住读者。在谈到早期人类的"这种好奇心和求知欲，渐渐发展成了……研究天体运动、探索宇宙奥秘的天文学"之后，紧接着的叙说很自然地引出了书中的第一位主角——彗星：

就这样，人类成了天生的"追星族"——追那天上的星。其实，天上的星星也是千差万别的。它们的明暗、颜色——有时甚至外形——都各不相同。对于上古的初民来说，还有什么比天空中突然出现"一把闪闪发光的大扫帚"更令人惊骇的呢？

这种外形酷似扫帚的星，就是彗星。人类对于彗星的惊骇，一直持续到近代。我们的追星之旅，也就从这里开始，它构成了本书的第一篇。关于彗星，有着许许多多奇妙的故事。在东西方文化加速交融的今天，过个快乐的圣诞节在我国也渐渐成了一种时尚。我们有关彗星的第一个故事，恰好就是"圣诞之星"……

另外，书中的各级标题也都各具文学色彩。例如，全书的五个篇名依次为"不速之客天外来"（谈彗星）、"传承古人的智慧"（宇宙观念的发展）、"注视宇宙的巨眼"（天文望远镜的历史）、"远离太阳的地方"（关于太阳系的新发现）和"未来家园的憧憬"（空间时代和火星探测），大体上做到了"形式工整，意象优美"。如果《追星》果真能成为"没有枯燥的科学，只有乏味的叙述"这一名言的又一例证，那么我将为此而感到莫大的欣慰。

六、文风的思考

我一向认为，对于科普创作而言，平实质朴的写作风格是十分可取的。在这里，平实质朴意味着行文直白流畅，叙事条分缕析。这种文字风格有利于读者领悟作者希望别人明白的科学道理，也有利于读者即时琢磨最应该思索的问题。

阿西莫夫曾非常直率地说："如果谁认为简明扼要、不装腔作势是一件很容易的事，我建议他来试试看。"阿西莫夫曾提出一种"镶嵌玻璃和平板玻璃"的理论，他说：

有的作品就像你在有色玻璃橱窗里见到的镶嵌玻璃。这种玻璃橱窗很美丽，在光照下色彩斑斓，你却无法看透它们。同样，有的诗作很美丽，很容易打动人，但是如果你真想要弄明白的话，这类作品可能很晦涩，很难懂。

至于平板玻璃，它本身并不美丽。理想的平板玻璃，根本看不见它，却可以透过它看见外面发生的事。这相当于直白朴素、不加修饰的作品。

理想的状况是，阅读这种作品甚至不觉得是在阅读，理念和事件似乎只是从作者的心头流淌到读者的心田，中间全无遮拦。写诗一般的作品非常难，要写得很清楚也一样艰难。事实上，也许写得明晰比写得华美更加困难。

阿西莫夫获得巨大的成功，无疑得益于他恪守那种非常朴实的平板玻璃似的写作风格。我赞赏这样的文风。在《追星》的整个写作过程中，我也努力保持这样的风格。许多读者认为《追星》具有很强的可读性，也是因为那种非常平实的写作风格起到了应有的作用。

七、历史感和画面感

中国教育界和科普界的老前辈顾均正先生，在1953年12月24日的《人民日报》上发表了《向伊林学习》一文。文中指出："伊林的作品，都用历史观点来表现事物的发展。他批评过去的儿童读物没有时间观念。他在《人和山》的开场白里说：'好像是世界上各种事物一件件都在这里,但是有一样重要东西没有谈到:时间。它是一个睡着的世界,在这个世界里,时间是停止的。'"

伊林的作品令人爱不释手,有一个重要原因,就是他总是将人类今天掌握的科学知识融于科学认识和科学实践的历史过程之中,用哲学的语言来说,就是做到了"历史的和逻辑的统一"。世上许多令人爱不释手的优秀科普作品,通常也都具有相当鲜明的历史感。钩玄提要地回顾人类认识、利用和改造自然的本来面目,有利于读者理解科学思想的发展,明了科学方法的实质,领悟科学精神之真谛,并由此提高自身的科学素养。

在科普作品和科学人文作品中多多地谈论历史,还有一个好处,那就是有助于人们高屋建瓴地领悟科学的作用。伽莫夫曾经说过,科学的作用,不只是"达到改善人类生产条件的实际目的",科学"当然也是为了达到这个目的,但这个目的是次要的,难道你认为搞音乐的主要目的就是为了吹号叫士兵早上起床,按时吃饭,或者催促他们去冲锋?"伽莫夫认为,科学的来源就是人类追求对于自然和自身的理解。

在科普作品和科学人文作品中多多地谈论历史,还有助于人们领悟科学家长"三只眼睛"的重要性。"三只眼睛"这一说法,源于美国《每日新闻》对卡尔·萨根的评论:"萨根是天文学家,他有三只眼睛。一只眼睛探索星空,一只眼睛探索历史,第三只眼睛,也就是他的思维,探索现实社会。"

历史是人类文明的画卷。历史作品应该具有强烈的画面感。司马迁的《史记》、塔西佗的《编年史》,都是字里行间充满着画面的典范。历史文化通俗读物,尤其是科学史通俗读物更应该如此。所以,我写《追星》时,也一直在提醒自己:画面感,画面感,画面感!

这里所说的画面感,不仅仅是指书中的 250 多幅插图。诚然,对于《追星》这样的书而言,插图是重要的。全书 250 余幅精美的图片,与文字相互呼应、相得益彰,尤其是一些极具历史价值的科学史图片和艺术图片,更为全书增色不少。但是,我对自己提出的要求是:即使全书连一幅插图也没有,读者也能随时在正文中读出图来。也就是说,本书的画面感还直接体现在全书的字里行间。读者在阅读过程中，随时都能在脑海中浮现出一幅栩栩如生的画面。在某种程度上，本书宛如一个电影文学脚本，它本身并没有图，但是只需再往前跨出一步，就可以转化为分镜头脚本并拍摄成影片。我相信，《追星》的读者将不难发现这一点。同时，我还很希望听到影视界人士的意见。

八、反映学科最新进展

科普图书不仅要介绍已定型的科学基本知识，而且要及时地反映科学的最新进展。在《追星》的写作和出版过程中，天文学和航天技术领域的新成就层出不穷，书中必须择其精要及时反映。为此，我尽了很大努力。例如，美国"勇气号"和"机遇号"火星探测器登陆火星后不断传来的新发现，2005年10月中国航天员费俊龙和聂海胜乘坐"神舟六号"飞船升空并安全返回，2005年7月美国"深度撞击"彗星探测器按预定计划成功撞击"坦普尔1号"彗星，2006年1月"星尘号"宇宙飞船的返回舱带着成功取得的彗星样品返回地球，2006年11月"火星勘测轨道器"开始执行探测使命等，在本书中都有准确及时的描述。特别是全书付排后，2006年8月国际天文学联合会通过决议，将原先称为太阳系"九大行星"之一的冥王星重新分类、归入"矮行星"之列，我随即在阅读校样时予以增补，使《追星》成为中国率先反映这一重大科学事件的科普图书之一。中国科学院国家天文台资深研究员李竞先生拿到《追星》后，立即检查近年来一系列相关的天文大事是否已纳入书中。事后他对我说："你搜集的资料很新，很及时、到位。很好。"

九、中西文化的观照

中国科学院紫金山天文台的一位学长曾当面问我："你写这本《追星》，有没有什么外文书做蓝本？"在人们热议国内原创与国外引进的科普作品有何差距的语境下，这真算得上是一个既有疑虑又有期待的好问题。当我干脆地回答"没有"时，心情非常愉快，因为《追星》确实是一部从构思到写作始终不忘"原创"两字的作品。

除了前述诸项，与引进版图书相比，《追星》还很注重中西文化的观照与比较，因而展现出别具一格的特色。就宏观的历史时期而言，欧洲古代马其顿王国瓦解后的"希腊化"时代与中国西汉后期的观照，中国清代康熙王朝与法国路易十四时代的联系等，书中各有言简意赅的叙说。就微观的人物事件而言，书中既介绍了牛顿、哈雷、赫歇尔等诸多国外科学家的成就以及与之相关的人文素材，也刻画了中国著名天文学家郭守敬、张钰哲、李珩等人的科学贡献和社会生活背景，还引证了屈原《九歌》、马王堆汉墓帛书中的彗星图、《晋书·天文志》等中国传统文献。尤其是对中国天文爱好者张大庆发现彗星的事迹和探索精神的叙述，在当前的科普图书中尚不多见。

十、任重而道远

《追星》面世未久，科普界迅即从不同的视角作出了许多评论。现略举数例，以见一斑。

2007年4月，年逾八旬的老一辈著名科普活动家李元先生浏览《追星》之后，很快就指出："它在叙述天文学的历史渊源时，把古今中外科学文化艺术的丰富素材巧妙地编织在一起，展现了一种全新的创作风格。"

2007年5月，在上海举行主题为"科学家如何进行科技传播"的中美科普论坛上，与会者对《追星》在科普创作上的突破给予了很高评价，"欣喜地从这本新书中发现天文学结合历史、艺术与宗教的生动发散带给公众的巨大吸引力和愉悦阅读体验"。

资深媒体人许兴汉先生在《人民日报》发表的《"仰望天空"需要引领者》一文写道："卞毓麟先生在娓娓追述星空的种种奥秘过程中，将灿烂星空与历史、艺术、宗教等其他人类文化以一种最自然的方式熔铸于一体，我们看到的不仅仅是科学的理性光芒，更有多样的人文思考和人性的昂扬，从而激发当今青年学子在管理好自己个人的学习和生活的同时，一定要抬起头来放眼世界，着眼未来，要把个人的命运同国家、民族和人民的命运紧紧地连在一起，也就是如温总理所说的'做一个关心国家命运的人'！"

海峡两岸"第四届吴大猷科学普及著作奖"在获奖评论中称："这本书让我们认识到另一种更深层次的'追星'，这是植基于人类心灵深处求知的渴望，寻求人格的提升，寻求人类自身的超越的'追星'。如果这样一类'追星'能在年轻朋友中多一些知音，难道不是对社会一件功德无量的事情吗？"

十三、《追星》的前前后后

中国科普作协副理事长陈芳烈先生在《科普图书原创刍议》中说：作者"熔天文科技、历史与宗教的传奇于一炉，把许多有价值的科学与人文知识用'追星'这条主线串接起来，珠联璧合，写得有声有色。诗化的语言，更增添了这部科普作品的魅力。我想，如果我们的科普作品都写得这样吸引人，又何愁没有知音"！

我衷心感谢朋友们和读者们对我的勉励。与此同时，我更感受到了科普工作者是何其任重而道远。创新，意味着需要有更多不辞辛劳的探索、尝试和实践。今天，中国的科普创作队伍还称不上实力雄厚，更谈不上兵强马壮，这就特别需要我们团结一致、分外努力。在此，作为本文的结语，我想再次表达近十年来自己曾多次重复的感悟和心声：

科普，绝不是在炫耀个人的舞台上演出，而是在奉献公众的田野中耕耘。

愿与诸君共勉！

新的媒体和新的版本

2008年，山东电视台读书频道与上海市科协合作新开《科普新说》栏目，相中我做开栏"说话人"，以《追星》一书为基础，择其精华改造为10讲，每讲半小时。《"追星"系列》遂由此诞生，播出后反响不错。2014年年初，上海教育电视台开播《科普新说》。首先播出《天文追星》，自1月11日起，每周六播一集，两个半月播完10集，后来又重播一轮。

另一方面，上海科技发展基金会和山东电视台读书频道于2013年共同出品《科普新说》系列光盘，由上海科学普及出版社出版。《天文追星》(10集)依然是"排头兵"，5碟装定价150元，我不懂经济账，只觉得好贵啊。

2013年7月29日，国家新闻出版广电总局公布面向青少年的50种优秀音像电子出版物推荐目录，这是新闻出版行政部门首次向全国青少年推荐音像电子类出版物。系列光盘《天文追星》亦在其列，是50个被推荐品种中极少有的科普类产品。

2012年，湖北科学技术出版社启动《中国科普大奖图书典藏书系》项目，初拟收书百种，分辑出版。《追星——关于天文、历史、艺术与宗教的传奇》纳入第二辑，于 2013 年 3 月面世。这个新版本的《追星》，除酌增若干天文学新进展外，还在卷首加上了王绶琯、李元二位前辈新近的题诗或题词。

王绶琯先生题诗曰：

　　屈原草就新天问
　　呵壁龙章化巨槎
　　载我追星穷宇宙
　　归来满室散流霞
　　　　喜赋卞毓麟老弟《追星》佳作。
　　　　几个月来目力骤降，只好倩电脑代笔了。
　　　　　　　　　　九十岁　王绶琯

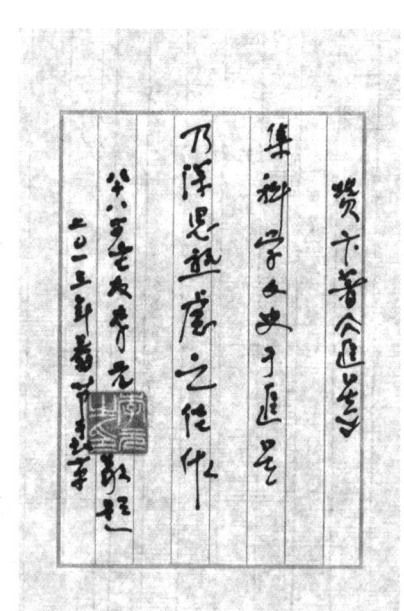

2013 年版《追星》（湖北科学技术出版社）卷首的资深院士王绶琯题诗（左）和科普耆宿李元先生题词（右）

曾有不止一人以为先生笔误，将"请"误作"倩"了。其实《现代汉语词典》说得明白："倩"是动词，释义为"请（别人代替自己做事）：～人执笔"。

十三、《追星》的前前后后

李元先生题词为：

  赞卞著《追星》
  集科学文史于追星
  乃深思熟虑之佳作
    八十八岁老友李元敬题
    二〇一三年春节于北京

两件题赠落款处皆钤朱印，故书中以彩色插页排印。二老高情雅意，复令我想起多年前李珩先生和戴文赛老师的教诲，而以未能作出更多的贡献为憾。

2014年，这个新版《追星》喜获第五届中华优秀出版物奖。

十四、国图公开课和近序四篇

近年来，偶尔在不同场合作一些有关读书的讲座，间或也会应邀为一些图书作序，或者写一些相当于序的文字。关于读书的讲座，可以2015年4月23日"世界读书日"在国家图书馆为"国图公开课首期特别活动"作讲演为例。关于作序，如有：为《宇宙秘密——阿西莫夫谈科学》（[美]艾萨克·阿西莫夫著，吴虹桥、苏聚汉、林自新译，上海科技教育出版社，2009年8月）写下长达6400字的中文版序；以《决意取得真经，便有路在脚下》为题，序尹传红著《星星还是那颗星星：科学随想》（上海科技教育出版社，2009年12月）；为中文新版《大众天文学》（[法]C·弗拉马里翁著，李珩翻译、增补，李元校译、配图，北京大学出版社，2013年5月）撰冠于卷首的《弗拉马里翁传略》；为《DK宇宙大百科》（[英]马丁·里斯主编，余恒等译，电子工业出版社，2014年11月）做中文版顾问并撰《前言》；为中文新版《布罗卡的脑：对科学罗曼史的反思》（[美]卡尔·萨根著，张世满、邓生龙、胡毓堃、马灏译，人民邮电出版社，2015年10月）作序；为《透过哈勃看宇宙》（[英]奥利·厄舍、[丹]拉尔斯·林德伯格·克里斯滕森著，朱达一、周元译，上海科技文献出版社，2016年1月）撰写"序二（中文版）"；为《人类宇宙》（[英]布赖恩·考克斯、安德鲁·科恩著，杨佳祎等译，人民邮电出版社，2016年3月）写"中文版推荐序：我想知道这是为什么"等。

此处谨录为"国图公开课首期特别活动"作讲演的文字稿，以及为《DK宇宙大百科》、《布罗卡的脑》、《透过哈勃看宇宙》、《人类宇宙》这

十四、国图公开课和近序四篇

四本中文版图书撰写的前言或序。

国图公开课首期特别活动

2015年4月23日下午2时,"4·23世界读书日国家图书馆全民阅读推广活动"在国图讲演厅隆重举行,由中央电视台著名主持人郎永淳主持。整个活动含两部分,先是第一部分"国图公开课首期特别活动",然后是第二部分"第十届文津图书奖颁奖礼"。

"国图公开课",是国家图书馆借助"互联网+"的新模式推出的社会教育新服务。这次"4·23活动"的第一部分"国图公开课首期特别活动",首先是邀请领导嘉宾共同开启"国图公开课",然后是两场各15分钟的公开讲演。我应邀作第一场演讲《阅读与科学》;周国平先生作第二场演讲,题为《阅读与人生》。

在活动的第二部分"第十届文津图书奖颁奖礼"中,有一个议程是介绍"文津听书"公益项目,以及历届获奖作者和出版社代表现场捐赠有声版权,我也作为五位代表之一现场捐赠了《追星》一书的有声版权。

这次"国图公开课首期特别活动"的公开讲演《阅读与科学》,后来删节成1700字,刊于5月8日的《中国科学报》第11版上,题目改为《阅读与科学——2015年世界读书日随记》。现酌情恢复部分文字,再次呈献于读者诸君。

各位爱读书的朋友们,大家下午好!

科学很美妙,人人都能欣赏它。也像欣赏交响乐一样,欣赏科学有一个入门过程。这个过程丰富多彩,而阅读永远是特别重要的一个方面。

科学很有趣,欣赏科学的阅读是愉快的。当然,也会遇到困难。但是只要坚持,困难可以慢慢克服。欣赏科学,不必要也不可能一口吃成个大胖子。重要的是读书、读书、再读书。

4月23日是世界读书日。莎士比亚是1564年4月23日诞生,1616年4月23日逝世的,享年整整52岁。这里遇到一个科学问题:此处用的是何种历法?

有人说:当然是公历啦。但是:错了!实际上是儒略历。现今

编辑路上的风景

通行的公历，又叫格里历或新历，是教皇格里高利十三世下令颁布，从1582年10月15日开始使用的。此前欧洲基督教世界一直使用的儒略历，又称旧历，是古罗马统帅儒略·凯撒下令颁行的。英国直至1752年才改用公历，那时莎士比亚已经逝世一个多世纪。沙皇俄国直到1917年还在使用旧历，发生"十月革命"的那一天是旧历的10月25日，换算成公历那就是11月7日。

《堂吉诃德》的作者、西班牙大文豪塞万提斯也是1616年4月23日逝世的。那么，他正巧是和莎士比亚同一天离开人世吗？不！公历颁行后，意大利、西班牙、葡萄牙和波兰马上就采用了。因此，塞万提斯的卒日是依公历记载的，实际上他要比莎翁去世早10天。

有人以为，像莎翁那样生卒日期相同实属难得。其实，这又错了。这是一个简单的数学问题：发生这类事件的概率并不很小，约为1/365。但若生日是闰年的2月29日，那又另当别论了。

也许有人会提议，再举一个生卒日期相同的著名例子吧。好，与达·芬奇、米开朗基罗并称意大利文艺复兴三杰的拉斐尔，是1483年4月6日出生，1520年4月6日逝世的。他只活了37岁。

1992年，又是4月6日，又一位奇迹般的人物去世了。他就是享誉全球的科普巨匠、科幻大师艾萨克·阿西莫夫，他在全世界拥有无数的"粉丝"。阿西莫夫已有108种书出了中文版，这项纪录很难打破。这些精彩的作品，一直在帮助人们欣赏科学。2012年，我曾在《科普研究》杂志上发表《阿西莫夫著作在中国》一文，简介它们的概况。在今天这个世界读书日，我愿再次推荐大家一读他的《人生舞台——阿西莫夫自传》，书末列有其470本书的完整清单。其中一些少儿读物，写得简明扼要，篇幅不大；但也颇有一些皇皇巨制，例如著名的《阿西莫夫最新科学指南》、《古今科技名人传记》都有上百万字，《阿西莫夫莎士比亚指南》篇幅也与此相仿，还有一大本《阿西莫夫圣经指南》，如此等等。它们都是全人类的共同财富。几十年来，北京图书馆和国家图书馆馆藏的英文版和中文版阿西莫夫著作，留下了我的许多借阅记录。

阿西莫夫的科普写作信条，是尽量使用直白、简洁、透明的语言，这为读者理解比较复杂的科学概念提供了莫大的便利。他说过，

十四、国图公开课和近序四篇

要写得明白甚至比写得华丽更不容易，谁如果不相信，那就请他试试看。阿西莫夫使用的词语总是那么平易近人，他的作品却总是那样的兴味盎然。我把他的这种文风称为"平淡之中见新奇"。作为一名读者，我非常欣赏阿西莫夫的作品；同时，我也是曾经在阿西莫夫家做客的唯一的中国科普作家。

上面说了好些外国人的事，现在再来谈谈中国的科普泰斗高士其。他的作品是科学性与文学性结合的典范，今年人们将会隆重纪念这位前辈科学家和作家诞生110周年。高士其原名高仕錤，是一位细菌学家。1928年他在一次实验中不幸感染脑炎病毒，导致了终身的严重残疾。

1934年，30岁的高仕錤说，我不要做官，所以去掉了"仕"的单人旁；我不想要钱，所以把"錤"的金字旁也去了。高士其是一位了不起的科学家、科普作家和社会活动家。他在半个世纪中以病残之躯写下了大量的科学小品、科学故事、科学童话，以及多种形式的科普文章，引导一批又一批青少年走上了科学道路。逝世后，中组部确认他为"中华民族英雄"。有关高士其感人的一生，叶永烈在《中国的霍金——高士其传》一书中有详细的介绍。近几年出版的《中国科普大奖图书典藏书系》中有一本《细菌历险记》，是高士其的重要作品选，读者尽可一睹它的风采。高士其是1988年去世的，国际天文学联合会把第3704号小行星正式命名为"高士其星"。

阅读是写作的上游。我从阅读阿西莫夫、卡尔·萨根、乔治·伽莫夫、伊林、高士其等名家名著中获益良多，40年来自己也尝试创作、翻译了几百万字的作品。其中《追星——关于天文、历史、艺术与宗教的传奇》一书还在2008年荣获第四届文津图书奖，2010年荣获国家科技进步奖二等奖，2014年荣获了第五届中华优秀出版物奖。有媒体朋友问我：这本书又是天文、又是历史、又是艺术、又是宗教，您是怎么把这些东西都弄到一块儿的？我的回答是：不是我把它们弄到一块儿，而是它们本来就在一块儿，只是有人看到了，有人没看到；有人意识到了，有人没有意识到。当然，要能看得清楚，也有一个过程，那同样是读书、读书、再读书。

在《追星》的结尾，我谈及林语堂说过："最好的建筑是这样的：

本书作者为国图公开课首期特别活动作第一场公开讲演——《阅读与科学》(2015年4月23日)

我们居住其中,却感觉不到自然在哪里终了,艺术在哪里开始。"我想,最好的科学人文作品,也应该令人在阅读中感觉不到科学在哪里终了,人文在哪里开始。这是对作者的要求,也是对读好书的追求。金涛先生有一本文集,叫做《林下书香——金涛书话》,选了他多年来先后发表的100篇文章,介绍或评论了100种科普和科学文化类图书,可供大家借鉴。

最后,在这个一年一度的世界读书日,我愿借"国图公开课"第一场讲演这难得的机会,真诚地祝愿诸位读到更多更精彩的好书。

谢谢大家!

《DK宇宙大百科》中文版前言

出版界业内人士都知道,DK 就是 Dorling Kindersley Limited,即 DK 出版社或 DK 公司,以出版精美的图文书著称于世。这部《DK 宇宙大百科》英文原版书名是《Universe》(《宇宙》),其厚重的内容和篇幅足以

十四、国图公开课和近序四篇

表明它就是一部《宇宙大百科》。书名冠以 DK，是 DK 输出版图书的常例，有助于一目了然。拙撰中文版前言全文如下：

洞察宇宙的身世，是人类智慧的骄傲。现代英国作家罗伯特·麦克拉姆（Robert McCrum）曾说，"决定一本书的开头，犹如确定宇宙的起源一样复杂"。但是，弄清宇宙的起源其实要复杂得多。

欲知宇宙的来龙去脉，务须详察宇宙今天之面貌。人类对宇宙的认识在不断深入，对于一个人——从地道的门外汉到训练有素的天文爱好者——来说，要准确地读懂宇宙这本大书却并非易事。公众需要能将宇宙奥秘娓娓道来的"说书人"，而理想的说书人自然是既业有专精又善于将其通俗化的优秀科学家。

史上确有一些长于此道的科学大家。远者例如伽利略（Galileo），近者例如爱丁顿（Arthur Stanley Eddington）、乔治·伽莫夫（George Gamow），更近者例如卡尔·萨根（Carl Sagan）、乃至"轮椅天才"霍金（Stephen Hawking）等。这部《DK宇宙大百科》的主编马丁·里斯，恰是霍金的同门师兄弟。他们俩同生于1942年，同在剑桥大学三一学院获得博士学位，导师同是丹尼斯·席阿玛（Dennis Sciama）——一位非常善于指导学生的教授。2006年，英国皇家学会向霍金颁发科普利奖章，以表彰他对理论物理学和宇宙学的卓越贡献。身为皇家学会会长的马丁·里斯手持奖章告诉人们："继阿尔伯特·爱因斯坦之后，斯蒂芬·霍金对我们认识引力所作的贡献可与任何人媲美。"

马丁·里斯作为一名天体物理学家和宇宙学家，在20世纪70年代已经崭露头角。80年代，我在中国科学院北京天文台（今国家天文台）从事星系和宇宙学研究时，也时常阅读里斯的专业论文。80年代末，我在英国爱丁堡皇家天文台做访问学者，曾在伦敦召开的一次英国皇家天文学会的会议上见到里斯。他的形象很鲜明：个子不高，体态偏瘦，眼神明亮，思维敏锐，很受同行尊敬。除皇家学会会长外，他还曾任皇家天文学家、皇家天文学会会长、剑桥大学教授等职。

2005年，里斯主编的这部《宇宙大百科》初版付梓。未久，当初与我同在爱丁堡做访问学者的老友、厦门大学的张向苏教授正好赴英国开会，遂帮我买到这部厚重的书，并亲自"扛"了回来。再后来，致力于天文普及60余年的李元先生告诉我，他本人曾先后向一些出版社建议推出此书的中文版。虽然各家出版社均对它赞不绝口，却终因中译本出版工程之浩大而一一止步。

山重水复，柳暗花明。孰料2013年秋余恒博士忽然告诉我，他与几位同道翻译2012年的《DK宇宙大百科》(修订版)已近竣工，将由电子工业出版社出版。这真令我喜出望外，后来译者和出版社希望我写一个中译本前言，我立即欣然从命。2014年春，我有一次拜访年届九旬的李元先生，将这一好消息告诉他。李老不胜唏嘘，叹曰：毕竟好书有人识啊！

当代天文学的进展日新月异。里斯主编的这部《宇宙大百科》从初版到修订版历时不过7年，内容却有了不少更新。例如，更多柯伊伯带天体的发现、冥王星"降格"为矮行星等。如今中文版《DK宇宙大百科》行将面世，特撰斯篇，兼志祝贺。既贺作者、译者、出版者取得的成功，也祝此书的知音——钟爱它的读者——怀着崇高的志趣：

敞开胸怀，拥抱群星；净化心灵，寄情宇宙！

卞毓麟　于2014年6月23日
（马丁·里斯的72岁生日）

《布罗卡的脑》中文版序

一

人民邮电出版社的《科学新经典文丛》，继2014年秋出版《暗淡蓝点：探寻人类的太空家园》之后，今又推出卡尔·萨根的另一部杰作《布罗卡的脑：对科学罗曼史的反思》，这很值得庆贺。

关于萨根其人其事，最完整的介绍当推六十余万言的《展演科学的艺术家：萨根传》一书。诚如奥地利传记作家斯蒂芬·茨威格(Stefan Zweig)所言："历史是真正的诗人和戏剧家，任何一个作家都别想超越它。"萨根已经逝世20个年头了，而《萨根传》一书却影响愈甚，其要害正在乎它对历史之忠实。

十四、国图公开课和近序四篇

了解"科学先生"卡尔·萨根的奇特人生,可以有许多途径。随着其作品在中国不断流传,国人对他的认识也在与时俱增。去年《科学新经典文丛》推出《暗淡蓝点》,卷首冠以尹传红撰写的《"科学先生"卡尔·萨根(代序)》一文,言简意赅地介绍了萨根之为人与业绩,并且梳理了其作品在中国翻译出版和传播的概况。我推荐大家一读尹传红的上述文章,而现在这篇"中文版序"则力避与之重复。

中国科普作家协会、人民邮电出版社和中国科普研究所鉴于《暗淡蓝点》的重要价值,特于2014年10月25日晚在京联合举办了一场"纪念卡尔·萨根诞辰80周年暨《暗淡蓝点》新书出版座谈会"。会上有几个主题发言,首先是我国科普界的耆宿、90高龄的李元先生。李老谈及有关萨根的诸多往事,其情绪之高昂、思维之清晰,皆令与会者感佩不已。

我接着发言,从30年前的一个故事说起。这其实同《布罗卡的脑》之主题密切相关,不过当初我还没有读到这本书。那是1984年,我正在为于光远等任主编的《自然辩证法百科全书》撰写"宇宙中的生命"、"平庸原理"等条目。鉴于这些议题非常微妙,我感到有必要直接与此领域的学术带头人萨根沟通探讨,于是给他去了一封信。信中顺便提及,我对普及科学知识极有兴趣。

这一年萨根正好50岁,早已名扬全球,忙得不可开交。但是,他很快就给我这个素不相识的同行回了信。他说:

我很高兴收到您的来信并获悉你有志于在中国致力科学普及。谨寄上什克洛夫斯基和我本人所著《宇宙中的智慧生命》(1966)一书第25章的复印件。该章题为"平庸假设";我相信将它提升为一种"原理"也许为时尚早。另附一篇新近发表在《发现》杂志上的文章《我们并无特别之处》的复印件。我希望这将对您有所帮助。请向你在中国天文界的同事们转达我热烈的良好祝愿。

您真诚的卡尔·萨根

确实,卡尔是真诚的。他真诚地做人,真诚地从事科学研究,真诚地为公众理解科学、为揭露和反对伪科学、为人类的今天和更美好的明天奉献自己的一生。他科研成果卓著,科普业绩举世瞩目。1996年12月,萨根因病逝世,年仅62岁。国际天文学联合会将第

2709号小行星永久命名为"萨根"。

卡尔·萨根主创的13集科学电视系列片《宇宙》，在20世纪80年代初问世后，迅速红遍五大洲。也是在1984年，在李元先生推动下，应中央电视台之邀，吴伯泽等人和我在短短两个多月内完成了《宇宙》电视片脚本的全部中译。1986年，88岁高龄的我国科学界前辈、法国天文学家弗拉马里翁（Nicolas Camille Flammarion）的传世科普巨著《大众天文学》的译者李珩先生，为与电视片《宇宙》配套的同名图书撰写了中译本序言《从〈大众天文学〉到〈宇宙〉》，副题是"天文学大众化的100年"。李珩先生赞扬萨根"在科学普及上的非凡才能从《宇宙》一书及电视片的编剧中得到了证实"。

我在发言中还愉快地提到，1998年自己55岁生日时，喜出望外地收到了台湾同行李荣彬先生寄来的上下两册《预约新宇宙——为人类寻找新天地》，即丘宏义先生执译的中文繁体字版《暗淡蓝点》，1996年由台湾智库股份有限公司出版。"暗淡蓝点"这个著名的语汇是萨根首创的，指的是从太空中遥望的地球。他在《暗淡蓝点》全书结尾用诗一般的语言写道：

（人类遥远的后代们）会感到惊奇，这个贮藏我们全部精力的地方曾经是何等容易受伤害，我们的婴儿时代是多么危险……我们要跨越多少条河流，才能找到我们要走的道路。

萨根及其志同道合者们，似乎已经看到这样一条人类文明的未来之路。这不禁令人想起茨威格对罗曼·罗兰（Romain Rolland）的评论："他的目光总是注视着远方，盯着无形的未来。"

是的，具有这种目光的人，才能是《布罗卡的脑》的作者。

二

《布罗卡的脑：对科学罗曼史的反思》，英文原名为 *Broca's Brain: Reflections on the Romance of Science*，1979年由兰登书屋在纽约出版，在20世纪80年代前期一直是畅销书。它的写作时间，比《暗淡蓝点》早了近20年。当时萨根已年届不惑，学术积累丰厚，对科学、社会、人生等的见解相当成熟、深刻。《布罗卡的脑》一书的内容，是对宇宙和人类自身的科学探索。书中涉及的论题非常广泛：从盐的结晶到宇宙的结构、神话与传说、生与死、机器人与气

十四、国图公开课和近序四篇

候、行星的探索、智能的本质以及寻找地外生命等。萨根指出，因为世间万物是相互关联的，而且人类通过感官、大脑和自身经验来感知世界的方式又高度相似，所以这些论题彼此间都存在着联系。

自然有人会问：一部科学作品，内容如此广博，其可读性又如何呢？萨根在"引言"中已预先作答："本书中的每一章都是为大众读者而写的。某些章节，例如'金星和韦利科夫斯基博士'、'诺曼·布卢姆，上帝的信使'、'太空中的实验'和'美国天文学的过去和未来'之中，偶尔包含了一些技术细节，但这些细节的理解于全书的理解无碍。"显而易见，在确保可读性的前提下，这样的书必定非常精彩、好看，更何况如作者所言："和我的前几本书一样，我会在本书中必要的地方毫不犹豫地插入对社会、政治和历史的评说。"

书名《布罗卡的脑》，借用全书首章章名，其寓意由副书名"对科学罗曼史的反思"点明。皮埃尔·保罗·布罗卡（Pierre Paul Broca）是法国外科医生和人类学家，生于1824年6月28日，卒于1880年7月9日。他于1849年获巴黎大学医学学位，后来专攻脑外科。1861年，他通过尸检证明大脑左前叶第三回（后称布罗卡区）受损会丧失语言能力，从而首次确切证实了某一特定能力与大脑某一特定控制点之间存在着联系。布罗卡酷爱人类学，他关于头颅的知识超过所有的同代人，并设计出测量头盖的新工具。他还是达尔文（Charles Darwin）进化学说的早期支持者。托马斯·亨利·赫胥黎（Thomas Henry Huxley）曾说，只要想起布罗卡的名字，就会满怀感激之情。

极富戏剧性的是，萨根在巴黎的人类博物馆储藏室一个偏僻的收藏架上，看到了一只矮圆筒瓶，瓶上的标签写着"P. Broca"，瓶中是用福尔马林溶液浸着的布罗卡之脑及其切片。萨根双手虔诚地捧着这只圆筒瓶，心情十分激动，脑海中思如潮涌。《布罗卡的脑》全书由此启幕，然后洋洋洒洒地展开，展开，再展开……

也许，不熟悉萨根这种写法的人乍读之下会觉得有点"东拉西扯"。但事实上，萨根始终在环绕着中心推进剧情。这是一种境界，我将这种境界称为"形散神聚"。

三

1984年10月,我国河北人民出版社推出 *Broca's Brain* 的第一个中译本,书名定为《宇宙科学传奇》,译者是陈增林。当时侨居纽约的钱歌川先生特撰中文版序,称赞此书是"美国当代著名科学家卡尔·萨根博士用真实材料写的科普读物,比一般科普读物的身价高出百倍"。原书共25章,可惜《宇宙科学传奇》只有20章译文。"金星和韦利科夫斯基博士"、"诺曼·布卢姆,上帝的信使"、"美国天文学的过去和未来"、"礼拜日训诫"和"羊膜内的宇宙"这5章,不知何故被删去了。

卡尔·萨根著《布罗卡的脑》中文版:三联书店1987年版(左),人民邮电出版社2015年版(右)

1987年10月,北京三联书店出版了此书的全译本《布鲁卡的脑——对科学传奇的反思》,译者是金吾伦、吴方群和陈松林。金吾伦先生是中国社会科学院哲学研究所的一位科学哲学家,我们曾因共同参与编纂《自然辩证法百科全书》而时有交往。他亲笔签名惠赐的那册中文版《布鲁卡的脑》,我一直珍藏至今。

值得在此一提,人名Broca究竟应该如何翻译?在不同时代、

十四、国图公开课和近序四篇

不同场合,同一位外国科学家被赋予不同的中译名是常有的事。例如从晚清到民国初年,大科学家牛顿最常见的中译名曾是"奈端"。科学家 Broca 早先译作"白洛嘉",但近几十年中"布鲁卡"、"布洛卡"、"布罗卡"等译名也纷纷登场。如今,随着我国科技名词审定工作的不断进展,许多外国科学家的译名逐渐有了"国标"。全国科学技术名词审定委员会在 2014 年公布的《人体解剖学名词》(第二版)中将 speech area of Broca 定名为"布罗卡语言区",将 Broca gyrus 定名为"布罗卡回"。Broca 译为"布罗卡"亦成定局。

《科学新经典文丛》这个最新中文版《布罗卡的脑:对科学罗曼史的反思》,由北京师范大学的 4 位硕士张世满、邓生龙、胡毓堃和马灏执译。新一代学子有志于研究、翻译萨根的作品,令人很感欣慰。

或许有人疑惑:当代科学发展日新月异,萨根几十年前写的这些科普读物难道尚未过时?还有必要重新出版吗?

当然,具体的科学知识,若时过境迁则需要更新。但是,科学精神和科学思想的光辉永远不会过时。再者,萨根阐释科学的技巧、展演科学的艺术,也依然是后来者的楷模。惟其如此,在去年的"纪念卡尔·萨根诞辰 80 周年暨《暗淡蓝点》新书出版座谈会"上,我给自己的发言定下了题目:《经典之树常青》。

我深深盼望中华大地上多多涌现像萨根那样杰出的科学家兼科学普及家。这并非指每个科学家为此的投入和付出都要能与萨根比肩,而是说为了提高全民族的科学文化素养,每一位科学家都应该具有怎样的一份理念、热情和责任感。

是为序。

卞毓麟,2015 年 9 月 3 日于上海

《透过哈勃看宇宙》中文版序二

《透过哈勃看宇宙》英文原版书名《The Universe Through the Eyes of Hubble》。中文版序二全文如下。

35 年前,我和友人黄群翻译了美国科普巨擘艾萨克·阿西莫夫(Isaac Asimov)的佳作《洞察宇宙的眼睛——望远镜的历史》(*Eyes on*

the Universe: A History of Telescope）。这是阿西莫夫的第 165 本书，英文原版于 1975 年问世。全书结尾前说到，美国国家航空航天局（NASA）已计划设计一架大型空间望远镜，若政府的资助维持不变，则可于 1981 年送入轨道。从此，我就怀着极大的兴趣关注事态的发展了。

1982 年，中文版《洞察宇宙的眼睛》由我国科学出版社出版。那架望远镜的进程却有了很大变化。实际情况是：1977 年，美国国会批准"大型空间望远镜计划"拨款。1979 年，这架望远镜口径 2.4 米的主镜着手研制。1981 年，美国的空间望远镜研究所开张，所址位于巴尔的摩市的约翰霍普金斯大学内。1983 年，大型空间望远镜正式更名为哈勃空间望远镜（下简称哈勃）。1984 年，空间望远镜欧洲合作机构在德国开始工作。1985 年，哈勃研制大功告成，巨镜凌霄如箭在弦。

然而天有不测风云，1986 年"挑战者号"航天飞机失事，所有航天飞机的任务全部搁浅，用航天飞机发射哈勃的计划甚至濒于流产。1988 年 8 月，我前往巴尔的摩市参加在那里举行的国际天文学联合会第 20 届大会，会间参观了空间望远镜研究所，科学家和工程师们仍在等候发射时机。幸好结局是顺利的。1990 年 4 月 24 日"发现号"航天飞机携带哈勃升空，4 月 25 日航天飞机机组将哈勃释放到轨道上。

哈勃上天已经四分之一个世纪。这是令全世界天文学家兴奋和激动的 25 年，是让各国公众领略和惊叹太空奇观的 25 年。在此期间，哈勃完成了无数预定的任务，也发生了许多"计划外"的故事。"把这一切写成一本精彩的书"，乃是无数天文爱好者的共同愿望。

《透过哈勃看宇宙》的两位作者奥利·厄舍（Oli Usher）和拉尔斯·林德伯格·克里斯滕森（Lars Lindberg Christensen）对此成竹在胸。厄舍是一位科学作家，目前在伦敦大学学院主管数理科学对外联络，负责向公众宣传推广该学院的研究成果，包括天体物理、空间科学、行星天文学等诸多领域。此前他曾在欧洲空间局、欧洲南方天文台、《卫报》等机构和媒体任新闻记者和科学传播者，2013 年出任欧洲空间局的哈勃空间望远镜项目新闻官，负责写作哈勃的最

十四、国图公开课和近序四篇

新科学发现,宣传哈勃取得的科学成果。克里斯滕森是一位科学传播专家,现任欧洲南方天文台总部公众教育部主管,致力于为欧洲南方天文台,为哈勃空间望远镜项目,乃至为国际天文联合会新闻处做公众传播和教育工作。他著述极丰,很多作品已被译为德语、芬兰语、丹麦语、葡萄牙语、汉语、韩语、日语等东西方语言。同时,他还是国际天文学联合会第55专业委员会"天文学与公众"的主席。

诚如哈勃的一位重要科学家和管理者安东内拉·诺塔(Antonella Nota)在本书前言中所说:"哈勃空间望远镜已经从某种程度上改变了我们对宇宙的认知。毋庸置疑,就这点而言,没有任何其他的科学装置可以与之相比";"这些年来,哈勃业已深深扎根于流行文化之中。它拍摄的一些著名照片已经广为人知,大量出现在电视、专辑封面、报纸以及电脑游戏之中。而在这些现象的背后,则是对于哈勃所摄图片的艺术美及其所蕴藏的科学原理之完美结合的认同"。《透过哈勃看宇宙》全书共分10章,次序井然而又要言不烦地将哈勃的缘起、经历、成就以及未来展现得清清楚楚。精美的图片引人入胜,书末的附录也恰到好处。毋庸置疑,这是一部不论内行外行,都能在阅读中获得充分享受、在掩卷后回味深思的佳作。

自2009国际天文年以来,上海科学技术文献出版社已经推出克里斯滕森(及与他人合作)3部著作的中译本,我本人也有幸应邀担任中文版的顾问。它们是《天文望远镜400年探索之旅》(与霍弗特·席林合著)、《哈勃望远镜17年探索之旅》(与鲍勃·福斯博里合著)和《隐秘的宇宙》(与罗伯特·福斯贝利、罗伯特·赫尔特合著)。这最后一本书的译者是我的两位同行林清和朱达一。现在,上海天文馆(上海科技馆分馆)的筹建工作正在紧锣密鼓地进行,朱达一和周元在设计展示方案的同时,又奋力执译《透过哈勃看宇宙》,克里斯滕森则数次专程奔波于欧洲和上海之间,为上海天文馆献计献策,这确实又是一段难得的佳话。值得顺便一提,广西科学技术出版社也推出了陈冬妮翻译的克里斯滕森(与拉克尔·志田友美、戴维德·德·马丁合著)《宇宙大碰撞——大爆炸之后又发生了什么?》一书的中文版。

我有一句口头禅："洞察宇宙的身世是人类智慧的骄傲。"哈勃空间望远镜为人类认识宇宙作出了巨大贡献，《透过哈勃看宇宙》就是对此的绝妙写照。有机会应邀为本书中文版写几句话，使我深感荣幸。是为序。

卞毓麟，2015 年 4 月 24 日于上海

《人类宇宙》中文版推荐序：我想知道这是为什么

整整半个世纪之前，理查德·费恩曼因对量子电动力学的杰出贡献而荣获 1965 年诺贝尔物理学奖。这位物理学大师有一段著名的"绕口令"：

我想知道这是为什么。我想知道这是为什么。

我想知道为什么我想知道这是为什么。

我想知道究竟为什么我非要知道

我为什么想知道这是为什么！

这些入木何止三分的"为什么"，将科学家刨根问底的求索精神描摹得淋漓尽致。而今，布赖恩·考克斯在其《人类宇宙》中的妙语，仿佛又为上述"绕口令"增添了一番别样的滋味。《人类宇宙》第 4 章"我们缘何在此"一开始就写道：

每个人都明白"你为什么迟到""我迟到是因为闹钟没响"这种对话的含义。但是这样的回答并不完整，我们可以继续深入追问，试着找出最准确的原因。

"它为什么没响？"

"因为它坏了。"

"它为什么会坏？"

"因为电路板上有个焊点熔化了。"

"焊点为什么会熔化？"

"因为变热了。"

"为什么会变热？"

"因为现在是 8 月，而且我的房间很热。"

"为什么 8 月会热？"

"因为地球绕着太阳转。"

"为什么地球会绕着太阳转?"

"因为引力的作用。"

"为什么会有引力?"

"我不知道。"

如果你追问得足够深入,所有关于"为什么"的问题都会以"不知道"而告终……

毫无疑问,我们对于宇宙的科学认识还不全面,人们还将不懈地继续探索。而另一方面,人类生活在小小的地球上,居然能对宇宙有了如此深入的了解,这实在是伟大的奇迹。难怪乎爱因斯坦有言:"宇宙的最不可理解之处在于它乃是可以被理解的!"要讲清楚人类如何理解宇宙以及理解到何等程度,绝不是一件简单的事情。人们自然期望这种叙述能做到雅俗共赏。再进一步,则有朱自清先生大约在70年前所说的那种"没有雅俗之分,只有'共赏'的局面"。多年前曾有友人问:"你能否对此种炉火纯青的境界举出几个实例?"我沉思之后,谨慎地反问:"张乐平的《三毛流浪记》、儒勒·凡尔纳的《海底两万里》、乔治·盖莫夫的《物理世界奇遇记》,你以为如何?"近年来,我还觉得,布赖恩·考克斯和英国广播公司(BBC)合作的BBC"奇迹"系列也相当接近"无分雅俗,只有共赏"的局面了。

2014年10月,人民邮电出版社一举推出BBC"奇迹"系列3个品种的中文版:《太阳系的奇迹》(齐锐、万昊宜译)、《宇宙的奇迹》(李剑龙、叶泉志译)和《生命的奇迹》(闻菲译)。这些作品行云流水的叙述风格和令人目不暇接的精美画面,委实让读者大饱眼福。

2015年初夏,确切地说是6月18日,我微信致人民邮电出版社科普出版分社负责人刘朋,相告3本"奇迹"的作者又有新著 Human Universe,并附上封面照片。我在微信中说:"好书啊!你们联系版权了吗?"孰料独具慧眼的人民邮电出版社早已先行一步,刘朋迅即回复,告知这本书正在翻译,并表示希望我写几句推荐语。现在的这篇"中文版推荐序"便由此而来。

这本《人类宇宙》,即 Human Universe 的中文版,虽非BBC"奇迹"系列的续篇,彼此却大有异曲同工之妙。在《人类宇宙》中,布赖恩·考克斯依然在娓娓动听地讲述人类和宇宙的故事。这一次，故事的主角是"人"，亦即人类；故事的全部情节，始终环绕着"人在宇宙中"或者说"人类与宇宙"而展开。《人类宇宙》全书由5章构成，章标题依次为"我们在哪里？""我们孤独吗？""我们是谁？""我们为何在此？"和"我们的未来在何方？"，出现在每一个标题中的"我们"，指的都是"人类"；而在每一个标题中隐而未现的潜台词，则都是"在宇宙中"。因此，第1章其实是讲"人类在宇宙中身处何方"的故事；第2章是说"人类在宇宙中有没有'朋友'"的传奇；凡此种种，披览原书自可尽识其妙，毋庸荐书者赘述。

布赖恩·考克斯在20世纪90年代曾是英国流行摇滚乐队的键盘手，这极容易令人联想起能自如地敲击巴西邦戈鼓的"科学顽童"理查德·费恩曼；布赖恩能说能写又能演，更令人不禁联想起饮誉全球的13集科学电视系列片《宇宙》的主创和叙事者卡尔·萨根。在我看来，理论物理学家布赖恩·考克斯能够兼具这两位前辈巨擘的某些秉性，实在是难能可贵——称这些人为凤毛麟角或许也不为过。或许，考克斯得知我说的这番话时会真诚地说一句"过奖了"，但我相信自己并没有说错。

时代在前进，如今布赖恩·考克斯早年的偶像卡尔·萨根离去已近20年，考克斯本人的事业则如日中天。我深感，在某种意义上，考克斯要比萨根更幸运。考克斯这些书的"致谢"，为我提供了如此置评的依据。致谢，通常很难完全避免套话或谀辞。但是，在布赖恩·考克斯的谢词中，我看到了一种发自心底的感激之情。引发这种感激的那份恩惠，堪令其他科学家羡慕不已。《太阳系的奇迹》"致谢"中写道："布赖恩还要感谢曼彻斯特大学和英国皇家学会同意他将时间用于写作本书和制作电视系列纪录片，尤其要特别感谢曼彻斯特大学任职主席和副校长阿兰·吉尔伯特教授（Alan Gilbert，1944年9月11日—2010年7月27日），因为他明白大学的真正价值所在，鼓励各院系和学者们为象牙塔外的社会多作贡献。"在《宇宙的奇迹》"致谢"中，考克斯再次"感谢曼彻斯特大学和英国皇家学会允许他花很多时间来完成《宇宙的奇迹》的摄制"。在《生命的奇迹》中，考克斯述及，曼彻斯特大学副校长南希·罗斯维尔（Dame

Nancy Rothwell)教授"总是坚定不移地支持那些希望将部分工作时间用于科学传播的学者",故而向她致以最诚挚的谢意,并"感谢英国皇家学会在我与 BBC 共事期间提供了同样的帮助"。在《人类宇宙》中,考克斯再次"感谢曼彻斯特大学为《人类宇宙》纪录片提供的全力支持和鼓励,特别是校长兼总理事南希·罗斯维尔女士,她给予了我们充分的自由进行学术研究"。如此优越的科学人文生态,不仅昔日的萨根未曾享有,而且也是当今世上许多科学机构仍不具备的。我衷心希望中国的高校和科研机构于此亦能多有作为,赶上时代,甚至垂范世界。

考克斯在《人类宇宙》中表述的某些个人观点,未必都能获得他人的普遍认同。这也是很自然的事情,科学的发展本来就是争议不断而推陈出新的。广大读者会对《人类宇宙》作出更多的评论,中文版之短长也将由读者进一步评判。作为这篇推荐序的结尾,我想说,《人类宇宙》再次印证了一位先贤的格言:

我们所见的固然美好
我们明了的愈加美妙
我们尚未悟彻的更是
不胜其美,美不可言
——尼尔斯·斯坦森(尼古拉·斯旦诺)

卞毓麟　2015年11月17日　于上海

十五、恬淡悠阅的景致

《科学、文化与人经典文丛》

2012年，科学普及出版社的新品牌《科学、文化与人经典文丛》渐显端倪。当年8月其首批4种图书面世，是为《叶永烈相约名人——文学与艺术专辑》、《叶永烈相约名人——科技与科普专辑》、《叶永烈行走世界——第1辑》、《叶永烈行走世界——第2辑》。未久，《林下书香——金涛书话》、《南极夏至饮茶记——金涛散文》于2013年2月出版。同年7月，《科学的星空——郭曰方朗诵诗选》、《科学之恋——郭曰方散文随笔选》亮相。2015年1月，《流光墨韵——陈芳烈科学文化记忆》现身。2015年11月，《巨匠利器——卞毓麟天文选说》和《恬淡悠阅——卞毓麟书事选录》出台。

在这个作者群里，叶永烈先生久为广大公众所熟知，此处毋庸多言。其他作者的著述亦各有意趣。如《林下书香——金涛书话》正文前有一篇《关于"书话"》，可视为"自序"或"代前言"。文中谈到"书话"这一文体的性质、特征和历史；谈到出版书话一向被出版界视为倡导学术、繁荣文化的重要方面，并以浙江人民出版社的《近人书话系列》（包含胡适、叶德辉、梁启超、林语堂、刘半农、顾颉刚、郁达夫、王国维、蔡元培、林琴南、刘师培等学者的书话）和北京出版社的《现代书话丛书》（包含鲁迅、周作人、郑振铎、阿英、巴金、孙犁、黄裳等人的书话）为例证。令金涛

十五、恬淡悠闲的景致

先生有感而发的是,虽然文学界很重视"书话"的写作和出版,但由于种种原因,关于科普作品的"书话"却几乎见不到。"这本《林下书香》是一次尝试,它在《科学时报》(今之《中国科学报》)的'读书'专版上前后坚持了近十年,受到读者欢迎,也对繁荣科普创作与出版起到了一定的推动作用。经过这个专栏率先评介的许多优秀作品,如潘家铮院士的科幻小说、卞毓麟的《追星》、张开逊的《回望人类发明之路》、尹传红的《幻想》等,都相继获得国家各种规格的奖励,即是一例。"

郭曰方是著名的科学诗人,生于1941年,其人生经历丰富多彩。他是中国作家协会会员,曾任中国驻索马里大使馆外交官、方毅副总理的秘书、《中国科学报》总编辑、中国科普作家协会副理事长、中国科学院文联主席等职。在中宣部、教育部、团中央、中国科学院、中国科协及有关省市宣传部的支持下,曾在北京及全国重点高校举办"郭曰方诗歌朗诵演唱会"40余场,反响热烈。下面谨转引《科学的星空——郭曰方朗诵诗选》中《历史性的跨越——祝贺嫦娥一号卫星发射成功》一诗的起首二十来行,以见其写科学之实与抒爱国之情浑然一体的迷人风采:

不止是西昌
所有的山峰都披满霞光
不止是北京
整个中国都在举目张望
不止是长江黄河　长城故宫
将硕大的夕阳高高举向蓝天
甚至　每一扇窗口
每一条小巷　每一棵小草
都在侧耳倾听　倾听
那箭击长空的刹那之间
在世界东方　中国首次探月的脚步声
将迸发出怎样气壮山河的交响

看吧　当喷薄耀眼的火焰
蓦然间　托举着中国的长征火箭
冲天而起　当嫦娥一号卫星

> 旋转着优美的舞姿　频频回首
> 依依惜别　亲爱的故乡
> 顿时　欢呼声掌声鞭炮声响彻云霄
> 在神州大地　卷起排山倒海的声浪
> 啊　骄傲和自豪　在人们的胸中燃烧
> 兴奋和泪水　在人们的面颊上流淌
> ……

《流光墨韵——陈芳烈科学文化记忆》由"文化记忆"、"科普随笔"和"编创杂谈"三个部分组成。中国科学院院士、中国科普作家协会理事长刘嘉麒为之作"序"述评:"陈芳烈先生在大学时代主修电信专业,工作后又一直在电信行业,这使得身处瞬息万变信息时代的他,能够得天独厚地及时掌握时代信息,运用信息科学和信息技术滋润科普创作。"例如,"陈芳烈先生撰写的《泰坦尼克号与SOS》,不仅使人们重温那场海难惊心动魄的场面,更能了解无线电技术的知识与应用,令读者实有屏住呼吸,一气读完之感……"看了嘉麒先生的"序",我情不自禁地随即翻到《泰坦尼克号与SOS》一文,确实深觉引人入胜。文中还述及为何选用SOS作为国际统一的呼救信号,人们有种种猜测,诸如SOS是"Save Our Souls(救命)"或"Save Our Ship(来救我们的船啊)"的缩写之类。"其实不然,它的来源十分平常。在1906年召开的首届国际无线电报会议上,东道国德国提议使用他们在船只上一直使用的SOE作为呼救信号。他们的提议尽管受到了重视,但是人们考虑到在莫尔斯电码中E只是一个点,表现起来不是十分令人满意,因此经多次争论选中了SOS(···－－－···)。它不仅好记,还可首尾相接,连续播发,被认为是一个理想的呼救信号。"真是好亮点、好看点!

《巨匠利器》小议

《巨匠利器——卞毓麟天文选说》的"前言",简明扼要地道出了此书的要义,兹照录如下。

　　本书由上、下两篇组成。上篇"司天巨擘"说的是天文学家,下篇"观天慧眼"讲的是天文望远镜。它们的共同核心,是探索宇宙的

十五、恬淡悠闲的景致

奥秘。

古往今来，不知有多少人，在儿时就爱上了满天星斗，爱上了繁星密布的天穹。天文学就是研究星星——更广义地说则是天体——和宇宙的科学，天文学家就是专事探索和揭示宇宙奥秘的人。

日复一日，年复一年，越来越深刻地洞察宇宙的奥秘，乃是人类智慧的骄傲，也是文明进步的象征。历史上一些杰出的天文学家，诸如中国的张衡、一行，欧洲的哥白尼、伽利略等，对今天的社会公众来说，可谓早已耳熟能详。

《巨匠利器——卞毓麟天文选说》书影

笔者曾应多种出版物之邀，撰写介绍中外天文大家的通俗读物。今选出较有代表性的6篇长文，酌加修订，收入本书上篇"司天巨擘"中。前5篇文章分别叙说5位现代天文学家的传奇人生和辉煌业绩。他们是"轮椅天才"霍金、"星云世界的水手"哈勃、宇宙大爆炸理论的先驱勒梅特、非凡的"科坛顽童"伽莫夫和"孤独的科学旅人"钱德拉塞卡。第6篇文章介绍中国元代的大科学家郭守敬，它原是专为青少年写的，文字尤其浅显，叙述较为详细，篇幅也略长些。上述人物所处的时代背景、个人的性情和经历真是千差万别，这反倒使6篇文章具备了某种奇妙的共同点：鲜明而独到的人文色彩。

下篇"观天慧眼"描绘天文学家的利器——形形色色的天文望远镜，它们看似五花八门，实则井然有序。"坐观星河"寻踪光学望远镜的足迹、"太空电波"展示射电望远镜的崛起、"巨镜凌霄"彰显空间望远镜的风采，书中努力从历史掌故一直讲到最新进展。例如，目前多国正在合作研制的口径30米的光学望远镜（简称TMT）、中国近年来落成的"大天区面积多目标光纤光谱天文望远镜"（已命名为"郭守敬望远镜"）、坐落在上海佘山的口径65米的射电望远镜（已命名为"天马望远镜"），乃至正在贵州省平塘县快马加鞭地兴建的"500米口径球面射电望远镜"（简称FAST）——它的接收天线面积有30个足球场那么大！

不少人曾饶有兴趣地发问：霍金早年缘何终日狂听瓦格纳的音乐？哈勃如何成了好莱坞影星的偶像？伽莫夫的性情是否有点像金庸笔下的周伯通？如今最先进的望远镜威力到底有多大？本书谈到的，远不啻于此。

当今科学与时俱进，历史更无须臾之停歇。于是，在本书交稿后，又不得不为最新的事态撰写"补记"。也许，从今日阅毕校样，到全书印讫装订出厂，还会出现更多理应"补记"的事件——此类事情随时都有可能发生，那就只好日后伺机补阙了。

书名《巨匠利器》，如若当真咬文嚼字，或许易作《巨匠·利器》更加妥帖。但在无伤大雅的前提下，我同责任编辑吕鸣女士一致认为，尽可舍繁取简，省去中间那个分隔点。

感谢科学普及出版社，将本书纳入《科学、文化与人经典文丛》。"经典"二字重若千钧，笔者是以深感惶恐，但谈谈"科学、文化与人"却永远是一件乐事，愿与读者诸君分享、共勉。

卞毓麟　2015年6月18日

话说《恬淡悠阅》

《恬淡悠阅——卞毓麟书事选录》的书名，直接言明作者平素向往的阅读意趣与心境。同《巨匠利器》一样，此书亦以"前言"一篇解说其中的缘由，其文曰：

英国思想家、哲学家、实验科学的先驱者弗朗西斯·培根的一篇 *Of Studies*，400年来引得世上多少读者竞折腰。数十年前读王佐良先生的译文（篇名译为《谈读书》），惟觉词清句丽，妙不可言，曰："读书足以怡情，足以傅彩，足以长才。其怡情也，最见于独处幽居之时；其傅彩也，最见于高谈阔论之中；其长才也，最见于处世判事之际……"

十五、恬淡悠闲的景致

这 *Of Studies*，乃是培根存世的 58 篇论说文（《论真理》《论死亡》《论恋爱》《论嫉妒》等）之一。曩昔水天同先生着手翻译《培根论说文集》时，"适值敌寇侵凌，平津沦陷，学者星散，典籍荡然"，且 1939 年译成之书，到 1950 年才首次刊行。水译下了不少考证工夫，加了大量注释，给读者带来诸多便利。另一方面，鉴于水译用语的时代印记，在今天读来已难免有点拗口了。其中 *Of Studies* 译为《论学问》，开头几句是："读书为学底用途是娱乐、装饰和增长才识。在娱乐上学问底主要的用处是幽居静养；在装饰上学问底用处是辞令；在长才上学问底用处是对于事务的判断和处理……"

再者，1983 年上海人民出版社曾出版何新译的《培根论人生——培根随笔选》，从上述 58 篇文章中选译了 26 篇。其中 *Of Studies* 篇名译为《论求知》。开篇译为："求知可以作为消遣，可以作为装潢，也可以增长才干。当你孤独寂寞时，阅读可以消遣。当你高谈阔论时，知识可以装潢。当你处世行事时，正确运用知识意味着力量……"

一文多译，各有千秋。读者尽可对照英文原著（如外语教学与研究出版社 1998 年英文版培根 *Essays*）细细品味，此处毋庸赘述。

有人评述，培根的那些论说文称得上是一种"世界书"，它不是为了一国而作，而是为万国而作；不是为了一个时代，而是为一切时代。这话自有相当的道理。但另一方面，阅历和处境不同的人，对培根论说文的感悟亦必有所不同。笔者以为，读这类书须持恬淡之性情；毋急功近利，方能品出真滋味。读后有所晤，才是真快活。

笔者尝应多家出版物之邀，撰文介绍书人书事。呈现在读者面前的这本书，是作者近十余年来谈论书事之文章精选，共计 50 篇。它们皆与科学为伍，又有文化相伴，其笔调当可传达作者悠然阅读之恬淡心情，全书亦遂以《恬淡悠阅》冠名。书中上篇"悦读撷菁"，汇集了作者对数十种佳作的评介；下篇"书外时空"，包含了多篇与书籍密切相关却并非直接评书的文字。当然，不分上下篇也可以，盖因诸文虽情景不同，而旨趣则一：与读者悠阅共享也！

选这些文章时，考虑了科学与人文的交融。本来，科学与人文是密不可分的。但是，不恰当的教育把它们割裂开来了。半个多世纪以来,这在世界上已有大量专门的讨论。无论中外,有识之士都想力挽这"两种文化"分道扬镳的颓局,这确实大有必要。我本人写过一本书,名叫《追星——关于天文、历史、艺术与宗教的传奇》,曾获得了多种褒奖,包括国家科技进步奖、中华优秀出版物奖、国家图书馆文津图书奖等。在《追星》的"尾声"中,我引用了林语堂的一句话:"最好的建筑是这样的:我们居住其中,却感觉不到自然在哪里终了,艺术在哪里开始。"我想,最好的科学人文读物,不也应该令人"感觉不到科学在哪里终了,人文在哪里开始"吗?如何达到这种境界呢?很值得作者们多多尝试。

《恬淡悠阅——卞毓麟书事选录》书影

感谢科学普及出版社,将本书纳入《科学、文化与人经典文丛》。感谢吕鸣、王珅二位责任编辑精益求精的文字加工。"经典"二字重若千钧,笔者深感惶恐。但谈谈"科学、文化与人"却永远是一件乐事,愿与读者诸君共勉。

卞毓麟　2015 年 8 月 18 日

以下酌引《恬淡悠阅》一书中短文三篇,即《"轮回"之妙》、《自然的发现及其他——初识劳埃德的〈早期希腊科学〉》和《资深院士的回忆》,聊为"前言"所议——以恬淡之心悠阅所爱之书其乐安可言状——之佐证耳。

妙不可言的"轮回"

《"轮回"之妙》一文原载 2006 年 8 月 26 日《文汇报》第 6 版,刊出时颇多删节,现谨恢复全文原貌如下。

比尔·盖茨有言:"詹姆斯·伯克是我极喜爱的作者。"《华盛顿

十五、恬淡悠闲的景致

邮报》也称伯克为"西方世界最迷人的天才之一"。如今中文版《轮回——历史、技术、科学、文化的50次巡游》([英]詹姆斯·伯克著,梁焰译,上海科技教育出版社,2005年)面世,简介其作者可谓适逢其时。

詹姆斯·伯克是英国科学史家、作家兼电视制片人,1936年11月12日生于北爱尔兰的伦敦德里,就读于牛津大学,在基督学院获硕士学位,后往意大利,在波洛尼亚大学、乌尔比诺大学和那里的一些英语学校执教,并编纂了一部英意词典。1966年,伯克移居伦敦,加盟英国广播公司(BBC)科学部,倾心于制作兼具教育和娱乐功能的电视科技节目,并且大获成功。

伯克扬名伊始时,是长期连播的BBC大众科学系列节目《明天的世界》的一名记者。BBC报道美国的"阿波罗登月计划",就由伯克任首席记者兼主播。他的文献系列片《联系》(1979年)可谓驰誉全球:先由BBC在英国首播,继而进入美国的公共广播公司(PBS),此后又在50多个国家相继播出,并在约350所高校的课程中现身。其同名书《联系》在欧洲和美洲都很畅销。如今,70岁的伯克仍住在伦敦。

英文《轮回》初版于2000年,原名 Circle,也可译为"循环"。有人觉得"轮回"一译易与佛教中的"六道轮回"混淆,其实果真如此的话,那也是一种美丽的误解。在本书的语境中,"轮回"或许比"循环"更富于哲理美。

这"轮回"究竟有何寓意?原来,作者在书中为我们描述了50宗迷人的科学文化史之旅,每一旅程各由一系列前后衔接的事件构成,而旅途的终点恰与起点重合。书中的每一条旅游路线各是一篇三四千字的短文,它们全都显示出万物变化中那种浑若天意的联系。例如,《有(一半)风景的房间》说的是——

我住在伦敦泰晤士河岸,可以看见布鲁内尔建造的维多利亚时代铁路大桥。隔壁房子的一角挡住了大桥的另一半。

布鲁内尔还设计了巨大的蒸汽机船"大东方号"。1866年,菲尔德凭借此船完成了大西洋海底电报电缆的铺设工程。

菲尔德为此曾向莫尔斯请教,后者曾用绝缘的铜缆线把信号传送到纽约港的另一边。莫尔斯的邻居科耳特据此引爆一枚置于船底下的水雷，把那艘大船炸上了天。因其左轮手枪走红，科耳特到1855年成了世上最大的私人军火商。

科耳特的致命竞争对手是美国的雷明顿公司。后膛装填式来复枪以及著名的雷明顿打字机都是该公司的杰作。

雷明顿打字机的问世曾受英国人斯科尔斯的启发，而斯科尔斯在上位键打字机方面则得益于富有创新精神的格利登的帮助。

格利登的远房亲戚约瑟夫于1874年申请了带刺铁丝网的专利，这种装置后来在军队里几乎与雷明顿步枪一样受欢迎。

3年后，格利登将其铁丝网公司的股份卖给了沃什伯恩制造公司。沃什伯恩公司拥有先进的铁丝制造技术，可惜却在1842年前后拒绝了德国工程师勒贝林的重大建议：在生产金属丝的现场把它们就地捻搓成股制成金属缆绳。

勒贝林早年住在柏林时与大哲学家黑格尔交好。卡尔·马克思早在《1844年经济学哲学手稿》中就论述了黑格尔的思想。

马克思的女儿埃莉诺是社会民主联盟的执行委员之一。1884年，她和威廉·莫里斯等多名委员因不满该联盟的无政府主义者而突然秘密离开。

莫里斯后来创办了他的社会主义者同盟。在该同盟的晚会上，人们由长号手霍尔斯特指挥齐唱社会主义颂歌。第一次世界大战后，霍尔斯特首演了他那著名的《行星组曲》，致使其名望和财富再度大增。

我一边听着《行星组曲》，一边望着布鲁内尔大桥的半边风景，而挡住另一半大桥的房子正是霍尔斯特的旧居。

本文笔者提供的这份"故事梗概"，自难再现原著的飘逸文采和精彩细节。然而，在正确地强调素质教育、着力提高公众科学文化素养的今天，让我们的学生，特别是教师，以一种轻松的心态读点伯克的作品，岂不是一桩很可以获得意外惊喜和启迪的雅事吗？

在《轮回》之前，伯克还出版了《明天的世界》(两卷)、《联系》、《宇宙改变的那一天》、《机遇》、《弹球效应》和《知识网》等多部作品。2003年，他又推出了与《轮回》有异曲同工之妙的《双轨》。该书由25

十五、恬淡悠闲的景致

篇短文构成，每篇各以一历史事件开始，该事件产生了两种完全不同的后果，随着时间的推移，这两条不同的路径最后竟出人意料地重新汇聚到了一起。

"在让知识好奇心自由驰骋时，无人能与伯克比肩。"《轮回》告诉我们：此言看来不虚。

【补记】正文所述詹姆斯·伯克著《轮回》一书，英文全名为 *Circles：Fifty Round Trips Through History, Technology, Science, Culture*（2000年）；2003年，伯克继而推出《双轨》一书，英文全名为 *Twin Tracks：The Unexpected Origins of the Modern World*（2003年）。2008年，上海科技教育出版社推出《双轨》中译本，伯克为之亲撰长达5000字的"中文版序"。

在正文之前，作者写了一个简洁而风趣的"如何阅读本书"，全文如下：

每章开篇以一小段文字讲述一个事件，这个事件生出两条并行的故事线索，也就是故事的轨迹。

第一轨迹都印在每一面的上半部分，直到"第一轨迹完"。阅读时请不要先翻看每章的结尾部分。有那么一类读者看一篇惊悚故事，喜欢先翻到最后弄清楚是谁干的坏事。如果你属于这类读者，那就另当别论了。

看完第一轨迹后再回到每章开头看第二轨迹，一气读到"第二轨迹完"。第二轨迹都印在每一面的下半部分。

最后读每章的结尾部分。

各章均照此法阅读，一直读到睡眠来袭。

此前，早在1999年，伯克还出版了《知识网》一书，英文名为 *The Knowledge Web：From Electronic Agents to Stonehenge and Back — and Other Journeys through Knowledge*。

2010年，上海科技教育出版社将上述三部著作整合为"詹姆斯·伯克科学文化之旅"，统一装帧设计推出，书名分别定为《圆：历史、技术、科学与文化的50次轮回》、《线：现代世界意外起源的双重轨迹》和《网：往返于电气时代与石器时代的知识巡游》。

《网》也有一篇"如何阅读本书"。它说："本书读法很多，正如在一个网络里旅行，可有多种不同路线一样。最简单的读法就是从头读到尾……现在你也可以反其道而行之。因为当甲旅程的时间干线到达网上的一个'网关'时，正好和乙旅程的时间干线交汇在一起。站在这个网关，你会看见标定另一处位置的坐标。如果你愿意，就可以利用坐标，搭上新干线，继续你的网络之旅；到达下一个网关后，你可以再次跳跃……"这确实别开生面，但是并不神秘。伯克的这些书易读易懂，妙趣横生，令人拍案叫绝。

"詹姆斯·伯克是西方世界最迷人的天才之一。"《华盛顿邮报》此说当不为过。

初识《早期希腊科学》

《自然的发现及其他——初识劳埃德的〈早期希腊科学〉》一文，原载2005年6月22日《中华读书报》第14版。文章评介的是《早期希腊科学——从泰勒斯到亚里士多德》（[英]G·E·R·劳埃德著，孙小淳译，上海科技教育出版社，2004年）一书，原文如下：

　　欧洲文艺复兴时期的人文主义者，何以研究古希腊语蔚然成风？其缘故不只在于语言和文学本身，而且在于从古希腊学者的著作中可以找到关于自然界的绝妙知识。

　　今天人们为何依然流连于古希腊科学的智慧中？因为在相当大的程度上，近代科学正是孕育于从约公元前600年开始的那5个世纪的古希腊时期。

　　在通常的语境下，将"古希腊科学"简称为"希腊科学"不会引起任何歧义。然而，我们却不能将"希腊科学"这一语汇简单地按现代词义释读为"古代希腊的科学"。这是因为，"科学"（英语中的science）是近代的概念，而非古已有之。在古希腊语中，没有一个词语恰好等同于我们今天所说的"科学"。固然，在古希腊语中有 *philosophia*（爱智、哲学）、有 *episteme*（知识）、有 *theoria*（沉思、思索）、有 *peri physeos historia*（对自然的探究），它们在各种特定的具体场合译成"科学"既合乎情理，也不致误导；但是，这些词语中的每一

十五、恬淡悠闲的景致

个仍与我们的术语"科学"大不相同。英国科学史家劳埃德(G. E. R. Lloyd)的经典之作《早期希腊科学——从泰勒斯到亚里士多德》,正是从"希腊科学"这一术语的内涵开始谈起的。

劳埃德于1958年获英国剑桥大学古典学博士学位,此后长期在剑桥大学讲授古典学。他自1987年起始执"古代科学和哲学"讲席,1989年起任达尔文学院院长。2000年从这两个职位上退休,任荣誉教授。众所周知,英国有个以研究中国古代科学技术著称的李约瑟研究所,其工作受东亚科学史基金会指导,而该基金会的现任主席正是劳埃德。1997年,劳埃德因"对思想史的贡献"受英国王室赐封爵位。他还是世界许多著名学府的兼任访问教授,其中包括美国的斯坦福大学、加州大学伯克利分校、康内尔大学,我国的北京大学、中国科学院自然科学史研究所等。自20世纪60年代始,他就从事古希腊科学思想史研究,《早期希腊科学》便是其于1970年出版的一部面向一般读者的名著。此书仅十来万字,但作者在历史叙述中探讨的科学哲学和科学社会学问题至今韵味如故,有些甚至依然相当前卫。

在《早期希腊科学》的前言中,劳埃德言简意赅地申明:"我们这里只是把'希腊科学'当作一个缩写语来用,用来指古代作者的思想和理论……我们笼统地称之为'科学家'的古代作者,他们对自己所做的自然研究的看法因人而异。因此,研究早期希腊科学,既是研究希腊人提出的理论的内容,同样又是研究他们关于自然探索的观点的发展和相互影响。"

一个不争的事实是,在远比上面提到的"古希腊时期"早得多的时代,古代埃及和巴比伦已经有了许多关于自然现象的记录,经验知识也已经有了一些条理,例如度量的单位和规则,简单的算术,最初的历法,对天象周期性的认识,乃至对日食和月食的预测等。后来,许多知识辗转传给了希腊人。那么,人们常说科学起源于希腊又是什么意思呢?再说,科学——至少就西方科学而言,当真是起源于某个特定的时间和地点吗?

劳埃德的陈述直捷而明确。首先对这些知识加以理性的考察、首先探索其各部分之间的因果关系——因而事实上也就是首先创立科学的，是米利都的泰勒斯。泰勒斯（其全盛期在公元前585年前后）和其他米利都的哲学家无疑都大大得益于先前的思想和信念，但是，"他们所做的思考与先前大不相同，这使我们有理由说，我们今天所了解的哲学和科学都是从他们开始的"。

这种说法究竟是什么意思？它在多大程度上能得到证明？这正是《早期希腊科学》着重阐明的问题。为此，劳埃德指出："米利都哲学家们的思辨确实有两个重要特点，使他们的思考有别于他们之前的希腊或非希腊思想家们的思考。第一个特点可以说是自然的发现，第二个特点则是理性的批判与辩论活动。"

所谓"自然的发现"，是指米利都人开始"懂得区分'自然'与'超自然'，即认识到自然现象不是因为受到任意的、胡乱的影响而产生，而是有规则的，受着一定的因果关系的支配"。例如，泰勒斯认为地震是浮在水上的大地被水波摇动的结果，而不像荷马或赫西奥德那样将其归因于大神宙斯或海神波塞冬的愤怒。而且，荷马描述的通常是某次特定的地震或闪电，米利都人关注的则是一般的地震或闪电现象。"他们的探索指向自然现象的类别，而且他们展示出科学的这一特征：科学探讨普遍的、本质的事物，而不是特定的偶然的事物。"

劳埃德认为理性的批判与辩论对于希腊科学十分重要，这同他们民主体制中不断进行政治论争的习惯相吻合。由于辩论和竞争的需要，希腊哲学家们就经常会对自己的理论、方法和证据进行反思。于是，正如本书译者孙小淳先生所言，这"使古希腊科学实践为科学哲学与科学社会学问题提供了历史的案例。劳埃德研究古希腊科学，最为关注的常常是科学哲学与科学社会学问题，这正是他的著作读起来发人深省、玩味无穷的原因。"

《早期希腊科学》的主题是从泰勒斯到亚里士多德去世期间的希腊科学。全书共九章，依次为："背景和开端"、"米利都学派的理论"、"毕达哥拉斯学派"、"变化问题"、"希波克拉底医派"、"柏拉图"、"公元前4世纪的天文学"、"亚里士多德"以及"结论"。书中素材择用十分谨慎，无一不出诸公认的善本。各章内容可谓精彩纷呈。例如，变化是人们能够感觉到的现象，但世界是否真的从根本上发生了变化呢?因此,在古希腊自然哲学中,"变化"乃是一个很重要的问题。劳埃德在《早期希腊科学》中详细讨论了希腊哲学家是如何考虑变化问题,以及它与其他一些根本问题是如何密切相关的。例如,亚里士多德的"物理学"主要是讨论因果、时间、广延、无限等,这与我们今天讨论物质、能量、基本粒子等的"物理学"其实不是一回事。劳埃德则阐明了亚里士多德是如何重新表述变化和物质组成问题,并从而转化成了他的"物理学"问题。

在本文结束之前,应该郑重提及孙小淳先生的"译者序"。此文可读性很强,既钩玄提要地对劳埃德古希腊研究的精义作了很到位的概括,又正好成为本书的导读。其中的最后一节"古希腊与古代中国的比较研究",无疑将会引起读者进一步的兴趣。

75年前,英国著名自然科学史家威廉·丹皮尔曾经说过:"再没有什么故事能比科学思想发展的故事更有魅力了——这是人类世世代代努力了解他们所居住的世界的故事。"诚哉斯言!《早期希腊科学》这本经典性的小册子,正好为我们一瞥希腊科学思想发展的故事提供了一条可行的捷径。

资深院士的回忆

《资深院士的回忆》一文评介的是《资深院士回忆录》第1卷(《回忆录》共有3卷,上海科技教育出版社,2003年至2006年先后出版),原载2003年11月14日《文汇报》第15版,全文如下。

这是一群不寻常的老人讲述的很不平凡的故事。

讲故事的,都是中国科学院和中国工程院的资深院士,即80岁以上的高龄院士。他们充满激情地回顾亲身所历而有传世价值的人与事,读来惟觉汁美味醇。

《资深院士回忆录》(第1卷)全书33万字,收入8位老科学家的回忆,即植物生理学家和生物化学家汤佩松的《为接朝霞顾夕阳》、雷达与信息处理技术专家张直中的《我的雷达情结》、热能动力工程学家陈学俊的《科技教育60年》、内科学专家翁心植的《一生中经历的三段艰难岁月》、冶金学和冶金物理化学家魏寿昆的《读书与任教

《资深院士回忆录》书影

期间几个片段的回忆》、水文地质学家陈梦熊的《地质生涯60年的回顾与思考》、真空电子技术专家吴祖垲的《我的回忆》,以及微生物生化和分子遗传学家沈善炯的《机遇》。书中发人深省之处不可胜数,此处举例,不过作一管窥而已。

2001年,汤佩松院士以98岁高龄谢世。早年他本想选择化学为日后的专业方向,但是一位教师的偏见却改变了他的志愿。汤老在回忆中披露,他在一次化学实验后,花了很多工夫仔细写了一份简短而全面的实验报告,自觉相当满意。不料那位教师却厉声喝问:"你这个报告是抄谁的?"汤佩松如实回答:"是我用了三个钟头思考后写的。"那教师竟把本子往桌上一扔:"这不可能!"原来,老师的判断是:"一个在球场上出色的运动员,不可能是一个功课好的学生!"如今看来,这种逻辑是很荒唐的,但它很有警示作用。为人师者,亟当引以为戒。

汤老关于成就和荣誉的人生感悟富含哲理:"人们用亮度和热力衡量星体,用荣誉和贡献衡量人们的成就……对我自己来说,一个公平的共同的标准应该是:在每段紧张工作完成后和最后当死神降临的前夕,我能平静地、安详地、心情愉快地轻诵唐人李商隐的名句:'春蚕到死丝方尽,蜡炬成灰泪始干。'至于句中的'泪'字,我是

十五、恬淡悠闲的景致

用丘吉尔在第二次世界大战伦敦大轰炸紧急关头发出的震撼军民的豪言壮语：'我能贡献给你们的只有血和泪'中泪的含义，不是悲伤而是奋斗的泪痕。"

再如陈学俊先生，生于1919年，1944年奉派前往美国，在田纳西州美国燃烧工程公司所属的最大锅炉制造工厂实习。他热爱音乐，每天晚上在当地一所音乐学院选修和声、小提琴和声乐，且均有所获。不少美国人轻视中国，对中国人学习高雅音乐并用英语唱歌有点惊奇。有一次，陈学俊应一美国同学之邀到教堂唱歌。他先是优雅动听地唱了一首美国人熟悉的歌，赢得热烈掌声。后来，他又唱一首抗战歌曲《嘉陵江上》，并应邀用英语对300多名美国人即席讲话："中国已经不是清朝封建皇帝时代的落后中国，也不是殖民地时代的中国，而是抗击法西斯侵略的中美英苏四大盟国之一，要不是我们军民英勇抗战拖住大部分日军，美国本土也要遭殃，珍珠港事件就足以说明这点，我们要加深中美两国人民之间的友谊，在抗击侵略战争中取得最终胜利以保卫世界和平。"听者为之动容，并称陈学俊为"友谊大使"。念念不忘祖国荣辱，正是前辈科学家们普遍具备的高贵品质。

在《资深院士回忆录》(第1卷)中，令人拍案叫绝的事例不胜枚举。这些老人的亲历，正是现代科学在华夏大地上艰辛创业、摸索跌宕、坎坷曲折乃至奋勇前进的活生生的写照和见证。他们经历了中华民族的最艰难岁月和站立起来发展振兴的时代，在科技和教育领域拼搏了半个多世纪，许多人成了我国现代科技的开拓者或奠基人。他们能亲自动笔追述自己的阅历见闻，真切翔实地向社会各界介绍那些特别有价值的事件和人物，无疑是一件功德无量的大好事。

本书主编韩存志先生在中国科学院学部联合办公室任职20年，与院士们有着频繁的接触并结下了可贵的友谊。近年来，韩先生及其合作者曾先后编就《院士挚语》、《院士诗词》和《院士书信》三书，皆由上海科技教育出版社出版而颇受公众关注。《资深院士回忆录》(第1卷)较诸上述三书，内容更显厚重，史料价值益彰。令人欣慰的是，《回忆录》第2卷书稿即将齐备，第3卷亦已在运筹之中。

这个世界有许多事情难以逆料。然而，无论从哪一个角度细读

《资深院士回忆录》,你都会发现老一辈科学家的亲身经历总是在感召、在激励我们:中华民族必须自强不息,且必能屹立于世界民族之林。时不我待,国人其勉之!

【附记】我本人是学天文的,却被一位水利和岩土工程学家的回忆深深吸引住了,那就是《资深院士回忆录》第3卷中收录的汪闻韶院士的《人生散忆》。这卷《回忆录》是2006年7月出版的,那时汪先生已是87岁高龄。他的回忆长达138页,分为5个部分,每一部分的标题都特别简朴,真是文如其人:"一、童年——由出生到逃难(1919年—1937年)","二、青年——从逃难到留学回国(1937年—1954年)","三、中年——留学回国到当选学部委员(1955年—1980年)","四、老年——当选学部委员以后(1980年—现在)","五、后志"。《散忆》内容既好看,又感人。

汪闻韶院士为人宽厚,胸襟坦荡,淡泊名利,品德高尚,终身恪守"踏踏实实做人、勤勤恳恳做事"的处世准则。他自己居室简单,却把苏州老家的祖宅全部捐献给了国家。他治学严谨,年事虽高而依然笔耕不辍。其道德与文章,悉有口皆碑。孰料《资深院士回忆录》第3卷问世仅一年余,汪老却因突发心脏病抢救无效,于2007年10月7日与世长辞了,享年八十有八。2011年4月26日,"汪闻韶院士优秀论文奖"在北京设立。在设立仪式上,中国大坝协会接受汪先生家属捐赠50万元,并向汪闻韶夫人严素秋女士颁发捐赠证书。斯情斯景,真是教人如何不敬佩啊!

十六、太意外的尾声

直肠癌，2015年12月23日由肠镜发现，随即为病理切片活检所证实。然后，紧锣密鼓地检查，就诊……

眼下，我正在接受放疗。书稿尚未竣工，约摸只完成了原计划的八成，尚需再写三五万字。这并不很难，却不能不停工了。

书，无论如何总该有个结尾。你现在所见的，正是这"太意外的尾声"。

远处，朦胧之中，死神的身影若隐若现。他脸容不清，但绝非狰狞可怖。他平等待人：无论你是什么人种、肤色、民族、国籍，无论你是高居庙堂还是远处江湖，无论你是男是女，也无论你的喜好、厌恶、态度和格调如何，他都一视同仁地接引。哦，这是他的工作，毋需我多言。

各项检查显示，癌细胞无扩散迹象，预后应该乐观。我有几位朋友，同样的疾患治愈后依然生机勃勃：阅读，写作，聚会，旅游……我爱旅游，爱一路上千变万化的风景。就在两年多前，2013年5月，我还与几位天文界同仁去西藏，从拉萨一路往西，到了珠峰大本营、古格王国遗址、狮泉河、班公湖……那时，中国科学院国家天文台姚永强研究员带领的选址团队正为寻选一流的天文观测台址，在青藏高原艰辛奔波，并确信阿里地区具有相当值得重视的潜质。再说不久以前，2015年12月，我正与友人积极筹划组团同游葡萄牙和西班牙，并转乘邮轮巡游地中海直到希腊和土耳其……结果因癌症露头而急刹车。友人们期望我早日病愈，照样一同出游。大家相信，这并非奢望。

凑巧，就在2015年11月，我在近几年中先后完稿的3本书几乎同时出版了。其中两本是前面已经介绍的《恬淡悠阅——卞毓麟书事选录》和《巨匠利器——卞毓麟天文选说》。另一本是上海科技教育出版社推出的《天文学的足迹》，它是中国科学院资深院士、著名数学家王元先生主编的《改变世界的科学》丛书的一个分册。

《天文学的足迹》书影

但是，有不少该做的事，却未能完成。这令人遗憾，甚至相当尴尬。最糟糕的一例，莫过于我应老友、中国少年儿童出版社薛晓哲先生（拙著《不知道的世界·天文篇》的责任编辑）一再邀约，同意写一套"卞毓麟谈天说星系列"，中少社尝以此申报"十二五"国家重点图书出版规划项目。最后，此项目因我未能按计划实施而撤销。为此，我一直深感愧疚，并愿借此机会向中少社和晓哲本人表示最真诚的歉意。一诺重千钧，必须对结果有充分的估量才能说"Yes"，这又是一次深刻的教训。

本书中引用的旧文，有的已经年代久远，当时的一些词语已同今日的规范用法颇有差异。为尊重历史，书中引文仍一概保留原貌，这里理应有所交待的。

这本《编辑路上的风景》如此意外地收尾了，真希望日后还能续写那些精彩的人、事和书。

想写的，仍是编辑路上的风景；守望的，还是墨香醉人的书林。

2016年1月31日

【致谢】深深感谢陈芳烈先生热情推荐，感谢《书林守望丛书》编委会雅意邀约，令我忝于《丛书》作者之列。我对自己交稿延宕日久，又以《太意外的尾声》作结深抱愧意，而对编委会和首都师范大学出版社双方的宽容至为感激。本书责任编辑来晓宇君认真细致的审稿加工令人感动，对此除理应致谢以外，我还想说：书林不就要有这样的工匠精神，才能一

十六、太意外的尾声

代代人长相守望吗?

卞毓麟　于 2016 年 7 月 15 日

【校样读后】正好是一年前的今天,我写完本书的《太意外的尾声》。这一年中,由上海市肿瘤医院朱骥教授精心主治,我按预定方案完成了全部放疗、化疗,取得了很好的疗效,现谨借此机会向朱医生和他的合作团队表示由衷的感激之情,并向一直密切关注着我身体状况的领导、同事、亲朋们表示深深的谢意。今天,我终于读完了全书校样,仿佛也是交了一份"健康报告"。是啊,健康第一,今后该做的事情还多着呢!

卞毓麟　于 2017 年 1 月 31 日(丁酉年正月初四)